"晋江经验"
与打造共同富裕县域范例：

从晋江的发展看发展中的晋江

主　编　来永宝

副主编　黄镇红　王付雷　陈　静　林礼义

厦门大学出版社　国家一级出版社
XIAMEN UNIVERSITY PRESS　全国百佳图书出版单位

图书在版编目（CIP）数据

"晋江经验"与打造共同富裕县域范例：从晋江的发展看发展中的晋江 / 来永宝主编；黄镇红等副主编. -- 厦门：厦门大学出版社，2023.8
ISBN 978-7-5615-9069-0

Ⅰ．①晋… Ⅱ．①来… ②黄… Ⅲ．①区域经济发展-研究-晋江市 Ⅳ．①F127.574

中国版本图书馆CIP数据核字(2023)第138290号

出 版 人 郑文礼
责任编辑 江珏玙
美术编辑 李嘉彬
技术编辑 朱 楷

出版发行 厦门大学出版社
社　　址 厦门市软件园二期望海路39号
邮政编码 361008
总　　机 0592-2181111　0592-2181406(传真)
营销中心 0592-2184458　0592-2181365
网　　址 http://www.xmupress.com
邮　　箱 xmup@xmupress.com
印　　刷 厦门集大印刷有限公司

开本 787 mm×1 092 mm　1/16
印张 11.75
插页 1
字数 230 千字
版次 2023 年 8 月第 1 版
印次 2023 年 8 月第 1 次印刷
定价 36.00 元

本书如有印装质量问题请直接寄承印厂调换

厦门大学出版社
微信二维码

厦门大学出版社
微博二维码

序

　　党的二十大报告多次提及共同富裕,强调中国式现代化是全体人民共同富裕的现代化。泉州市委常委、晋江市委书记张文贤表示,我们在持续加强普惠性、基础性、兜底性民生建设的同时,充分利用民营经济的独特优势,重视引导发挥第三次分配作用,探索包括"慈善＋N"在内的多种共同富裕路径,全力打造共同富裕县域范例。2021 年 7 月 28 日上午,中国共产党福建省晋江市第十四次代表大会开幕,召开第一次全体会议。本次会议提出打造共同富裕县域范例,使晋江在更高水平上实现学有优教、病有良医、住有宜居、老有颐养、幼有善育、弱有帮扶,谱写晋江发展崭新篇章。

　　晋江是"晋江经验"的诞生地,晋江人民具有很多的优秀品质,在他们身上,不仅体现了革命传统的特质,也体现了爱拼会赢的时代精神。如今,晋江人民在社会主义现代化强国的道路上勇毅前行,担纲全方位推动高质量发展超越的主力军,加快建设国际化创新型品质城市,全力打造全国县域经济发展典范、中小城市建设样板,奋力谱写全面建设社会主义现代化国家的晋江篇章。

　　民营经济是晋江发展的活力所在、优势所在。党的二十大报告重申"两个毫不动摇",对发展民营经济提出了新部署新要求,强调支持实体经济、民营经济、科技创新等,为晋江发展民营经济、壮大民营企业注入了"强心剂"。

　　当代晋江人以"诚信、谦恭、团结、拼搏"的晋江精神立世,晋江是闻名遐迩的"中国品牌之都",县域经济基本竞争力连续 20 余年位居全国第 7 至第 3 位,经济实力连续 28 年居福建之首,经济总量长期占泉州的 1/4,荣获"全国文化先进县"、"全国体育先进县"、"全国文物工作先进县"和首批"全国现代民间绘画之乡"、"中国民间文化艺术(民间戏曲、灯谜)之乡"、"全国武术之乡"、"全国游泳之乡"等称号。经济与文化比翼齐飞,经济社会建设的"晋江经验"和文化建设的"晋江现象",使晋江成为社会主义现代化强国建设的一道亮丽的风景线。

2019 年 3 月 10 日下午,习近平总书记参加十三届全国人大二次会议福建代表团的审议,并发表重要讲话:"我到省里工作以后,多次到晋江做了调研,全省推进'晋江经验'。福建省如果有若干个晋江,福建就不一样了。应该说,'晋江经验'现在仍然有指导意义。"①习近平总书记当年调研总结的"晋江经验",极具前瞻性、战略性、指导性,至今仍闪耀着真理光芒和实践力量,具有十分重要的现实指导意义。

2022 年 4 月 25 日上午,习近平总书记来到中国人民大学考察调研,专门走进思政课智慧教室,观摩了一场思政课现场教学。"办好思政课,是我非常关心的一件事。"②这门"金课"在总书记心中分量很重。"人无德不立,育人的根本在于立德。这是人才培养的辩证法。办学就要尊重这个规律,否则就办不好学。"③在习近平总书记看来,青年学子"人生的扣子从一开始就要扣好","思想政治理论课能否在立德树人中发挥应有作用,关键看重视不重视、适应不适应、做得好不好。"④

泉州职业技术大学是产业伙伴型大学、创业者的摇篮,是全国职业教育本科的试点院校。近年来,学校学习和践行"晋江经验",总体办学水平居于区域领先地位,在人才培养、教育教学、科学研究、文化传承、服务地方、产教融合、校企合作等方面都取得了不小的成绩,整体提升了服务地方的能力,学校积极传承弘扬"晋江经验",朝着高水平职业教育本科的目标迈进。

---

① 本书编写组.闽山闽水物华新 习近平福建足迹:上[M].福建,北京:福建人民出版社、人民出版社,2022.

② 习近平在中国人民大学考察时强调 坚持党的领导传承红色基因扎根中国大地 走出一条建设中国特色世界一流大学新路[N].泉州晚报,2022-04-26(1).

③ 黄玥.习近平总书记心目中的思政课[N].泉州晚报,2022-04-26(1).

④ 王易.在立德树人中发挥应有作用 让思政课真正成为一门"金课"[EB/OL].(2022-09-21)[2020-04-06].https://baijiahao.baidu.com/s? id=1744545223304186626&wfr=spider&for=pc.

"以史为鉴,察往知来",我们要认真学习党的二十大精神,上好思想政治理论课,深刻领悟"两个确立"的决定性意义,坚定"四个自信",增强"四个意识",做到"两个维护"。在实现党的第二个百年奋斗目标新的赶考路上,我们更有必要认真学习领会"晋江经验",倍加努力实践"晋江经验",在新时代新征程上展现新气象新作为。是为序。

来永宝

2023 年 4 月

前　言

在改革开放 45 周年和全党掀起学习贯彻习近平新时代中国特色社会主义思想主题教育热潮之际，我们编写了《"晋江经验"与打造共同富裕县域范例：从晋江的发展看发展中的晋江》一书，意在全面贯彻党的二十大精神，传承弘扬"晋江经验"，深入实施"深学争优、敢为争先、实干争效"的行动，奋力推进中国式现代化进程。

习近平同志任福建省委副书记和省长期间，六年七下晋江，到企业，进社区，访农村，走基层，在实地调研中总结提出"晋江经验"。2002年 6 月 16 日，习近平同志第一次正式提出"晋江经验"这个概念，总结提出"六个始终坚持"和"处理好五大关系"这一晋江经验的内涵。

"六个始终坚持"即：始终坚持以发展社会生产力为改革和发展的根本方向；始终坚持以市场为导向发展经济；始终坚持在顽强拼搏中取胜；始终坚持以诚信促进市场经济的健康发展；始终坚持立足本地优势和选择符合自身条件的最佳方式加快经济发展；始终坚持加强政府对市场经济的引导和服务。

"处理好五大关系"即：处理好有形通道和无形通道的关系；处理好发展中小企业和大企业之间的关系；处理好发展高新技术产业和传统产业的关系；处理好工业化和城市化的关系；处理好发展市场经济与建设新型服务型政府之间的关系。

2002 年 8 月 20 日，《人民日报》刊发《研究借鉴晋江经验加快县域经济发展》一文。10 月 4 日，《福建日报》刊发习近平署名文章《研究借鉴晋江经验，加快构建三条战略通道》，次日新华网全文转发。2019 年 3

月 10 日下午，中共中央总书记、国家主席、中央军委主席习近平参加十三届全国人大二次会议福建代表团的审议，并发表重要讲话："我到省里工作以后，多次到晋江做了调研，全省推进'晋江经验'。福建省如果有若干个晋江，福建就不一样了。应该说，'晋江经验'现在仍然有指导意义。"习近平总书记当年调研总结的"晋江经验"，极具前瞻性、战略性、指导性，至今仍闪耀着真理光芒和实践力量，具有十分重要的现实指导意义。"晋江经验"源于习近平总书记掌舵领航和党中央的坚强领导，源于国家实体经济、宏观调控政策的有力保障，源于我国超大规模市场优势和内需潜力，源于福建企业家"爱拼才会赢"的精神特质。"晋江经验"成为包括晋江在内的福建全省新世纪以来加快改革开放、保持经济社会快速发展的制胜法宝和行动指南。

本书论述晋江传承弘扬"晋江经验"，打造共同富裕县域范例，分为上、下两篇。上篇是共同富裕的理论遵循——"晋江经验"的解读，从"晋江经验"的形成、"晋江经验"的"六个始终坚持"和"处理好五大关系"，以及"晋江经验"的特色与意义五个部分对"晋江经验"和晋江人民践行"晋江经验"进行系统、深入的阐释。下篇是晋江人民共同富裕的奋斗历程，从乡镇企业一枝花、撤县设市开创晋江历史的新时期、开创发展的新征程、注重民生建设、营造优良发展环境、党建引领促进发展、开启现代化建设新征程七个方面回顾晋江发展的实践历程，从政治、经济、社会、文化、生态文明和党的建设等维度，翔实记述了晋江人民打造共同富裕县域范例的过程。

编者

2023 年 4 月

目　录

上篇　共同富裕的理论遵循
——"晋江经验"的解读

下篇 共同富裕的奋斗历程
——晋江发展的实践

上篇

共同富裕的理论遵循

——"晋江经验"的解读

第一章 "晋江经验"的形成

晋江用全省 1/200 的土地,创造了全省 1/16 的 GDP。2022 年 12 月 28 日,晋江市第十八届人民代表大会第二次会议《政府工作报告》中指出:"2022 年是党的二十大召开之年,也是'晋江经验'提出 20 周年。一年来,市人民政府坚持以习近平新时代中国特色社会主义思想为指导,深入贯彻党的十九大、十九届历次全会和二十大精神,传承弘扬'晋江经验',扎实推进'强产业、兴城市'双轮驱动,承压奋进,艰辛突围,取得新的成效,预计全年地区生产总值超 3200 亿元、增长 4.5%,一般公共预算收入 150 亿元、同口径增长 6.17%,城乡居民人均可支配收入突破 5 万元、增长 5.0%。县域经济基本竞争力保持全国第四,跻身Ⅱ型大城市行列。晋江持续推进质量立市、品牌强市、资本上市、科技创新、数智转型等发展战略,形成了 1 个超三千亿元(鞋服)、1 个超千亿元(纺织)、2 个超五百亿元(建材制品、食品)、3 个超百亿元(集成电路、先进装备制造、医疗健康)产业集群,2022 年规上工业产值近 7400 亿元。"[1]2022 年,习近平同志提出"晋江经验"20 年。20 年来,晋江人民"锐意改革、大胆创新,闯出了一条独具特色的经济发展道路","晋江经验"成功于改革开放的伟大创举,也印证了拼搏奋斗的无穷力量和累累收获。习近平总书记曾说:"福建省如果有若干个晋江,福建就不一样了。"[2]

第一节 改革开放之初的晋江

党的十一届三中全会结束后,晋江县委立即召开扩大会议,学习党的十一届三

---

① 叶生成.当好民营经济的"引路人、推车手、服务员"[N].中国税务报,2023-02-06(A2).

② 本书编写组.闽山闽水物华新 习近平福建足迹:上[M].福建,北京:福建人民出版社、人民出版社,2022.

中全会公报，部署全面学习、宣传、贯彻党的十一届三中全会公报的工作。

"1979 年 2 月上旬，晋江县委召开了县委委员和十九级以上党员干部会议，传达、学习叶剑英、邓小平、陈云等中央领导在中央工作会议和十一届三中全会上的 8 个重要讲话；同时传达省委工作会议精神，根据十一届三中全会决策，要求全县各级党组织把工作着重点转移到社会主义现代化建设上来。"①"2 月 7 日至 11 日紧接着召开全县三级干部会和 1978 年度群英会，出席会议的有三级干部 662 人和各条战线的先进生产（工作）者 675 人、先进单位代表 467 人，共 1804 人。会议主要传达贯彻十一届三中全会和省委工作会议精神，既是把全党的工作重点转移到社会主义现代化建设上来的动员大会，又是总结交流 1978 年工作成绩、经验，表彰先进的大会。会上还宣布为'文化大革命'中的部分冤、假、错案平反昭雪，为有关人员恢复名誉。"②

"2 月 9 日，县委书记高佐贤在大会上作报告。报告的第三部分'1979 年的工作任务'提出贯彻落实十一届三中全会和省委工作会议精神的意见。一、实现工作着重点转移的有利条件。二、巩固和发展安定团结的局面。三、努力把今年的生产建设搞上去。四、领导作风要来一个大转变。为了适应工作重点转移，各级领导的思想作风和工作方法都要来一个大转变。十分注意研究和解决科学的管理方法、管理制度和经济政策这三方面的问题，努力提高领导水平和建设现代化本领。要恢复和发扬党的优良传统，说老实话，办老实事，做老实人，大兴调查研究之风，县、社两级都要搞重点，抓样板，通过试验实践，总结经验，分类指导，推广全面。"③

1979 年 7 月，中央正式批准广东、福建两省在对外经济活动中实行特殊政策、灵活措施。

"1979 年全县工农业总产值达 24013 万元（按 1970 年不变价计，下同），其中农业总产值 16687 万元、工业总产值 7326 万元，分别比上年增长 16.57%、14.82%、20.81%。农业创造了历史最高水平，粮食总产量 21.36 万吨，比上年增长 7.5%。财政收入 1470 万元，下降 2%；各项税收 1463 万元，增长 9%。"④

改革开放激活了晋江人"爱拼才会赢""敢为天下先"的内生动力。晋江人意识到，晋江人均耕地少，而且大部分土地是丘陵红壤和海滨盐碱沙地，走以农业为主

---

① 中共晋江市委党史研究室，晋江市档案局.中共晋江县地方党史大事记[M]. 福建：福建人民出版社，1996.

② 中共晋江市委党史研究室，晋江市档案局.中共晋江县地方党史大事记[M]. 福建：福建人民出版社，1996.

③ 中共晋江市委党史研究室.晋江改革开放 40 年实录[Z].晋江：内部资料，2018.

④ 中共晋江市委党史研究室，晋江市档案局. 中共晋江县地方党史大事记[M]. 福建：福建人民出版社，1996.

的路子是行不通的,必须把工业引进农村,实施乡镇企业发展战略。

1980年,晋江以群众集资合股的新型合作经济形式创办企业,承接"三来一补"业务,闯出了一条独具特色的乡镇企业发展之路。

好的政策刺激了晋江人将潜在的生产力要素有效组合起来变成现实生产力,调动了经营者和劳动者两方面的积极性,促进了商品经济的快速发展。

面对"什么是社会主义、怎样建设社会主义"这一时代之问,拥有独特人缘地缘优势和"敢为天下先"文化基因的晋江,解放思想,把握历史脉搏,改革开放先行一步,大胆冲破计划经济的政策束缚,"晋江经验"开始孕育发展。

"1980年8月,当时的晋江县委出台《关于加快发展多种经营和社队企业的若干问题的规定》,明确提出'五个允许':允许群众集资办企业、允许雇工、允许股金分红、允许随行就市、允许供销人员按供销额提取业务费,拉开了晋江农村工业化的序幕,率先多种形式、多种成分地创办乡镇企业,工业固定资产投资大幅提升。"[①]

"并在1980年因地制宜地率先制定了包括允许开放小商品市场、允许长途贩运、允许乡镇企业供销人员提取业务费及允许集资办企业等搞活经济的规定;还举办了全国各地参加的商品展销会等。"[②]

依靠着"三来一补""三闲起步",晋江市乡镇企业开路,成片开发迈开大步。以联户集资为主要形式,引进"侨资""侨企",大胆发动群众集资办厂,有力推动经济建设。

1984年9月,当时的晋江县委、县政府制定《关于大力发展乡镇企业若干问题规定》,要求各部门、各单位大力扶持乡镇企业。乡镇企业迅猛发展,进入高峰期。

作为发展乡镇企业的龙头,陈埭镇成效显著,1984年乡镇企业数达到702家,工农业总产值11027万元,人均纯收入806元,成为福建第一个亿元镇。镇里的会议室至今陈列着一面锦旗,1984年由福建省人民政府授予,上书"乡镇企业一枝花"七个大字。[③]

"改革开放,我们是最大的受益者。""村里没有幼儿园,我每周到镇里上学,总是想办法让自己的言行举止看起来像一个镇里人,来掩饰强烈的自卑感……"[④]

"80后"企业家许清水,他的父亲正是恒安集团的创始人许连捷。"要说苦,我

---

① 中共晋江市委党史研究室,晋江市档案局.中共晋江县地方党史大事记[M].福建:福建人民出版社,1996.

② 中共晋江市委党史研究室.晋江改革开放40年实录[Z].晋江:内部资料,2018.

③ 瞿芃.改革开放40年之晋江故事(一)续写"晋江经验"新篇章[EB/OL].(2018-07-11)[2022-10-08].https://www.ccdi.gov.cn/toutiao/201807/t20180711_175417.html?t=636668921688585592.

④ 瞿芃.改革开放40年之晋江故事(一)续写"晋江经验"新篇章[EB/OL].(2018-07-11)[2022-10-08]. https://www.ccdi.gov.cn/toutiao/201807/t20180711_175417.html?t=636668921688585592.

们小时候才叫苦。家里连睡觉的地方都没有，三兄弟从小睡祠堂。夏天蚊子非常多，把杂草点着了熏蚊子，如果蚊子不跑就撒六六粉。"①许连捷说，他12岁便辍学到农村收鸡蛋，收到两三百个的时候挑到25里外的石狮去卖，后来改用自行车拉芋头，用牛车拉条石。

与许连捷同龄的柒牌集团董事长洪肇设，有着相似的成长经历。

1979年的一天，体重只有50公斤的洪肇设用自行车推着80公斤重的花生米去安海镇售卖。回来的路上，经人介绍，从石狮买到一捆当时较为罕见的化纤面料。有着裁缝基础的他，萌生了做服装生意的念头。

"我跟我老婆一起，自己裁自己做，每天干到凌晨四五点睡觉，上午八九点起来卖。当时政策还没有放开，我把裤子藏在卖鱼的筐子里，上面放着秤，结果第一天就让派出所所长给抓住了。"②洪肇设说。

那时候的许连捷和洪肇设都不曾想到，他们的命运，将被一场载入史册的深刻变革所改变。

"以前我们都是不公开或者半公开的，直到小平同志南方谈话后，政策进一步明朗了，政府允许盖厂房了，这才公开。"③洪肇设说，1993年他盖了第一期厂房，走上了规模化发展道路。

改革开放之初，晋江民营企业和家庭作坊出现"家家点火、户户冒烟""烟囱比电线杆还多"的繁荣景象。就在"晋江制造"风生水起之际，却发生了轰动全国的"假药案"。

当年，陈埭镇有一些食品加工厂把白木耳蒸熟、压缩，然后掺点白糖，伪造成"感冒冲剂"或"润肺冲剂"。这些假药开始以馈赠电子表、自动伞来敲开一些医药单位的大门，后来这些小东西不值钱了，就以现金回扣作为诱饵，诱使医药单位里的一些见利忘义之徒上钩。他们不惜以人民生命安全为代价，换取不义之财，致使"晋江假药"在全国各地的医药市场泛滥成灾。

晋江"假药案"被查处后，许多人转身进入制鞋行业。1985年，陈埭的制鞋业开始呈现多样化，皮鞋、拖鞋、运动鞋均有专门厂家生产。在陈埭镇，每天都有经销

① 瞿芃.改革开放40年之晋江故事（一）续写"晋江经验"新篇章［EB/OL］.(2018-07-11)［2022-10-08］.https://www.ccdi.gov.cn/toutiao/201807/t20180711_175417.html? t＝636668921688585592.

② 瞿芃.改革开放40年之晋江故事（一）续写"晋江经验"新篇章［EB/OL］(2018-07-11)［2022-10-08］. https://www.ccdi.gov.cn/toutiao/201807/t20180711_175417.html? t＝636668921688585592.

③ 瞿芃.改革开放40年之晋江故事（一）续写"晋江经验"新篇章［EB/OL］.(2018-07-11)［2022-10-08］.https://www.ccdi.gov.cn/toutiao/201807/t20180711_175417.html? t＝636668921688585592.

商堵在门口,催着要货。但不久,晋江又出现了"星期鞋"事件——只能穿一个星期的鞋。

"星期鞋"的出现,是重发展速度、轻发展质量、不诚信经营带来的恶果。在产品供不应求的背景下,有些小作坊投机取巧,忽视了产品品质,甚至主动造假。

"假药案"和"星期鞋"事件的发生,让民营经济刚刚起步的晋江"四面楚歌","晋江制造"成了假冒伪劣产品的代名词,并一度遭到冷落甚至抵制。晋江在往后的很长一段时间里都被贴上了制假售假、背信欺诈的标签。

这对于刚刚崭露头角的晋江民营经济而言无疑是巨大的打击。一些当地的民营企业家坦言,当年假药案发生后,只要知道是晋江地区的商人,几乎没人愿意和你谈合作、做买卖,甚至外出坐火车、乘飞机都会受到旁人的排挤。

这让绝大多数诚信经营的晋江企业家的自信心和自尊心受到了极大伤害。1987年下半年,陈埭人提出要走"质量兴镇"的道路。他们自筹资金200万元,与原农业部联办了全国第一家鞋塑质检所,聘请鞋业专家,自建检测楼,自购检测设备,开始对鞋类产品进行严格的质量检测。

1988年,当时的晋江县委、县政府提出了"质量下,晋江衰;质量上,晋江兴"的口号,并狠抓质量建设。1989年,当时的晋江县委、县政府将"晋江精神"提炼总结为"诚信、谦恭、团结、拼搏",把诚信放在了首位。如今,这八个大字依然书写在晋江市委大楼的墙上,格外显眼。1995年,晋江正式提出"质量立市"的目标。

如果说晋江的企业在20世纪80年代主要依靠产品数量取胜的话,那么到了20世纪90年代以后,更多的则是依靠质量取胜。正是依靠质量革命,"晋江制造"终于"柳暗花明又一村",在市场上恢复了信誉。

经历过"假药案""星期鞋"等负面事件冲击之后,晋江人痛定思痛,深刻反思,认识到在市场经济环境中,诚信是金,诚信是命,诚信是立身处世之本,发展商品经济必须时时刻刻讲诚信。这个道理,是晋江人付出了巨大代价才明白的。由此之后,他们坚持事事处处讲诚信,重赢信任,重树形象,重新出发。

第二节 "晋江经验"提出的基础

20世纪80年代末90年代初,全国出现姓"资"姓"社"问题的讨论,晋江的企业家也受到了一些影响,企业家们开始犹豫起来,该投的资金不敢投了,该上的项目不敢上了。晋江党委、政府顶住压力,提出用"四个有利于"来评判乡镇企业:

一是有利于发展生产;

二是有利于增加社会就业,提高人民群众生活水平;

三是有利于兴办企业事业和集体福利事业;

四是有利于增加国家收入。

改革开放后,晋江群众自发尝试过多种生产发展路子,其中具有代表性的有两种。

第一种是磁灶模式。磁灶镇在历史上就生产陶瓷远销海外,已经开辟形成了相对稳定的市场需求。这种模式的路子是:原材料—技术—市场。

第二种是陈埭模式。陈埭镇处于肥沃的晋东平原,工业企业没有基础,他们组织生产当时中国社会短缺的肥皂、火柴等日用品,填补国内市场空白。这种模式的路子是:市场—技术—原材料。

敢想敢干的晋江人充分发挥这两种模式的经验,走遍全国去做市场调查,了解市场需求,回来之后就组织原材料、聘用工程技术人员针对市场需求进行生产。后来,晋江生产的服装鞋帽、日用品等丰富多彩的商品,远销全国各地甚至海外,形成了晋江的一种发展模式。

此后,晋江相继提出"质量立市""品牌强市"发展战略,民营经济进一步发展壮大,初步形成优势产业集群。此时晋江乌边港周围有着数千家制鞋厂,河的南面是安踏和361度的发源地,河的北面则是特步、乔丹、德尔惠、美克的起始站。并且因为地缘关系,这些运动品牌的创始人有着共同的姓氏"丁"。

以"市场经济为主、外向型经济为主、股份合作制为主、多种经济成分共同发展"[①]为主要特征的经济发展模式,成为"晋江经验"提出的基础。

第三节 "晋江经验"形成的实践探索

晋江的发展并非一帆风顺。世纪之交,随着国内外市场竞争的加剧,经过一段时间快速发展的乡镇企业开始面临一些瓶颈。一些企业家在赚得第一桶金之后,对于未来如何继续发展壮大也很迷茫。

2001年,晋江全市生产总值突破300亿元,比改革开放之初经济总量翻了七番之多,平均三年翻一番,等于每三年就在已有的基础上再造一个晋江,实现了从"高产穷县"到"福建第一"和"全国十强"的惊人跨越。一时间,"晋江速度""晋江奇迹"在福建省乃至全国范围内备受瞩目。

---

① 尹力.弘扬"晋江经验"促进民营经济高质量发展[N].人民日报,2022-08-19(11).

经过大量的走访调研,习近平同志认为,晋江的发展模式简单归纳起来是"三为主一共同"。"三为主"就是市场调节为主、外向型企业为主、股份合作制为主;"一共同"就是多种经济成分共同发展。习近平同志指出:"从'晋江模式'的形成和发展过程可以看出,'晋江模式'是晋江人民以邓小平理论为指导,坚持党的解放思想、实事求是的思想路线,锐意改革、开拓进取的产物。"[①]这种模式后来铺开到整个泉州,再之后对整个福建乃至对全国的农村经济发展,都具有借鉴价值。他评价说,晋江通过乡镇企业来生产一些人民群众需要的日常生活用品,自己探索出了一条符合地区实际的发展道路。他这个评价,实际上就是对"晋江经验"的最初总结。

第四节 "晋江经验"的精神根基

在泉州,民以海为耕,商凭海为市。先民为了生存,一反重农轻商的传统观念,积极从商,不畏"走海行船三分命"和"海贾归来富不赞,以身殉国绝堪悲"的危险。海洋在富有冒险精神的泉州人面前,演绎创造了泉州经济文化历史的辉煌灿烂。

蔡金垵高中毕业后因为家境贫寒而放弃学业。他学过修手表,贩卖过桂圆干、荔枝干。20 世纪 90 年代,走南闯北的他敏锐地察觉到,以健康时尚为主题的休闲食品有巨大的市场空间。于是,他拿出所有积蓄,于 1996 年创办了盼盼食品公司。

"刚创业的时候,我压力巨大,经常失眠。刚好厂房后面有个鸡舍,睡不着的我才发现公鸡打鸣前翅膀拍地的现象。"[②]蔡金垵回忆说。

压力没有压垮蔡金垵,他一步一步地摸索,一点一滴地累积。如今,盼盼食品集团在全国已经建有 18 个大型现代化生产基地,市场营销网络遍布全国各省市县和乡镇。

蔡金垵身上流露出的敢拼、爱拼、善拼的个性,其实也是晋江"创一代"企业家的鲜明特征。在改革开放大潮中,晋江涌现出了一大批企业家,他们始终在市场竞争最为激烈、附加值又很小的传统产业领域中摸爬滚打、逆势而上,在逆境中求生存、求发展。

1953 年出生的洪肇设从一块门板、一台缝纫机、一个烧炭的熨斗、一把剪刀起步,把家庭式的服装作坊不断做大,最终创建了福建柒牌集团有限公司。

---

① 习近平.研究借鉴晋江经验 加快构建三条战略通道:关于晋江经济持续快速发展的调查与思考[N].福建日报,2002-10-04.

② 林火灿."晋江经验"是怎样炼成的[N].经济日报,2018-07-11(16).

1998年,45岁的洪肇设已有数千万元积蓄,但他没有选择安逸,力排众议引进了最先进的西装生产线。"我记得生产线建好没多久,习近平同志就来参观了。他鼓励我们,一定要放手干、大胆干,不能畏首畏尾。"[1]洪肇设回忆说,在习近平同志的鼓励下,柒牌立下了"不做就不做,做就要做到最好"的信条,依靠质量提升、诚信经营、规范管理等一系列举措,克服了资金、管理、销路等一系列困难,最终取得了成功。

晋江人的"拼",是一种坚持,对实业、本业、主业的坚持。

安踏的故事正是如此。1980年,晋江农民丁和木卖掉所有值钱的家当,凑得1000块钱从家庭作坊开始创业。1991年,安踏公司成立,寓意生产的鞋子"穿着很安全,能够踏踏实实走路"。

1995年,丁和木退居二线,其子丁世忠接班,安踏也被赋予了新的含义,即"安心创业,踏实做人"。从拉着600双鞋子闯荡北京到造就如今市值千亿港元的民族品牌,丁世忠和他的安踏始终坚持"单聚焦"战略,对"一双鞋"精益求精。

"多年来,晋江人民始终秉承'爱拼才会赢'的顽强拼搏精神,把解放和发展社会生产力作为各项工作的立足点和着力点,只要是有利于解放和发展社会生产力的,就在实践中大胆去闯、去试。"[2]凭借这样的毅力与韧劲,晋江市硬是把纺织服装、陶瓷建材、制鞋、食品等传统产业发展成为支柱产业。

"'晋江模式'的优势主要体现在产业集群以及品牌建设上。正因为'亲亲'原则的影响,在宗族社会形成亲缘团结的力量,宗族团结还对民间融资、确保资金链正常运转起到很重要的促进作用。此外,晋江让农民工子女在当地免费就学,这在全国史无前例。解决农民工的后顾之忧,为企业发展提供源源不断的人力支撑,这正是'合作共赢'的写照,也体现了'亲亲'原则。产业集群需要企业之间形成良性互动关系,晋江企业在相互之间的激烈竞争中之所以没有陷入恶性竞争而导致行业萎缩,而是抱团做大做强,从根本上说,得益于晋江企业家'合作共赢'的精神品格。品牌建设的核心因素就是诚信经营,诚信事关企业形象,晋江能成为中国的'品牌之都',得益于晋江企业家'诚实守信'的精神品格。对晋江模式的研究,无论是学界还是地方官员的总结,都已经提出了'晋江精神'的问题,认为一些精神气质方面的因素对晋江模式的出现非常重要。当地政府将'晋江精神'概括为'诚信、谦恭、团结、拼搏'。"[3]

进入新时代,在"晋江经验"指引下,拼搏与诚信越发成为晋江企业文化的重要内核。

①　林火灿."晋江经验"是怎样炼成的[N].经济日报,2018-07-11(16).
②　林火灿."晋江经验"是怎样炼成的[N].经济日报,2018-07-11(16).
③　焦长权,周飞舟,王绍深,等.祠堂与祖厝:"晋江精神"的社会基础和历史渊源[J].东南学术,2015(2):23.

"领导干部要把深入改进作风与加强党性修养结合起来,自觉讲诚信、懂规矩、守纪律,襟怀坦白、言行一致,心存敬畏、手握戒尺,对党忠诚老实,对群众忠诚老实,做到台上台下一种表现,任何时候、任何情况下都不越界、越轨。"①"促进非公有制经济健康发展和非公有制经济人士健康成长,要坚持团结、服务、引导、教育的方针,一手抓鼓励支持,一手抓教育引导,关注他们的思想,关注他们的困难,有针对性地进行帮助引导,引导非公有制经济人士特别是年轻一代致富思源、富而思进,做到爱国、敬业、创新、守法、诚信、贡献。"②……党的十八大以来,习近平总书记关于诚信建设的一系列重要论述,让晋江的企业家们振奋不已。

2014年,恒安集团依托国际知名咨询公司,展开了自2001年以来的第三轮管理变革,旨在通过管理流程的透明可视,打通生产、运营、销售等环节,让整个供应链高效运转。"为什么三次变革都能成功?关键一条就是依法经营,依法纳税。恒安如果不讲诚信,就没有办法去规范。"③许连捷说,不管是哪一代人,拼搏和诚信的精神都不能丢,走在市场变化前沿的创新精神也不能丢。

第五节 "晋江经验"的核心内涵

"习近平同志经过多年考察研究、深入调研、问计于民,以政治家高瞻远瞩的视角与洞察力,在会上(2002年6月16日,泉州市委、市政府汇报会——编者注)系统阐述了'晋江模式'发展的四个阶段,并第一次正式提出'晋江经验'这个概念,第一次明确总结整个泉州发展模式都是'三为主一共同'的'晋江模式'之后,他又系统提出了六条'晋江经验对福建经济发展的启示',要求全省各地认真学习借鉴。同时,从五个方面提出要求,要晋江、泉州,探索、创造新的经验,为加快实现社会主

---

① 中国共产党新闻网.习近平论"三严三实":领导干部要知晓为官做事的尺度[EB/OL].(2015-06-16)[2022-10-10].http://www.nhc.gov.cn/renshi/sywjjd/201506/91965bd68864491395db48bb825e052b.shtml.

② 杨淳.习近平:引导非公有制经济人士致富思源、富而思进[EB/OL].[2022-10-10].http://wap.xinmin.cn/content/27684988.html.

③ 瞿芃.改革开放40年之晋江故事(一)续写"晋江经验"新篇章[EB/OL].(2018-07-11)[2022-10-10].https://www.ccdi.gov.cn/toutiao/201807/t20180711_175417.html? t = 636668921688585592.

义现代化宏伟目标作出新的更大贡献。"①

关于由"晋江模式"转向"晋江经验"这个提法，习近平同志在与曾任晋江市委书记的施永康的谈话中说道："不要叫模式，模式相对来说比较死板，还是叫'晋江经验'比较好，经验是可以灵活借鉴的东西。"②

"习近平同志对晋江有很多指导和帮助，对晋江的发展始终予以关注和研究。他认为，晋江的发展模式简单归纳起来是'三为主一共同'。'三为主'就是市场调节为主、外向型企业为主、股份合作制为主，'一共同'就是多种经济成分共同发展。他这个评价，实际上就是'晋江经验'的最初总结。"③

改革开放以来，中国共产党始终不渝地坚持解放和发展社会生产力，不断满足人民群众日益增长的物质文化需要，为实现人民幸福、人的全面自由发展奠定了坚实的基础。社会主义本质就是坚持解放和发展社会生产力。

在社会主义本质问题上，邓小平提出"解放生产力，发展生产力，消灭剥削，消除两极分化，最终达到共同富裕"④。习近平指出："学习借鉴'晋江经验'就要像晋江市那样，始终坚持以市场为导向，深入把握市场经济的运行规律，大力加强市场体系和机制建设，规范市场秩序，不断提高拓展国内外市场的能力和水平，以市场经济的健康发展带动国民经济在新世纪中实现跨越式发展。"⑤

改革开放初期，晋江陈埭镇的群众奋起突破"左"的思想束缚，立足侨乡"闲房、闲资、闲散劳动力"多的特点，联户集资兴办乡镇企业，1984年陈埭成为我省的第一个亿元镇，其他乡镇纷纷学习、仿效，在晋江大地上兴起了一股兴办乡镇企业的热潮。到1989年，晋江的工农业总产值已达几十个亿，财政收入首次突破一个亿。1992年，晋江撤县设市，年均近30%的GDP增速仍在继续。随着改革开放春风吹遍大江南北，全国上下一片生机勃勃，晋江市党委政府鼓励民营企业建立现代企业制度，放开手脚搏击商海。1994年，晋江领跑福建县域经济。

"中国伞都""中国鞋都""中国食品工业强市""中国陶瓷重镇"等14个"国字

① "习近平同志总结提出宝贵的'晋江经验'"：习近平在福建：二十四[EB/OL].(2022-06-02)[2022-10-10].https://baijiahao.baidu.com/s? id＝1734478504265405901&wfr＝spider&for＝pc.

② "习近平同志总结提出宝贵的'晋江经验'"：习近平在福建：二十四[EB/OL].(2022-06-02)[2022-10-10].https://baijiahao.baidu.com/s? id＝1734478504265405901&wfr＝spider&for＝pc.

③ "习近平同志总结提出宝贵的'晋江经验'"：习近平在福建：二十四[EB/OL].(2022-06-02)[2022-10-10].https://baijiahao.baidu.com/s? id＝1734478504265405901&wfr＝spider&for＝pc.

④ 邓小平.邓小平文选：第三卷[M].北京：人民出版社,1993.

⑤ 习近平.习近平谈治国理政：第三卷[M].北京：外文出版社,2020.

号"区域产业品牌相继落户晋江,很多晋江干部谈起这些年的变化,都是一脸骄傲。现在,晋江已建成纺织服装、制鞋 2 个千亿产业集群和建材陶瓷、食品饮料、纸制品、装备制造、化纤等 5 个百亿产业集群,亿元以上企业超过 700 家;拥有驰名商标 42 个、境内外上市企业数量达到 46 家。

总结"晋江经验",晋江人民按照习近平同志提出的"六个始终坚持"和"处理好五大关系"不断探索、不断创新,走出了一条全面发展之路。至 2021 年,晋江连续28 年居福建省县域经济总量第一位、第 21 年跻身全国百强县(市)前十行列。①

"2016 年 8 月,新一届晋江市委按照'晋江经验'的内涵,为晋江未来描绘出一幅'国际化创新型品质城市'新蓝图。在这张蓝图背后,是一个全面发展的晋江:国家园林城市、国家生态市、国家新型城镇化建设试点、国家金融改革试验区、中国制造 2025 示范市、海丝战略先行区……"②

"传承发展'晋江经验',晋江一直在路上。晋江市十三届党代会二次会议提出,未来三年,晋江将全力攻坚跨越赶超、重大赛事、全面小康'三大任务'。"③

---

① 蒋升阳,赵鹏.晋江之路:"晋江经验"15 年发展传承综述[N].人民日报,2017-03-18(12).

② 蒋升阳,赵鹏.晋江之路:"晋江经验"15 年发展传承综述[N].人民日报,2017-03-18(12).

③ 陈子汉.世纪之初的探索和总结"晋江经验"闻名全国[EB/OL].[2022-10-13].http://news.ijjnews.com/system/2018/01/15/011016605.shtml.

第二章 "六个始终坚持"

2002年6月,在我国加入世贸组织之初,亚洲金融危机余波未了,区域经济发展面临着全新的环境和挑战,习近平同志再次来到晋江深入调研,系统完整总结并首次提出了"晋江经验",集中体现为"六个始终坚持"和"处理好五大关系"。"六个始终坚持",即:始终坚持以发展社会生产力为改革和发展的根本方向,始终坚持以市场为导向发展经济,始终坚持在顽强拼搏中取胜,始终坚持以诚信促进市场经济的健康发展,始终坚持立足本地优势和选择符合自身条件的最佳方式加快经济发展,始终坚持加强政府对市场经济的引导和服务。"处理好五大关系",即处理好有形通道和无形通道的关系,处理好发展中小企业和大企业之间的关系,处理好发展高新技术产业和传统产业的关系,处理好工业化和城市化的关系,处理好发展市场经济与建设新型服务型政府之间的关系。[1]

第一节 始终坚持以发展社会生产力
为改革和发展的根本方向

习近平强调,解放和发展社会生产力,是社会主义的本质要求。我们要激发全社会的创造力和发展活力,努力实现更高质量、更有效率、更加公平、更可持续的发展。[2]

---

[1] 陈清."晋江经验"的时代价值与实践意义［EB/OL］.（2018-07-16）［2022-10-15］. https://baijiahao.baidu.com/s? id=1606107943717380077&wfr=spider&for=pc.
[2] 雷丽娜.习近平强调,贯彻新发展理念,建设现代化经济体系［EB/OL］.（2017-10-18）［2022-10-15］.http://www.gov.cn/zhuanti/2017-10/18/content_5232647.htm.

在社会主义本质问题上,邓小平提出"社会主义的本质,是解放生产力,发展生产力,消灭剥削,消除两极分化,最终达到共同富裕"[①]。中国共产党坚持解放和发展社会生产力,把发展作为党执政兴国的第一要务。邓小平指出:"不坚持社会主义,不改革开放,不发展经济,只能死路一条。"[②]所以,中国共产党牢牢抓住经济建设不动摇,成功开辟和发展了中国特色社会主义道路。"走社会主义道路,就是要逐步实现共同富裕。共同富裕的构想是这样提出的:一部分地区有条件先发展起来,一部分地区发展慢点,先发展起来的地区带动后发展的地区,最终达到共同富裕。如果富的愈来愈富,穷的愈来愈穷,两极分化就会产生,而社会主义制度就应该而且能够避免两极分化。解决的办法之一,就是先富起来的地区多交点利税,支持贫困地区的发展。"[③]

晋江的广大干部群众始终将解放和发展社会生产力作为各项工作的立足点和着力点,只要是有利于解放和发展社会生产力的,就在实践中大胆去闯、去试。改革开放初期,为突破计划经济体制束缚,晋江的干部群众选择了股份合作制的形式联户集资兴办乡镇企业,极大地调动了经营者和劳动者的积极性。

1979年7月,中央正式批准广东、福建两省在对外经济活动中实行特殊政策、灵活措施。改革开放激活了晋江人"爱拼才会赢""敢为天下先"的内生动力。晋江人意识到走以农业为主的路子是行不通的,必须把工业引进农村,实施乡镇企业发展战略。改革开放之初,正是在这样的思想指导下,以捕鱼为主要生计的陈埭镇才一举成名,并在日后成为"经济重镇",使制鞋业兴起。

"三来一补"成就晋江的制鞋业。晋江第一家民办鞋厂——洋埭服装鞋帽厂,成立于1979年并实现从单一的接单生产过渡到"三来一补"(来料加工、来样加工、来件装配和补偿贸易)。在产品稀缺的年代,民营制鞋力量的加入恰逢其时,制鞋利润高达160%。因此,洋埭服装鞋帽厂在第一年就收回了投资成本。

1980年,中央任命项南为福建省委常务书记,让他放开手脚搞改革开放和特区建设。当年8月,晋江出台《关于加快发展多种经营和社队企业的若干问题的规定》,拉开了晋江的农村工业化序幕。此后,"五个允许"(允许群众集资办企业、允许雇工、允许股金分红、允许随行就市、允许供销人员按供销额提取业务费)等一系列扶持政策先后出台,放手发动农民集资联户办乡镇企业,为乡镇企业排忧解难,特别是利用"三闲"(闲房、闲资、闲置劳动力),以群众集资合股的新型合作经济形式创办企业,承接"三来一补"业务,闯出了一条独具特色的乡镇企业生产力发展之路。

---

① 邓小平.邓小平文选:第三卷[M].北京:人民出版社,1993.
② 邓小平.邓小平文选:第三卷[M].北京:人民出版社,1993.
③ 邓小平.邓小平文选:第三卷[M].北京:人民出版社,1993.

改革开放以来,晋江人民凭着"爱拼才会赢"的精神,硬是把纺织服装、制鞋、食品饮料、陶瓷建材等传统产业发展成为晋江的支柱产业,集"中国鞋都""全国食品工业强县(市)"等称号于一身,并有多种产品的市场占有率居全国第一。2002年,时任福建省省长的习近平同志在总结晋江经验时指出:学习借鉴晋江经验,最根本是要始终坚持以发展社会生产力为改革和发展的根本方向,充分发挥自身优势,从继续突破影响市场经济发展的体制性障碍和不断提高生产力要素水平两个方面,促进社会生产力的全面发展。[①]

人民群众拥护中国共产党的领导,在于我们党成功开辟了一条走向胜利的道路。道路自信的底气来自我们改革开放以来取得的伟大成就,来自我们紧紧抓住解放和发展社会生产力。另外,坚持解放和发展社会生产力,极大地满足了人民日益增长的物质文化需要,成功地解决了人民日益增长的美好生活需要和不平衡不充分的发展之间的矛盾。

中国共产党不是片面的经济主义论者,而是强调以人为本的发展观,将生产力发展与人本身的发展结合起来。社会主义社会发展生产力的目的是满足人民日益增长的物质文化生活需要。社会主义的优越性最终要体现在不断提高人民的生活水平,实现党的初心和使命,实现人民幸福和民族复兴。

由于始终坚持以发展社会生产力为改革和发展的根本方向,晋江速度令世人刮目相看。"形成了1个超三千亿元(鞋服)、1个超千亿元(纺织)、2个超五百亿元(建材制品、食品)、3个超百亿元(集成电路、先进装备制造、医疗健康)产业集群,2022年规上工业产值近7400亿元。"[②]高新企业保有量突破400家,新增省级以上专精特新企业41家,全社会研发投入年均增长16%,集聚院士工作站19个,高层次创业团队106个,高层次人才超5000人,9只创投基金进驻运作,撬动80亿元社会资本。持续开展项目攻坚主题年活动,数智技改等项目775个,完成投资600亿元,签约招商项目583个,总投资超2400亿元。以人民为中心、倾情民生,财政民生投入441亿元,为民办实事125件,帮扶困难家庭2194户,全市慈善组织累计捐赠14.9亿元,救助困难群众15万人次,荣获"中国十大慈善城市"称号。

① 孔德明."敢拼"晋江:"晋江经验"的探索与实践[EB/OL].(2018-07-11)[2022-10-10].http://www.banyuetan.org/jmcs/detail/20180711/1000200033136171531702049029392475_1.html.

② 叶生成.当好民营经济的"引路人、推车手、服务员"[N].中国税务报,2023-02-06(A2).

第二节 始终坚持以市场为导向发展经济

党的二十大报告指出："坚持和完善社会主义基本经济制度,毫不动摇巩固和发展公有制经济,毫不动摇鼓励、支持、引导非公有制经济发展,充分发挥市场在资源配置中的决定性作用,更好发挥政府作用。"[①]"晋江经验"就是要坚持市场在资源配置中起决定性作用,更好发挥政府作用。改革开放以来,晋江坚持做强民营经济,目前民营经济创造出的经济总量、税收和就业岗位占比都在全市的95％以上。同时,晋江积极响应国家"一带一路"倡议,发挥"海上丝绸之路"起点城市优势,把"国际化"作为发展的三大战略之一。"晋江经验"的成功实践说明,坚持社会主义市场经济改革方向,不仅是经济体制改革的基本遵循,也是全面深化改革的重要依托。我们要坚持社会主义市场经济改革方向不动摇,同时更好发挥政府作用,加大转变政府职能,把工作重点转向营造公平竞争的市场环境、保护生态环境、支持创新等,增强经济发展的动力与活力。

社会主义市场经济是指在社会主义条件下以市场调节为导向优化资源配置的一种经济运行模式。"晋江经验"就是要坚持市场在资源配置中起决定性作用,更好发挥政府作用。改革开放以来,晋江的广大干部群众始终将解放和发展社会生产力作为各项工作的立足点和着力点,只要是有利于解放和发展社会生产力的,就在实践中大胆去闯、去试。改革开放初期,为突破计划经济体制束缚,晋江的干部群众选择了股份合作制的形式联户集资兴办乡镇企业,极大地调动了经营者和劳动者的积极性。

社会主义市场经济就是同社会主义基本社会制度结合在一起的市场经济,体现社会主义的根本性质;是使市场在社会主义国家宏观调控下对资源配置起决定性作用的经济体制。它使经济活动遵循价值规律的要求,适应供求关系的变化;通过价格杠杆和竞争机制,把资源配置到效益最好的环节中去,并使企业实行优胜劣汰;运用市场对各种经济信号反应灵敏的特点,促进生产和需求的及时协调。

资源优化配置是指在市场经济条件下,不是由人的主观意志而是由市场根据平等性、竞争性、法制性和开放性的一般规律,由市场机制通过自动调节对资源实现的配置,即市场通过实行自由竞争和"理性经济人"的自由选择,由价值规律来自

---

① 习近平.高举中国特色社会主义伟大旗帜为全面建设社会主义现代化国家而团结奋斗[M].北京:人民出版社,2022.

动调节供给和需求双方的资源分布,用"看不见的手"优胜劣汰,从而自动地实现对全社会资源的优化配置。

市场经济是商品化的商品经济,是市场在资源配置中起决定性作用的经济。社会主义市场经济可以发挥社会主义制度的优越性。

第三节　始终坚持在顽强拼搏中取胜

"三分天注定,七分靠打拼……爱拼才会赢。"20 世纪 80 年代末,闽南语歌曲《爱拼才会赢》流行大江南北。如今晋江人依旧传唱这首歌,在他们看来,它已成为晋江人"爱拼会赢"的文化烙印。晋江通过大力发展民营经济、品牌经济、实体经济,走出了一条独具特色的县域经济发展道路。2019 年 3 月 10 日下午,中共中央总书记、国家主席、中央军委主席习近平参加十三届全国人大二次会议福建代表团的审议,并发表重要讲话,肯定了福建的工作,并再次提到了"晋江经验"。从福建晋江走出去的民营企业,都是"晋江经验"的践行者,更是受益者。安踏与晋江多数民营企业一样,从"晋江经验"提出那时起就步入了发展的快车道。福建晋江,安踏集团总部,3000 多平方米的企业博物馆里,展示着安踏快速发展的过程:1991 年成立时营业收入以 50 万元起步;2001 年突破 10 亿元;2015 年跨过百亿元大关;2020 年超过 355 亿元,2022 年突破 500 亿。

"从家庭作坊式工厂成长为全球第三大体育用品集团,我们始终牢记习近平总书记的殷殷嘱托,实实在在、心无旁骛做实业。"[①]安踏集团董事局主席兼首席执行官丁世忠说。安踏集团成为中国行业第一、全球第三的体育用品集团,创造就业岗位超过 10 万个。

丁世忠表示,一定牢记习近平总书记的嘱托,做坚守实业、有自信、有担当、有使命感的企业家,努力从中国制造转型为中国创造,打造出更多世界级的中国品牌,"我们要专注做好每一双鞋、每一套服装"[②]。福建晋江,是古代海上丝绸之路起点之一,在这里,自然与人文相互交融。如今,这座小城,正经历着日新月异的变化,晋江人民按照习近平总书记的要求,以爱拼才会赢的闯劲,奋进新时代,实现新跨越,奏响福建经济县级市的"最强音"。

---

① 周洪业,任一林.心无旁骛做实业(中国品牌 中国故事)[EB/OL].(2021-12-21)[2022-10-16].http://cpc.people.com.cn/n1/2021/1221/c64387-32312945.html.

② 黄子娟,陈蓝燕,钱嘉禾."我们要专注做好每一双鞋、每一套服装"[EB/OL].(2022-03-08)[2022-10-16].http://cpc.people.com.cn/BIG5/n1/2022/0308/c164113-32369699.html.

多维赋能升级,产业提质增效。坚持集群赋能、科技赋能、数字赋能、园区赋能,深入开展"开放招商科技创新项目落地攻坚年"活动,"一产一策一专班"加快转型升级,使集群优势更加明显。"2022年,实施108个强链补链项目,落地82个增资扩产项目,产业链供应链稳中见韧。磁灶获评"中国陶瓷名镇",运动鞋原辅材料成为国家中小企业特色产业集群,新一代信息技术产业增加值比增超20%,新增智能制造示范企业10家、'专精特新'企业15家、海交所挂牌企业8家。创新动能加速成形。承办全国机器人大赛、全省石墨烯大会,投用国家知识产权快速维权中心,获批省级高端绿色鞋服制造业创新中心,落地北京石墨烯技术研究院。规上企业研发费用增长27.2%,高新企业保有量突破640家、净增超230家,新增国家博士后科研工作站2家、省级技术转移机构3家,引育高层次人才340名,万人有效发明专利拥有量增至15.34件。数字赋能加力推进。出台产业数字化转型12条措施、软件和信息服务业发展16条措施,承办全省产业数字化转型现场会,引进2个数字化服务平台,分行业打造14个标杆项目,推出7个应用套餐,带动400家企业"上云上平台",数字经济规模预计达1780亿元,占GDP比重56%。"①晋江2022年通过首批国家创新型(县)市验收,成为首批国家知识产权强县建设示范县。

第四节 始终坚持以诚信促进 市场经济的健康发展

2016年3月4日,习近平总书记参加全国政协十二届四次会议民建、工商联界委员联组会时的讲话指出:"公有制企业也好,非公有制企业也好,各类企业都要把守法诚信作为安身立命之本,依法经营、依法治企、依法维权。法律底线不能破,偷税漏税、走私贩私、制假贩假等违法的事情坚决不做,偷工减料、缺斤短两、质次价高的亏心事坚决不做。"②在发展社会主义市场经济中,应建立以道德为支撑、以产权为基础、以法律为保障的社会信用制度,这是建设现代市场经济的治本之策。政府、企业和个人都要把诚实守信作为基本行为准则。这是我国社会主义市场经济快速、健康发展的重要保证。

改革开放初期,陈埭镇群众开始联户集资创办股份合作制企业,当时的晋江县

---

① 王明元.晋江市2021年政府工作报告[R].泉州:晋江市第十八届人民代表大会第一次会议,2021-12-22.

② 习近平.毫不动摇坚持我国基本经济制度　推动各种所有制经济健康发展[EB/OL].(2016-03-04)[2022-10-16].http://www.gov.cn/xinwen/2016/03/09/content_5051083.htm.

委及时推广他们的经验,在晋江大地上掀起一股兴办乡镇企业的热潮。就在"晋江制造"风生水起之际,却发生了轰动全国的"假药案","晋江假药"几乎在全国各地的医药市场泛滥成灾。

1995年,晋江正式提出"质量立市"的目标。正是依靠质量革命,"晋江制造"终于"柳暗花明又一村",成为信誉的代名词。

进入新世纪,企业发展面临更激烈的市场竞争,晋江市委及时引导企业转变经营方式,倡导"质量立市",为打造"品牌之都"奠定基础。"晋江经验"的成功实践说明,经济工作是党治国理政的中心工作。我们必须切实加强党对经济工作的领导,全面提高党领导经济工作的水平,履行党领导经济工作的职能。对突出的诚信缺失问题,既要抓紧建立覆盖全社会的征信系统,又要完善守法诚信褒奖机制和违法失信惩戒机制,使人不敢失信,不能失信。

晋江市市场监督管理局结合"3·15国际消费者权益日"系列活动,深入校园、重点社区开展保健品市场消费维权知识讲座、有奖知识问答等活动,进一步强化老年人等重点人群的消费维权知识,培养广大消费者的科学健康消费观念,增强自身合法权益保护意识,倡导广大消费者树立科学理性的消费理念。

以质取胜,拓展了发展空间。"2001年,习近平同志到晋江鞋博会安踏展厅调研,叮嘱我说,一要把好产品质量关,二要创立自己的品牌。安踏跟福建多数民营企业一样,就是从那时候开始,步入了发展的快车道。"[1]丁世忠说,这些年,安踏全体员工牢记嘱托,始终以消费者为中心,把好产品质量关,做好每一双鞋。尺码上精益求精,材料上品质立身。"舒弹材质用在前脚掌有助弹跳,吸震材用在后脚跟更稳定。"[2]走进安踏运动科学实验室,工作人员演示起企业独立研发的新材质。1998年和2002年,晋江先后提出"品牌立市"和"品牌之都"发展目标,制定品牌发展规划和各项优惠政策,采取各种行之有效的具体举措,引导企业用自主技术创立自有品牌。

在晋江第一个闯出来创立企业自有品牌的是安踏集团。20世纪80年代,安踏集团的创始人丁世忠初中毕业就结束了学业,他用1万多元买了600双晋江鞋,只身一人到北京闯荡。1991年,这位年轻人带着20万元回到晋江和父亲丁和木、兄弟丁世家三人共同创建了安踏。安踏起步时,李宁牌已牢牢占据中国第一体育品牌的位置,阿迪达斯和耐克两大世界体育品牌也牢牢占据了国内的高端市场。要弯道超车,就得有非常规的动作。1999年,安踏公司邀请乒乓球运动员孔令辉

---

① 周洪业,任一林.心无旁骛做实业(中国品牌 中国故事)[EB/OL].(2021-12-21)[2022-10-17].http://cpc.people.com.cn/n1/2021/1221/c64387-32312945.html.

② 潘旺旺.安踏坚持提质量创品牌:心无旁骛做实业(中国品牌 中国故事)[EB/OL].[2022-10-17].http://www.rmlt.com.cn/2021/1221/635267.shtml.

作为形象代言人,并打出了"我选择,我喜欢"的广告词。2000 年,孔令辉获得第 27
届悉尼奥运会冠军,伴随着孔令辉频繁出现在央视,安踏品牌逐渐家喻户晓。

那一年,安踏开始在全国各大城市设立专卖店、专卖柜、专卖点,与消费者之间
建立了直接的购销关系,把销售产品的工作做到了终端。"安踏运动鞋"从此风生
水起,销量迅猛增长,成为晋江运动鞋行业的龙头企业。

安踏在品牌打造上的成功,让晋江的企业意识到了品牌建设的重要性,品牌建
设成了当时企业家最关心的话题。利郎执行董事兼副总裁胡诚初回忆说,从 1996
年起,利郎开始陷入迷茫,1998 年的时候已经濒临倒闭。安踏的成功,让利郎意识
到必须重整旗鼓。他们把公司的产品定位为"商务休闲男装",并决定请著名演员
陈道明作为形象代言人,走品牌化之路。当时,在利郎内部也有不少反对意见,有
人说:"有钱请代言人,为什么不能把漏油的缝纫机先修一下?"[1]利郎的股东们顶
住了压力,决定"赌"一把。陈道明当时开出的代言费要价并不高,但利郎的账户上
已经没有多少钱了,为了凑够代言费,利郎还找丁世忠的家属借了 50 万元。

这一次,利郎"赌"对了——陈道明的气质与利郎的品牌定位十分吻合,利郎借
着陈道明的名气一举成名。在 2002 年的北京服装博览会上,全国各地许多经销商
慕名找到利郎,寻求加盟合作,利郎走出了最艰难的时刻。2004 年雅典奥运会期
间,利郎再次抓住商机,提升了品牌知名度和市场份额。这一年,利郎的年销售额
从 2003 年的 4000 万元飙升至 4 亿元。尝到甜头的利郎,在追求品牌的道路上愈
发痴迷。利郎总经理王良星曾对媒体说:"我们通常一件衬衫可以卖 80 元,但是很
多国际品牌一件能卖 8000 元。我们靠什么去追赶、去超越?"[2]利郎决定放眼全
球,吸引更多设计人士加盟,为利郎的产品设计注入新的元素,为消费者提供全新
的品牌体验。

在晋江的"品牌之都"建设上,洪肇设同样是赫赫有名的人物。在 1998 年的第
十三届亚运会上,柒牌服装已经是中国队礼服的赞助商。不过,真正让柒牌大放异
彩的是 2003 年推出的中华立领。

洪肇设回忆说,当时国内品牌男装的竞争十分激烈,国际时尚品牌对中国市场
的冲击也很大。如何让中华立领在市场上"立"起来?柒牌邀请了著名演员李连杰
作为形象代言人,并推出了广告口号"每一位男人都应该有一件中华立领""重要时
刻,我只穿中华立领"。广告刊播后,柒牌的订货量飙升。

---

① 林嵘."敢拼"晋江:"晋江经验"的探索与实践[EB/OL].(2018-07-11)[2022-10-17].ht-
tps://www.qzwb.com/gb/content/2018-07/11/content_5841264.htm.
② 林嵘."敢拼"晋江:"晋江经验"的探索与实践[EB/OL].(2018-07-11)[2022-10-17].ht-
tps://www.qzwb.com/gb/content/2018-07/11/content_5841264.htm.

依靠品牌营销的巨大成功，柒牌以"一把剪刀、300元资产起家"[1]，如今已在31个省区市设立3500多家专卖店。2017年6月揭晓的"中国500最具价值品牌"显示，柒牌品牌价值为425.72亿元，位居服装品牌前列。

今天的晋江，已经汇聚了一大批品牌企业，男装领域有七匹狼、柒牌、利郎，运动鞋服领域有安踏、乔丹、特步，食品领域有盼盼、蜡笔小新、亲亲。这些耳熟能详的品牌，让晋江有了"品牌之都"的美誉。

从产品到品牌，是消费者消费升级的必然需求，也是供给端转型升级的必经之路。在经历了荣誉之战后，晋江涅槃重生，重获信任，大踏步迈向品牌之都。一个县级市，竟然产生了数十个享誉全国的品牌，堪称奇迹。

如今的安踏，已拥有来自18个国家和地区的200多名设计师和研发专家，累计申请国家创新专利超2000项，以质取胜拓展了发展空间。2020年，安踏运动服饰及运动鞋全国市场占有率分别超过了15%和10%，位列中国同类品牌首位。据统计，目前创新产品在安踏整体销售中占比为30%，利润占比达50%以上。北京冬奥会和冬残奥会工作人员、技术官员、志愿者的赛时制服装备正式亮相。由安踏自主研发的这一制服装备拥有超强保暖功效，同时还能防水透湿、清新抗菌。品质创新在一次次"奥运检验"中大放光彩。东京奥运会上，安踏自主研发的"吨位级"举重鞋，助力运动员奋力拼搏；索契冬奥会上，安踏研发设计的合成纤维特制面料，为运动员提供更安全可靠的防护。安踏以产品的高质量维护了晋江实业的优质信誉，这些正是"晋江经验"中体现的底气。

第五节 始终坚持立足本地优势和选择符合自身条件的最佳方式 加快经济发展

"立足本地优势选择最佳方式加快经济发展"是晋江特色之一，晋江应当扛起全方位推进高质量发展超越主力军担当，奋力建设海丝名城、智造强市、品质晋江，全力提升晋江知名度、首位度、美誉度。

晋江人在市场经济中的做法是去闯去试，但是仅有这般勇气和豪气还是不够的，他们有超乎常人的智慧。智慧源于晋江人有着独特的市场经济眼光，看得到商机。

---

① 林嵘."敢拼"晋江："晋江经验"的探索与实践[EB/OL].(2018-07-11)[2022-10-17].https://www.qzwb.com/gb/content/2018-07/11/content_5841264.htm.

恒安集团创始人许连捷,1979年也创办了服装厂。虽然服装厂生意不错,但许连捷始终忧心忡忡:一来自己对做服装兴趣不大;二来家家户户都在做服装,同质化竞争难以避免。有一天,有人向许连捷推销卫生巾生产设备,许连捷从中看到了商机。

1985年,许连捷到上海出差,和朋友谈起想转型做卫生巾的事情。从上海回到晋江,许连捷说服几位创业者,共同筹资136万元,于1985年联合注册了福建恒安实业公司,并从香港购进了一条二手生产线,招聘了100多名工人。许连捷将第一批产品命名为"安乐",寓意为"千百万妇女的安全和快乐"。然而,"千百万妇女"刚开始并不"买账":一方面,所有原材料都需要进口,产品价格很高;另一方面,囿于消费观念,市场营销很难开展,业务员到广东等地推销,一个月只能销售出一天的产量。当年年底,许连捷不得不借钱给员工发工资。不过,他依然给股东和员工们打气:"打井十丈,离泉一尺,大家要坚持住!"功夫不负有心人,1987年3月,恒安公司接到了投产以来的第一个订货电话。下半年,经销商开始提着现金到恒安公司门口排队等货。1987年,恒安赚回了全部创业投资,并添置了两条生产线。1991年,恒安开始向外扩展,此后,恒安的产品经常供不应求。

1996年,恒安已经是一个年产值十几亿元的大型企业。"集团内部大大小小的问题都要处理,管理层能做的只是头痛医头脚痛医脚,企业缺乏系统有效的管理机制。"①如何才能做到管理科学,建立起有效的管理机制?许连捷想到了上市。

上市,在一般人眼里意味着把企业"交出去",意味着以后不再是许连捷一个人说了算。但晋江企业家从来都不会抵制新事物。许连捷说,想把企业进一步做大做强,必须解决好三个层面的问题——资本运作、运营机制规范和管理结构调整,而资本运作已经是当时恒安集团最为关键的要素。

1996年,恒安集团开始筹备上市,并选择香港著名证券公司百富勤作为保荐人。1997年,东南亚金融危机爆发,百富勤陷入财务困境并最终进行清盘。百富勤的倒闭,也让恒安集团陷入了被动。1998年初,在香港上市已经进入关键时期的恒安集团临时更换保荐人。当年12月,恒安集团在香港联交所成功挂牌上市。

恒安集团的成功上市,开启了晋江企业的上市之路。2001年,晋江市成立了企业上市领导小组办公室(简称"上市办"),由时任体改办主任的刘向阳兼任上市办主任。2002年,晋江市提出了品牌运营和资本运营"双翼计划"。

对于上市也包括"双翼计划"的实施,晋江的企业家开始也不是完全认可的,他们当中有的人是有顾虑的。"有的企业家认为,上市以后公司就不是自己的,自己

---

① 林嵘."敢拼"晋江:"晋江经验"的探索与实践[EB/OL].(2018-07-11)[2022-10-17]. https://www.qzwb.com/gb/content/2018-07/11/content_5841264.htm.

辛辛苦苦经营起来的企业，为什么要分给大家呢?"①刘向阳回忆说，经过反复沟通协调，在凤竹、七匹狼、浔兴等几家企业的示范带动下，其他企业终于被说动了，他们先接受培训，通过培训充分理解了品牌运营和资本运营的基本常识，这样第一期"双翼"培训班如期开班。当时，培训班邀请的授课老师都是资本市场的"大咖"，有来自证监会的，有来自上交所、深交所的，还有国内知名专业投行的。不少企业家在课程结束时，对上市的看法有了明显改变。他们当中不少人不仅正确理解了资本市场的功能，也认识到了资本市场的利弊。

之后在办培训班时，"上市办"决定组织企业家外出考察。考察的第一站是江苏的江阴。当时，江阴的上市公司有20多家。晋江市政府主要领导带着企业家到江阴，与江阴的上市公司老总交流上市前后公司生产经营和发展的变化，还组织企业家到深交所参观考察学习，让企业家对上市有更直观的认识。

当然，企业上市并不是嘴上说说，而是需要企业提升优化企业管理，严格财务行为。而规范企业经营，必然给企业增加不少成本。如果没有政策支持，企业家很容易摇摆、打退堂鼓、止步不前。

因此，晋江决定从资金方面为企业降费减负:财政资金的奖励从300万元提升到500万元;参照上市之前三年新增税收地方分成部分，全额补助，上完市两年内减半补助;此外，政策还对上市后公司募投项目落地、再融资、并购重组等方面给予支持，并帮助企业招募董秘和财务总监等人才。

有了政策支持，企业家们的信心更足了。2004年，凤竹、七匹狼先后在A股上市;2006年，浔兴上市。此后，安踏体育、梅花伞、福兴集团等公司纷纷上市。此后几年中，晋江几乎每年都有几家企业上市。

截至2021年3月16日，晋江市共有境内外上市公司50家(其中香港上市18家)，数量居全国县域前列，首发融资金额超200亿元，再融资近550亿元，并购重组交易额近600亿元，上市公司总市值超3500亿元，另有7家企业首发申请已报证监部门或证券交易所审核，近100家优质企业纳入上市和挂牌后备资源库。晋江民营企业的异军突起，书写了爱拼敢赢、永争一流的企业激情和拼搏精神，描绘出晋江企业从"产品经营"到"品牌经营"再到"资本运营"的科学发展之路，也勾勒出各级政府充分发挥市场在资源配置中的决定性作用。

借力资本市场，晋江的民营企业迅速做大了体量、优化了模式、提升了素质。更为重要的是，晋江民营企业多为家族企业，改制上市过程，也是企业借助资本市场这一外部监管平台，克服家族企业弊端，实现产权明晰、责权明确，完善战略规

---

① 46家总市值突破3000亿! 晋江上市企业数量领跑全国各县[EB/OL].(2018-07-16)[2022-10-17].https://www.sohu.com/a/241535872_99934080.

划,提升内部管控水平,促进生产经营和管理模式迅速与国内外市场接轨的过程。

"'晋江经验'是指引、推动九牧健康发展的核心动力。"[①]九牧厨卫股份有限公司董事长林孝发说,28年来,九牧秉承敢为天下先、爱拼敢赢的闽商精神,专注打造智慧厨卫空间,并把智能制造引入传统产业,从一个家庭作坊逐步发展壮大。

多年来,九牧深入研究市场及消费者需求,从解决中国低水压的空气增压旋舞水花洒,到更适合国人使用的电解除菌水洗智能马桶G5,再到一键智能、健康管理的M6名匠系列套件,探索出了一条"传统产业—智能家居—大健康产业"的转型升级之路。

"始终坚持立足本地优势和选择符合自身条件的最佳方式加快经济发展"[②],这是"晋江经验"的要点之一,也是晋江多年来的实践路径。

泉州和晋江地处海防前线,改革开放之初基本没有工业。在外资比较少的情况下,晋江主要靠一家一户农民联户集资办企业,基本上选择了纺织、鞋、食品、建材等门槛低、工艺成熟的传统轻工行业,并沿着产业链上下游延伸,一步一步成长壮大。

进入新千年之后,率先进入工业化中后期发展阶段的晋江,面对发展需求、发展后劲与资源空间、要素的矛盾提出了打造"品牌之都"计划,吹响了加快经济优化提升、产业转型升级集结号,实现"动力转换、路径转移、城市转型、职能转变"。

晋江在长期的发展历程中,始终坚持立足县域实情,充分发挥本地特色和比较优势,选择符合自身条件的发展模式。在发展初期,晋江克服资源不足、基础薄弱等不利条件,从利用"三闲"(闲钱、闲人、闲房)起步,联户集资兴办乡镇企业,到利用侨资、嫁接外资发展"三资企业",创造了"晋江模式"。随着市场化不断推进,晋江又充分依托民资发达、侨资充裕、理念活跃、机制灵活等比较优势,发展壮大民营经济,开创了一条以本土企业为主体、利用外部资源发展产业的特色之路。"晋江经验"的成功实践说明,没有放之四海而皆准的发展模式,必须走具有自身特色的发展路子。我们必须坚持立足本地优势,根据自身资源禀赋选择符合自身条件的发展路子,绝不能照搬照抄,陷入经验主义和教条主义。

---

① 林嵘."敢拼"晋江:"晋江经验"的探索与实践[EB/OL].(2018-07-11)[2022-10-20]. https://www.qzwb.com/gb/content/2018-07/11/content_5841264.htm.

② 习近平的"晋江经验"[EB/OL].(2018-07-12)[2022-10-20]. https://baijiahao.baidu. com/s? id=1605771574151810649&wfr=spider&for=pc.

第六节　始终坚持加强政府对市场经济的引导和服务

　　《中共中央关于党的百年奋斗重大成就和历史经验的决议》指出"构建亲清政商关系，促进非公有制经济健康发展和非公有制经济人士健康成长"[①]。习近平总书记于 2021 年 12 月 17 日下午主持召开中央全面深化改革委员会第二十三次会议，审议通过了《关于加快建设全国统一大市场的意见》《关于进一步提高政府监管效能推动高质量发展的指导意见》。习近平在主持会议时强调，发展社会主义市场经济是我们党的一个伟大创造，关键是处理好政府和市场的关系，使市场在资源配置中起决定性作用，更好地发挥政府作用。构建新发展格局，迫切需要加快建设高效规范、公平竞争、充分开放的全国统一大市场，建立全国统一的市场制度规则，促进商品要素资源在更大范围内畅通流动。要加快转变政府职能，提高政府监管效能，推动有效市场和有为政府更好结合，依法保护企业合法权益和人民群众生命财产安全。

　　会议指出，提高政府监管效能，要着力解决好"谁来管""管什么""怎么管"的问题。按照"谁审批、谁监管，谁主管、谁监管"的原则，理清责任链条，提高履责效能，严肃问责追责。行业主管部门要严格落实行业监管职责，相关监管部门要切实履行各自职责范围内的监管责任，地方政府要全面落实属地监管责任，企业要加强自我管理、自我约束。对涉及多个部门、管理难度大、风险隐患突出的监管事项，要建立健全跨部门综合监管制度，完善各司其职、各负其责、相互配合、齐抓共管的协同监管机制。要统筹推进市场监管、质量监管、安全监管、金融监管，加快建立全方位、多层次、立体化监管体系，实现事前事中事后全链条全领域监管，堵塞监管漏洞。对直接关系人民群众生命财产安全、公共安全，以及潜在风险大、社会风险高的重点领域，要实施重点监管，防范化解重大风险。要坚持依法监管，抓紧制定重点领域、新兴领域、涉外领域监管亟须的法律法规，建立任职限制、终身禁入和终身追责制度。要创新监管方法，提升监管的精准性和有效性。要严格规范政府监管行为，建立贯穿监管工作全过程的监督机制，提高监管规范性和透明度。良性的"政企互动"是晋江民营经济健康高速发展的法宝，也是"晋江经验"的重要内容之一。

---

　　①　习近平.中共中央关于党的百年奋斗重大成就和历史经验的决议[R].北京：中国共产党第十九届中央委员会第六次全体会议，2021-11-16.

政府要在不同发展阶段、关键节点，因势利导，提出不同发展战略，帮助企业找方向、定航标，做好"引路人"，也努力当好"推车手"，特别是通过搭建专业技术公共平台，为企业解决创新中的"痛点"，推动企业更好地搞创新研发。

中国皮革和制鞋工业研究所（晋江）有限公司就是晋江引进的公共服务平台之一。早在 2009 年的时候，中国皮革和制鞋工业研究所就与晋江当地的企业开展业务合作，帮助企业做产品研发。晋江市委、市政府获悉这一情况后，主动邀请研究所到晋江设立研发平台。

2013 年，皮革所晋江有限公司正式成立。皮革所与晋江当地鞋企的互动更加频繁了，不仅为企业提供产品质量检验服务，还帮助企业找出出现产品质量问题的原因，提供技术解决方案，对有共性的产品质量问题进行发布，帮助更多企业避免不必要的损失。自成立以来，已为企业解决了 120 多件各类质量问题纠纷。

对于一些更加前沿的科技创新研发，为了减少市场主体的顾虑，使其能更加专注地从事技术研发，晋江市政府还主动投资设立具有独立法人资格的事业单位，同时设立国有性质的企业运营平台。

就福建海峡石墨烯产业而言，很多地方虽然对它感兴趣，但政策优惠力度有限。晋江在与研究团队沟通后，决定由市政府投资主办具有独立法人资格的事业单位，同时设立国有性质的企业运营平台——福建海峡石墨烯产业技术研究院有限公司。这给了研发团队巨大的鼓舞，产业园也成为具有公益性和开放性的石墨烯产业技术研发的公共技术服务平台。

在构建政商关系中，晋江市还把营商环境作为重要生产力，坚持以国际化标准完善城市配套，全面建设服务型政府，在全市推广"不叫不到、随叫随到、说到做到、服务周到"和"马上办、网上办、就近办、一次办"的服务理念，营造便捷化、法治化、国际化的营商环境，激发和保护企业家精神。

企业要发展，市场要做大，离不开亲清的政商关系。晋江历届党委、政府，当好"引路人"，做好"推车手"，为企业发展助力加油，替企业发展排忧解难。改革开放 40 多年来，晋江民营企业规模越来越大，活力越来越强，既是晋江亲清政商关系的成果，也是晋江亲清政商关系的明证。

第三章 "处理好五大关系"

习近平总书记强调："系统观念是具有基础性的思想和工作方法。要从系统论出发优化经济治理方式，运用辩证法，统筹兼顾、综合平衡，突出重点、带动全局，提高统筹谋划和协调推进能力，在多重目标中寻求动态平衡。"[①]"处理好五大关系"，即处理好有形通道和无形通道的关系，处理好发展中小企业和大企业之间的关系，处理好发展高新技术产业和传统产业的关系，处理好工业化和城市化的关系，处理好发展市场经济与建设新型服务型政府之间的关系。

第一节 处理好有形通道和无形通道的关系

有形通道和无形通道在一定程度上借鉴了无形的手和有形的手的说法。经济学家亚当·斯密在他的《国富论》中提出了著名的"看不见的手"理论，即经济运行中有一只看不见的手在自动调节，即便每个人都是从个人利益角度出发，其结果也会促进社会的整体利益，经济运行只能靠市场经济自身的调节，也就是跟价值的变动规律一样，总是在一个平衡的状态下进行。这就是无形的手（看不见的手）。有形的手也就是政府干预经济，重在讲政府对经济的宏观调控，若经济的自动调节对政府不利或甚至使有所损失，政府就会干预经济的发展。一般认为无形通道是指思想观念、思维方式、道德素质、舆论氛围、价值规律、营商环境。无形通道对市场经济的发展起着重要作用。有形的手是看得见的管理方式，例如行政命令、计划配

---

① 中共中央宣传部，国家发展和改革委员会.习近平经济思想学习纲要[M].北京：人民出版社、学习出版社，2022.

额、财政手段、税收政策、国家补贴等经济杠杆。也不否认交通运输信息传输和流程再造这些有形通道。

晋江在这方面坚持以制度改革牵引流程再造,深化"放管服"改革,全链条优化提升审批服务。推行行政服务大厅6S标准化管理,在全省县域率先实现"无实体证照"办事、率先开展10个行业"一业一码"改革试点,新增100个高频事项"掌上办",推出100个信用承诺审批改革事项,让企业和群众办事更便捷、更满意。深化"我为群众办实事"、"我为企业解难题"再落实、"局长走流程"等活动,健全诉求收集处理反馈机制,当好无事不扰、随叫随到的"店小二"。还包括融入内外循环拓宽开放发展格局。发展双向开放优势,晋江这方面大力培育电商平台推动电商总部回归,扩大优质产品线上销售。还有就是发展保税加工、研发、物流等"保税+"经济。加快机场扩容提质,建设航空物流园,大力发展临空经济,货邮吞吐量增长12%以上。扩大跨境电商出口,发挥Lazada、国际邮件互换局等平台功能优势,国际及港澳快递业务量增长10%以上。实现鞋纺城市场采购贸易全省通关一体化,建设围头港市场采购贸易海关监管场所,市场采购贸易额达220亿元以上。积极对接《区域全面经济伙伴关系协定》(RCEP)新规则,支持龙头企业开展海外并购,加速拓展海丝沿线市场。正确处理好有形通道和无形通道的关系,才能进一步推动市场经济和全方位的对外开放。

第二节 处理好发展中小企业
和大企业之间的关系

让更多的小企业始终坚持在顽强拼搏中取胜,靠市场锤炼成为大企业、实现基业长青,这也是"晋江经验"给晋江带来的发展启示。来自晋江的一大批小微企业、小作坊成长为行业领军企业,一大批产业集聚地成为重要品牌集中地,一大批龙头企业迈向国际化开拓海外市场、参与全球资源配置。

晋江产业集群优势明显。规上工业产值突破5000亿元,已有7个超百亿产业集群(包括制鞋、纺织服装、建材陶瓷、食品饮料、装备制造、纸制品、新材料),其中制鞋、纺织服装产业产值均超千亿。集成电路、石墨烯、光伏电子等高新技术产业取得重大突破,投资规模近400亿元的晋华存储器项目纳入国家"十三五"集成电路重大生产力布局规划和"910工程",集成电路全产业链初具规模。石墨烯产业技术研究院正式运营,一批产业化项目相继落地。根据晋江文化旅游网资料,晋江拥有国家体育产业基地、中国鞋都、世界夹克之都等15个区域品牌,持有中国驰名商标 45 个,品牌企业专卖店、直营店超过 25 万家。有 70 多家企业到境外设立商务机构,恒安、安踏、七匹狼、九牧王等知名品牌逐步走向国际化。资本运作活跃拥有 50 家上市公司,数量居全国县域首位;"新三板"、海交所等场外挂牌交易及展示企业达 117 家。

中小企业在经济增长、民生就业、财政收入、乡村振兴、社会稳定等方面均有不可替代的作用。但大企业大多处在产业链的高端,拥有明显的资金优势、技术优势和规模优势,具有很强的资源整合和集成创新能力,是国民经济发展的重要支柱。

深入实施产业龙头促进计划,着力培育龙头、延伸链条、壮大集群;加大对中小企业的扶持力度,鼓励引导非公中小企业围绕龙头企业做配套、做服务。

第三节　处理好发展高新技术产业和传统产业的关系

正确处理好发展高新技术产业和传统产业的关系,推动新旧动能转换。一方面,新兴产业为传统产业提供了转型升级的机遇;另一方面,传统产业为新兴产业提供了更大的市场空间。晋江积极推进福厦泉国家自主创新示范区建设,推动传统产业"老树长新芽",焕发出新的活力和竞争力。2022 年,确立"数智转型"核心发展战略,启动数字经济三年行动,获评全国工业互联网推动数字化创新领先县(市)。"具体实施 105 个强链补链项目,纺织产业聚焦功能纤维和后整理短板,推进差异化锦纶、瓶片再生短纤等 48 个项目,推动 5 家后整理企业集聚入园;鞋服产业紧扣高端化、功能化方向,推进超临界鞋材、生物基鞋材等 35 个项目,培育 10 家鞋服精品工厂;食品产业突出大健康赛道,推进特医食品、冻干技术等 12 个项目,力争食品软包补短板取得突破;建材产业围绕绿色化、差异化方向,建设研发检测中心,推进超薄板、大规格砖等 10 个项目,做强陶瓷名镇品牌。深化数智转型行动。组建产业数字化转型服务协作联盟、中小企业数字化转型促进中心,落地国家级纺织鞋服大数据中心、产业数字人才培训基地。引进数字化服务平台 2 个以上、信息系统服务商 5 家以上。拓展食品、建材、机械等行业数字化标杆项目 10 个,推出 8 个应用套餐,带动超 500 家企业上平台。新增 ODM 企业 20 家,促成产能回流超 35 亿元。"[①]发展芯片产业,就是希望用集成电路技术对传统产业进行改造,

---

① 王明元.晋江市 2021 年政府工作报告[R].泉州:晋江市第十八届人民代表大会第一次会议,2022-12-22.

把普通鞋升级成智能鞋,在装备工业打造出智能工厂。

恒安集团是国内最大的妇女卫生巾和婴儿纸尿裤、生活用纸生产企业。通过和高新产业结合实现生产智能化后,恒安的次品率从原来的 3％降到 1％左右,而用工人数却大大减少。特别是原来用工最多的包装环节,从 20 人减到 5 人,人工成本降了 70％以上。仓储环节也使用机器运货搬货,基本不需要搬运工。

第四节　处理好工业化和城市化的关系

所谓工业化,就是坚持以信息化带动工业化,以工业化促进信息化,就是科技含量高、经济效益好、资源消耗低、环境污染少、人力资源优势得到充分发挥的工业化道路。城市化,是指随着一个国家或地区社会生产力的发展、科学技术的进步以及产业结构的调整,其社会由以农业为主的传统乡村型社会向以服务业等非农产业为主的现代城市逐渐转变的历史过程。

城市化是多维的概念,城市化内涵包括人口城市化、经济城市化(主要是产业结构的城市化)、地理空间城市化和社会文明城市化(包括生活方式、思想文化和社会组织关系等的城市化)。

如今晋江特别要加快数字化转型,培育更多高新技术企业,坚持产业、城市双轮驱动,推进新型工业化和城镇化,提升城市教育医疗水平和营商环境,掀起新一轮民营企业创新创业创造热潮。要带着责任,保持爱拼敢赢精气神,昂首阔步迈向新征程。

全面发展是"晋江经验"的核心内涵,在发展实践中,晋江始终牢记习近平总书记"处理好工业化与城市化的关系"的殷切嘱托和对晋江市新型城市化工作的重要批示精神,践行好以人民为中心的发展思想,努力创造高品质生活。主要从四个方面入手。

一是城乡发展一体统筹。

确立"全市一城、一主两辅、双湾双带"的发展布局,将城市和乡村作为一个不可分割的整体,统筹规划、建设和管理,先后推进九大组团、五大片区、四大新区和千万平方米综合产业园区建设,中心城区建成区面积拓展至 115 平方公里,近 10 年城镇化率年均提升 1 个百分点。在此过程中,注重把基础设施、公共资源向农村倾斜,探索出乡贤反哺、村企合作等多元改革发展模式,培育了 72 个乡村振兴试点示范村,村均集体经营性收入突破 55 万元,乡村和城市有一样的生活品质、不一样的生活体验。

二是公共服务一体共享。

坚持"以人为本"，每年把 70％ 以上的本级财力投到民生领域，构建就业、教育、医疗、住房、安全、环境和社会保障等七个民生保障体系，特别是下大力气推进公共服务扩容提质，打造形成三大本硕高校版图、三大医共体格局、"三位一体"养老服务体系，20 年来新增优质学位 16.9 万个、医疗床位 6411 个，每千名老人养老床位数增至 41 张，群众在家门口就能享有更好的公共服务。在晋江常住人口中，"新晋江人"超过一半，晋江坚持"同城同待遇、保障全覆盖、待遇均等化"，早在2011 年，就在全省率先推行居住证制度，赋予持证人员 30 项市民化待遇，同等享受就学、就医、就业、住房等待遇，实现"新老晋江人一个样"。2022 年，晋江用心创造品质生活。上海六院福建医院入选公立医院高质量发展省级示范点，福大晋江校区正式获批，清华附中晋江学校实现小初高一体化招生办学，高端公共服务更加触手可及。高质量办成 22 件为民实事、144 件民生微实事，暖心保障新冠肺炎疫情防控期间群众生活，社会救助工作获评全国先进，高水平通过全国文明城市年度考评，民生福祉持续增进。

2017 年 1 月，国家发改委发出《关于印发新型城镇化系列典型经验（农业转移人口市民化案例）的通知》，发布了全国 15 个农业转移人口市民化典型案例。作为我省唯一入选的案例，晋江推进农业转移人口市民化案例入选全国典型案例首篇，经验做法成为各地学习借鉴的示范。

作为全省第一批国家新型城镇化综合试点，近年来，晋江围绕"以人为本"和"外来人口市民化"，坚持"同城同待遇、保障全覆盖"的基本理念，深化户籍制度改革，不断丰富居住证制度市民化待遇内涵，切实提高外来人口基本公共服务均等化水平。

"新晋江人"曾伟的老家在四川宜宾，他在晋江工作 16 年，2016 年办好了落户手续。"二宝在晋江出生，这里就是家了，"曾伟难掩心头喜悦，"2014 年报名积分落户，一年就达标了，2016 年 5 月用了一周左右时间就办好了所有优惠购买住房手续，十分方便。现在市民化积分在子女上学、购房方面都有优惠，房价每平方米要比市场价优惠 1000 多元。"①

和曾伟一样，晋江还有许许多多的外来人口享受到了"市民化"的优待，在晋江推进新型城镇化的过程中，他们真真切切得到了实惠。

正如案例中总结的，晋江通过深化户籍制度改革，放开人口落户限制，率先实

---

① 陈子汉.国家发改委印发 15 个农业转移人口市民化案例 晋江经验和做法成全国典型［EB/OL］.（2017-01-20）［2022-10-22］. http://4g. ijjnews. com/news/system/2017/01/20/010983282.shtml.

行"居住证"制度,让外来人口成为晋江"新市民",通过强化公共服务供给,全方位解决外来人口的就业、住房、社保和公共服务等问题,让外来人口在晋江安居乐业;从情感融入和文化融合入手,让流动人口更好地融入城市,在工作、生活和政治待遇等方面,增强"新晋江人"的认同感和归属感。

晋江着力做好"推进农业转移人口市民化"这一篇大文章,城镇化水平显著提高。晋江常住人口城镇化率由 2011 年的 59.96% 提升至 2019 年的 67.4%;2016年以来,全市新增 8502 名流动人口办理落户,四年来累计已有 28467 人转入落户,办理居住证 250 多万张。

外来人口公共服务得到保障,2015—2016 年度,晋江市申请参加积分排名的"新市民"达 44000 多名,通过积分高低轮候选择享受公办学校学位、安置房购房资格等特殊政策;累计向外来人口提供保障性住房 3836 套,占全市配售配租总数的59.8%;目前外地学生达 21.44 万,占全市在校生的比例达 58.86%,且 94.1% 以上就读公办学校,实现了外来人口子女免费接受 12 年教育全覆盖;在参加城镇职工养老、医疗、失业、生育、工伤等社会保险的人员中,外来职工参保比例已分别占72.8%、62%、72.8%、65% 和 72.8%;外来人口新农合异地结报服务点拓展到重庆垫江、丰都,安徽颖泉,江西石城,福建漳浦等地。

三是生产、生活、生态一体融合。

坚持生态优先,对落后产能实行全行业整治,对水环境实行全流域治理,对生态景观实行全市域绿化,在全国率先完成建陶行业"煤改气",在全省率先推行"河长制",打造了九十九溪田园风光、晋江南岸公园等一批生态景观带,空气优良率多年保持 100%,碧水蓝天绿地逐渐成为晋江的一张靓丽名片。

四是文明文化一体推进。

把文明文化作为城市最深厚、最持久的力量,扎实做好文化遗产保护传承,建成第二体育中心、全民健身中心、文化中心等一大批文体设施,打造五店市、梧林传统村落等一批闽南文化"活样本",安平桥、草庵摩尼光佛造像、金交椅山古窑址成功列入世遗名录,蝉联"全国文明城市"称号,城市文化品位和市民文明素质不断提升。

"晋江经验"对于泉州来说,更是以泉州市区,晋江、石狮都市区带动闽南经济区加快发展。推进以人为核心的新型城市化,提升中心城市综合功能,培育发展中小城市,分类发展小城镇,加快农业转移人口市民化。

第五节　处理好发展市场经济与建设新型服务型政府之间的关系

"明确加强党对经济工作的全面领导是我国经济发展的根本保证，要切实把党领导经济工作的制度优势转化为治理效能，不断提高党领导经济工作科学化、法治化水平，增强党领导经济工作专业化能力。"[①]面对晋江民营经济发达的优势，晋江市委、市政府认为，"晋江的发展成就，民营经济功不可没，民营企业家贡献重大。我们要始终牢记习近平总书记重要嘱托，坚持以'晋江经验'为引领，一如既往地坚持'两个毫不动摇'，把民营企业和民营企业家当作我们自己人，大力弘扬企业家精神，依法保护民营企业产权和企业家权益，全力为民营企业解难题、办实事，当好最坚强的后盾。落实组合式税费政策，修订新一轮经济鼓励扶持措施，'第一时间＋顶格优惠'直达企业。做好第五次全国经济普查，开展市场主体倍增行动，建设工业运行监测系统，全力帮企业稳资金、稳预期、抢订单、拓市场，有效避险纾困，新增培育市场主体5.5万户、规上企业400家、限上企业280家"[②]。

习近平总书记2021年12月17日下午主持召开中央全面深化改革委员会第二十三次会议强调："党的十八大以来，党中央坚持社会主义市场经济改革方向，从广度和深度上推进市场化改革，减少政府对资源的直接配置，减少政府对微观经济活动的直接干预，不断完善产权保护、市场准入、公平竞争等制度，推进价格改革和土地、资本、劳动力、技术、知识、数据等重要生产要素市场化改革，加强反垄断、反不正当竞争，着力清除市场壁垒，提高资源配置效率和公平性，加快形成企业自主经营、公平竞争，消费者自由选择、自主消费，商品和要素自由流动、平等交换的现代市场体系。同时，我国市场体系仍然存在制度规则不够统一、要素资源流动不畅、地方保护和市场分割等突出问题。要从制度建设着眼，坚持立破并举，在完善市场基础制度规则、推进市场设施高标准联通、加快要素和资源市场建设、推进商品和服务市场高水平统一、提升监管治理水平等方面出台有效的政策举措，不断提高政策的统一性、规则的一致性、执行的协同性，以统一大市场集聚资源、推动增长、激励创新、优化分工、促进竞争。要加快清理废除妨碍统一市场和公平竞争的

---

① 蔡阳艳.马克思主义政治经济学中国化时代化最新成果[EB/OL].(2022-08-19)[2022-10-22].http://jspopss.jschina.com.cn/shekedongtai/202208/t20220819_7665196.shtml.

② 王明元.晋江市2021年政府工作报告[R].泉州:晋江市第十八届人民代表大会第一次会议,2021-12-22.

各种规定和做法。要结合区域重大战略、区域协调发展战略实施,优先开展统一大市场建设工作,发挥示范引领作用。"①

习近平总书记在总结"晋江经验"时提出:"政府对经济工作既不能'越位',也不能'缺位'、'虚位'和'不到位'。"②多年来,晋江市党委政府始终坚持自身"领路人、推车手、服务员"的角色定位。在晋江发展过程中,良好的政企互动发挥了重要作用。

(1)晋江提升审批服务效能。开设企业政务服务线上专区,开展 4 个高频服务领域综合窗口试点,实行"一窗式无差别受理",推行工业项目"五证同发",试行社会投资项目"用地清单制"改革,对单位工程实行单独竣工验收。

(2)开展国企提质增效攻坚专项行动。启动分类管理改革,大力引进高级职业经理人,完善公司治理结构;推进 144 个国企实体化项目,探索市属国企与大型央国企、产业基金、工业地产等合作,引入外部资金和优质资源,参与城市更新、园区建设、产业发展,以项目运作培养自有团队,打造核心业务品牌,新增 AA+主体评级企业 1 家。

(3)深化农村改革试点。加强农村综合改革试验区建设,稳慎开展国家农村土地"两项试点"、农村产权流转交易、农村乱占耕地建房整治等试点工作,实施 20 个集合式住宅示范项目,激发农村有形资产、无形资源的开发。

(4)推进供销社改革。抓实"三位一体"综合合作试点,开展"五联供销"行动,整合组建大供销集团,筹建供销合作发展基金,新增 20 个供销为民服务点,完善市镇村三级现代化流通服务网络,构建供销冷链物流、再生资源回收开发利用体系。③

(5)持续深化"放管服"改革。提出"马上办、网上办、就近办、一次办"的"四办"理念;完成权力清单和责任清单"两单融合";2020 年梳理公布"最多跑一趟""一趟不用跑"清单 1149 项。科学应对疫情冲击和外部环境叠加影响,深入开展"我为企业解难题"再落实活动,解决企业困难 290 项,促成产能协作 30 亿元,新增企业贷款 140 亿元,兑现惠企资金 23.67 亿元,企业降本减负 7 亿元,新增规上工业企业 465 家、限上商贸企业 323 家,预计规上产值增长 15.2%、限上销售额增长 31.5%。

① 宋岩.习近平主持召开中央全面深化改革委员会第二十三次会议强调:加快建设全国统一大市场提高政府监管效能 深入推进世界一流大学和一流学科建设[EB/OL].(2021-12-17)[2022-10-22].http://www.gov.cn/xinwen/2021-12/17/content_5661684.htm.

② 践行"晋江经验":民营经济活跃关键在营商环境[EB/OL].(2018-07-11)[2022-10-22].https://baijiahao.baidu.com/s?id=1605705979547578926&wfr=spider&for=pc.

③ 王明元.晋江市 2021 年政府工作报告[R].泉州:晋江市第十八届人民代表大会第一次会议,2021-12-22.

　　近五年来晋江在"晋江经验"引领下，坚定创新前行，综合实力实现跨越提升。地区生产总值年均增长 7.3％，人均地区生产总值达 12.5 万元，年均增长 6.8％；一般公共预算总收入年均增长 2.6％，市本级收入年均增长 3.5％。城市投资潜力、营商环境位列全国县域第二位，县域经济基本竞争力 2022 年跃居全国第三位，获评"全国文明城市"。成功申办第 18 届世界中学生运动会，开创县级城市承办国际综合赛事先河，连续四届获得国际大体联足球世界杯举办权，出彩举办首届国际大体联足球世界杯。被中央主流媒体誉为全国县域经济发展典范、中小城市建设样板，为实现"两个一百年"奋斗目标提供了"晋江经验"新实践。

第四章 "晋江经验"的特色

"晋江经验"最为鲜明的特色,就是紧紧咬住实体经济发展不放松。二十年来,敢为人先、爱拼善赢的晋江人,把"晋江经验"作为全面推进县域经济科学发展的关键指引,成功走出了一条现代化建设全面发展之路,创造了"晋江奇迹"。

第一节 坚守实体 品牌立市

党的二十大报告指出:"坚持把发展经济的着力点放在实体经济上,推进新型工业化,加快发展数字经济,促进数字经济和实体经济深度融合,打造具有国际竞争力的数字产业集群。"①实体经济,指一个国家生产的商品价值总量,包括物质的、精神的产品和服务的生产、流通等经济活动,包括农业、工业、交通通信业、商业服务业、建筑业、文化产业等物质生产和服务部门,也包括教育、文化、知识、信息、艺术、体育等精神产品的生产和服务部门。马克思主义认为,要毫不动摇地始终抓住实体经济,因为实体经济始终是人类社会赖以生存和发展的基础。马克思认为"不论财富的社会的形式如何,使用价值总是构成财富的物质的内容"②,马克思这里所讲的使用价值,就是实际的产品、实际的财富。由此出发,马克思认为只有物质财富的劳动才是生产性的劳动,而实体经济体现为生产性的劳动。改革开放以来,我国40多年的发展主要也是发展了实体经济。搞好实体经济的发展是习近平

---

① 习近平.高举中国特色社会主义伟大旗帜为全面建设社会主义现代化国家而团结奋斗[M].北京:人民出版社,2022.
② 中共中央马克思恩格斯列宁斯大林著作编译局.马克思恩格斯文集[M].北京:人民出版社,2009.

新时代中国特色社会主义经济思想的主要组成内容。

实体经济在晋江的经济格局中始终占据突出地位。从以实业发端起步，到以"质量立市""品牌强市"，再到以创新推动产业转型升级，实现"老树发新枝"，晋江始终坚持以实业为根本，深耕市场，不断增强发展韧劲，实现了屡遇危机而不倒、活力长盛而不衰。

30年来，安踏从小到大，从晋江走向全球，成长为中国第一、全球第三的体育用品集团。其既是"晋江经验"的践行者，也是"晋江经验"的受益者。

"始终坚守实体经济、坚守主业，认真做好每一双运动鞋、每一件运动服。实实在在、心无旁骛做实业，这是我们的本分。"①这是安踏的发展秘诀。安踏的成长是中国体育产业发展的一个缩影，也是晋江品牌心无旁骛发展实业的真实写照。

在"晋江经验"的指引下，历届晋江市委、市政府领导班子牢牢守好实体经济这个"传家宝"。每到发展的关键时期，晋江都及时制定相关政策，保障鼓励企业坚守实业。

2005年出台首部专项针对传统企业转型发展的政策——鼓励品牌立市。在政策鼓舞下，晋江的民营企业紧盯实业不松劲，投身实业链条各个环节，做专做精，全市传统产业配套率远高于其他地区，既提高了整体产业生产率，又降低了行业运营成本，"中国伞都""中国鞋都""中国食品工业强市""中国陶瓷重镇"等"国字号"区域产业品牌，相继落户晋江。

"过去五年晋江市加快四大传统优势产业全链条升级，多维布局信息技术、智能装备、医疗健康等新兴产业，科技创新动力持续强劲，创新动能加速成形。2022年晋江承办全国机器人大赛、全省石墨烯大会，投用国家知识产权快速维权中心，获批省级高端绿色鞋服制造业创新中心，落地北京石墨烯技术研究院。规上企业研发费用增长27.2％，高新企业保有量突破640家、净增超230家，新增国家博士后科研工作站2家、省级技术转移机构3家，引育高层次人才340名，万人有效发明专利拥有量增至15.34件。

数字赋能加力推进。出台产业数字化转型12条措施、软件和信息服务业发展16条措施，承办全省产业数字化转型工作现场会，引进2个数字化服务平台，分行业打造14个标杆项目，推出7个应用套餐，带动400家企业"上云上平台"，数字经济规模预计达1780亿元，占GDP比重56％。

产业空间重构升级。完成经开区专业园整合交接，组建160亿元晋园发展集

---

① 韦菊."晋江经验"指引晋江企业心无旁骛做实业 坚定不移抓创新［EB/OL］.（2022-08-17）［2022-10-28］. http://local. cctv. com/2022/08/17/ARTIvQaqEXiBEbQtszb8wp1H220817. shtml.

团。完成工业用地调查,摸清工业用地"五笔账",构建园区标准化建设"1＋N"政策体系,14个综合产业园区启动建设,2300亩工业用地提容增效,建成产业空间超150万平方米,规上企业入园率提高到41.5％。"[①]

如今国科大、福大科教园等大院大所纷纷落地,泉州职业技术大学升格本科,高新企业保有量突破400家,集聚院士工作站19个,高层次创业团队106个,高层次人才超5000人。9只创投基金进驻运作,撬动80亿元社会资本。国家(鞋服和食品)知识产权快速维权中心基本建成,获批国家创新型县(市)、国家"双创"示范基地。全市GDP总量中,来自实体经济的贡献占比达60％以上,由实体经济创造出的产值、税收和就业岗位占比都在95％以上。

随着中国经济发展进入新常态,晋江许多传统产业发展面临着较大压力,高新产业比重偏低,创新发展内生动力不足等问题较为突出。但是,晋江仍然坚守实体经济,提出"先进制造业立市,高新产业强市,现代服务业兴市"的发展思路。

坚守实体经济,不能墨守成规,更不能抱残守缺。特别是对于传统产业,必须始终坚持以市场为导向,通过技术创新,研发出适销对路的产品,不断提升产品的市场竞争力。

第二节　企业家精神　爱拼敢赢

晋江市委、市政府传承弘扬"晋江经验",强化勇当主力的政治自觉,全方位建设人民满意的新型服务型政府:一是建设善学善治政府;二是建设市民信赖政府;三是建设法治阳光政府;四是建设新型数字政府;五是建设清廉高效政府。积极探索,致力于各类科技公共服务平台的建设。

在做好"引路人"的同时,政府也努力当好"推车手",特别是通过搭建专业技术公共平台,为企业解决创新中的"痛点",推动企业更好地搞创新研发。

李俊博士是中国科学院泉州装备制造研究所的研究员。2015年,他放弃了国外的优越条件回国发展。李俊说,泉州的传统制造业特别是装备制造领域有着较为雄厚的基础,但科研力量薄弱,这恰恰是科研人员的机遇所在。

加盟中科院泉州装备制造研究所后,李俊参与了一家鞋业设备制造企业的技术改造项目。2017年,这项研究"开花结果",双方合作开发的鞋底喷胶机器人销

[①]　王明元.晋江市2021年政府工作报告[R].泉州:晋江市第十八届人民代表大会第一次会议,2021-12-22.

售额达到 5000 多万元，而此前，这家公司一年的总销售额也才 2000 多万元。

晋江市政府还努力当好"服务员"，坚持"不叫不到、随叫随到、服务周到、说到做到"的服务理念，持续深化"放管服"改革，全力构建法治化、国际化、便利化的一流营商环境。

"我们不仅要造鞋，还要造有'大脑'的鞋。"信泰集团总裁蔡清来脚上自主研发的智能运动鞋，可以与手机 App 同步显示多个步行数据。面对大数据、5G 的新趋势，信泰决心做万物智联科技，嫁接鞋服等多个领域方向。蔡清来表示，晋江的集成电路产业，与现有纺织鞋服、体育用品等优势产业相结合，有着更大、更深层次的市场空间。

10 多年前，曾福泉在全球最大的液体色母制造企业英国嘉洛斯集团担任资深科学家。六年前，他站在晋江三创园的路演台上略显腼腆地推介新项目。如今，他已成为我国第一家塑料液体色母公司——福建约克新材料科技有限公司的总经理。

"相对于第一代色粉和固态色母粒，公司自主研发的液体色母属于第三代着色技术，也是目前国际上最先进的技术，可以说填补了国内在液体色母领域研发和应用上的空白，可替代传统技术实现更简洁、高效、环保、节能的材料着色，目前已经应用于食品包装、纺织化纤等领域。"[①]曾福泉说。

作为创新高地，三创园为曾福泉提供了孵化空间。五年间，不但免费提供办公场地，还为他争取了人才扶持、技术研发、设备补贴等相关政策，对接当地引进的科研资源。如今，企业已崛起为细分领域的专精特新"小巨人"，与多家世界 500 强企业建立了合作关系。

传统制造业也可以是高新产业，关键是通过创新挖掘出新优势。晋江市党委、政府因势利导，高站位谋划，统筹处理高新技术产业和传统产业的关系，着重推进全链条升级、全流程优化，补齐高端环节、缺失环节，通过高新产业，提升本地配套水平，形成搬不走的产业链优势，带动传统产业升级。

晋江企业家在改革开放大潮中普遍表现出来的精神，可以用两句话来概括，即"敢为天下先"和"善为天下先"。

他们敢于利用一切可以利用的条件，来发展生产，经商办企业。没有资金可以集资合股，可以借贷；生产赚钱了，他们会把赚到的钱再投进去；亏了他们也不会气馁，不会唉声叹气，而是再借钱，甚至拼家私，重新再干。没有厂房，可以"借鸡生

① 刘忠琴.汇聚前行力量 挺起产业脊梁：传承弘扬"晋江经验"全力推进高质量发展的福建答卷：上［EB/OL］.（2018-08-18）［2022-10-28］.http://news.ijjnews.com/system/2022/08/18/030104514.shtml.

蛋",可以拆拼自家的房屋;可以两三年不发工资、不分红,凑起钱来盖。没有技术可以外请,可以借鉴,可以培养,也可自己摸着干。晋江的企业家很多原来都只有初等文化水平,但现在有不少已成为技术专家。如晋江的第一批釉面砖就是企业家吴金世自己试制出来的;苏天祝也因研制出高强度的坦克刹车片,使他的粉末冶金厂被确定为兵器配件的定点厂之一;吴泉发研制发明的高阻燃防火涂料,还荣获日内瓦第十九届发明与新技术国际博览会镀金奖。

晋江的企业家不仅敢于拼搏,而且也善于拼搏,这对于新旧体制交替、转型期间的创业者来说,是不可缺少的。如他们的创业原则、发展套数,都不是从条条框框出发,而是从实际出发;生产什么、如何生产,首先做市场调查,在市场中寻找机遇、捕捉机遇,然后"对症下药",着手解决原材料和技术问题。这就是晋江企业家们的创业之路,是一条适应市场紧跟市场遵循市场规律的发展道路。晋江企业家除了具有市场观念之外,还具有时间观念、信息观念、人才观念、社会效益观念等等。如吴金世到香港旅游,带回来的不是一般人要带回的电视、录像机、冰箱等高档时髦消费品,而是背回一大袋与自己从事的行业有关的日本的、意大利的、西班牙的、韩国的陶瓷产品;许连捷在创办恒安公司时,就摒弃了原来的家庭式管理,实施了"借脑袋"工程,聘请一批懂技术、懂业务、会管理的人才担任公司分管财务、经营、生产的副总经理等,使企业很快发展起来。而凤竹针织漂染厂的视野更广,从全国各地引进各类专业技术人才46人,其中高级工程师有4人。

同时,晋江的企业家们也从不害怕竞争,而且善于竞争。他们彼此之间团结、互助,讲诚信,讲义气,但是竞争也很激烈。"输人不输阵"是他们的口头禅,也是他们的行为准则。陈埭是做鞋的先行者,但是当林土秋以"雪地霸王"旅游鞋享誉东北大地时,不服输的池店小伙子林慧生等,经过挫折后,也推出了"耐美舒"白色旅游鞋,并以其式样独特、抗折、防臭、耐低温等优点吸引了国内外的广大消费者。但是没多久林土秋他们集体钻研了三个月,又制造出新的鞋品,使林慧生等又有了危机感,又要去再创新。他们就是这样,你追我赶,在竞争中前进,在竞争中发展。晋江的企业家,虽然大部分是农民企业家,但他们确实也已有了某些现代企业家的精神。

民营企业家成为社会经济的精英。晋江民营经济的发展是根植于晋江人传统的商品经济意识,而它与时俱进、开拓进取的精神则体现为民营企业家的主体性释放,体现为民营企业家的实践创造。民营企业家们也在自己的创业历程中逐步提升了现代市场意识、品牌经营意识、资本运营意识和现代企业家精神与能力,为晋江民营经济的发展作出了巨大贡献。

晋江的第一代企业家具有以下四个特点:

第一个特点是具有强烈的市场意识。晋江特殊的地理位置,决定了晋江人从小就有出海经商的意识。他们小时候听得最多的也是出海经商赚了大钱然后衣锦还乡的故事。因此，晋江人的商业意识比较浓厚。早在 20 世纪 50 年代，他们就把从海外带回来的"小洋货"带到市场上去卖，并且仿效加工，通过推销员卖往全国。

第二个特点是开拓进取，敢拼敢赢。作为晋江的创业者，当地土生土长的企业家们，可以说是敢为天下先，有一首歌曲叫《爱拼才会赢》，十分形象贴切地刻画了闽南人那种勇于开拓、敢闯敢冒险的精神。他们敢于利用一切可以利用的条件来发展生产。没有资金，他们就"联户集资"，甚至通过地下的民间借贷进行创业。创业失败后，他们不是选择退缩，而是筹集资金卷土重来，正是这种敢闯敢拼的精神，成就了一大批企业家。

第三个特点是敢于吃苦、不怕失败。晋江早期的企业家大多是农民出身，早期的企业大多是手工作坊，他们往往身兼数职，既是工厂的老板又是工人，既是技术员又是商品的销售人员。由于当时生产的产品没有正常的销售渠道，也没有营销人员，当地这些泥迹未干的农民就走街串巷，在全国各地吆喝推销"晋江制造"；没有技术人员，这些文化水平不高的企业家们就自己琢磨，成为技术专家。即使在他们的企业规模做大以后，这些企业家仍然保持了比较勤奋的作风。

第四个特点是不害怕竞争，而且善于竞争。"输人不输阵"是他们的口头禅，也是他们的行为准则。晋江的运动鞋、拉链、服装、雨伞等很多行业的产品都做到了在全国或世界同类产品中处于领先水平，靠的就是晋江企业家只愿做"头"、不愿做"尾"的竞争精神。

近年来，"民企"正在上演"换帅"的大戏。随着 20 世纪七八十年代起家的第一代民企创业者开始逐步退居幕后，1970 年前后出生的新一代开始接过接力棒，走向决策前台。1999 年，出生于 1970 年的丁世忠出任安踏（福建）鞋业有限公司集团总经理；2000 年，出生于 1969 年的洪忠信从父亲手中接过权杖，出任劲霸（中国）有限公司总经理。这批企业家，我们称之为民营企业的"二代"。

与"第一代"相比，"第二代"民营企业家的最大特点是接受新生事物的能力比较强，更具有创新精神。如今，品牌观念已深入人心，晋江的企业家们也早已过了只埋头搞生产、做市场的时代，品牌意识、营销意识观念已深深地刻在他们的脑海中。许多企业通过树立强有力的品牌形象，成为全国知名的品牌。如安踏运动鞋通过赞助 2000 年悉尼奥运会，一举成为我国运动鞋第一品牌；雅客 V9 通过塑造维生素糖果这一概念，使维生素糖果成为最为时尚的休闲食品之一，而雅客则因为是这一概念的领导品牌，其市场占有率在同类产品中达 91％。

第三节 智能转型闯出新路

2021年12月22日,晋江市第十八届人民代表大会第一次会议上的政府工作报告中指出,"加快四大传统优势产业全链条升级,多维布局信息技术、智能装备、医疗健康等新兴产业,打造1个超两千亿、1个超千亿、2个超500亿、2个超300亿的产业集群,集成电路产业筑链成势。产值超亿元企业1165家,上市企业增至50家,2家企业入列全国民企500强,规上工业产值超6900亿元,跑出年均增长600亿元的'晋江速度'"①。近年来,面对日益剧烈的同质化市场竞争,越来越多的晋江制造企业主动选择拥抱高端智能,向智能改造要效益。

近年来晋江每年投入近亿元,支持企业引进高端设备、高端技术,实施智能化改造升级,政策最高补助达1000万元。至今,晋江已有5家企业入选国家级智能制造示范,7家企业入选省级智能制造示范,55家企业通过两化融合管理体系贯标评定,全市规模企业智能化水平达48%,另有42%的规模企业引入精益管理模式,民营企业好、中、差比例为60.2∶19.2∶20.6。高新企业保有量突破400家,新增省级以上"专精特新"企业41家,全社会研发投入年均增长16%。集聚院士工作站19个,高层次创业团队106个,高层次人才超5000人。9只创投基金进驻运作,撬动80亿元社会资本。国家(鞋服和食品)知识产权快速维权中心基本建成,获批国家创新型县(市)、国家"双创"示范基地。

当前,创新已成为时代最强音,新经济、新业态、新模式不断涌现。对晋江来说,创新并不意味着否定传统,而在于用新理念、新技术、新模式,为传统注入变革创新因子。晋江积极开拓"服务型制造"模式,通过加强政策引导和示范企业引领,加快制造业向"制造+服务"转型,延伸和提升价值链。如晋工机械公司开发"车管家"在线支持与诊断服务产品,对工程机械实施远程控制、故障预警,远程指导故障排查与修复等,建立技术、产品、市场、服务一体化模式,带动公司销售业绩增长40%以上。如在安踏集团位于晋江市池店镇的运动科学实验室里,利用脚型扫描仪,两分钟内就可以完成对足部的扫描,并能获取十几项足部三维数据,实现量足定制。

此外,晋江还积极推动"互联网+"融合升级,促进传统供应链与互联网深度融合,培育一批基于互联网的新型供应链平台,有效提升了供应链的整合能力和协同

---

① 王明元.晋江市2021年政府工作报告[R].泉州:晋江市第十八届人民代表大会第一次会议,2021-12-22.

效率。如一品嘉供应链协同平台累计服务客户 7000 余家，一批品牌企业及其关联企业入驻，平均订单完美交付率提升 12%，交货天数缩短 5 天，同时整合下游订单资源，提升向上游供应商的议价能力，可以实现采购成本平均比市场成交价降低 3%～5%。

第四节　新兴产业快速崛起

在传统优势产业"稳中求进"实现两位数增长的同时，新兴产业也在龙头产业带动下快速发展，推动晋江经济结构调优调新。2021 年 12 月 22 日，晋江市第十八届人民代表大会第一次会议上的政府工作报告中指出，"持续开展项目攻坚主题年活动，比拼六大'两新'基地建设，滚动实施扩能生根、强链补链、数智技改等项目 775 个、完成投资 600 亿元，签约招商项目 583 个、总投资超 2400 亿元"[①]。晋华、渠梁等高新项目实现量产，国际鞋纺城、国际会展中心等重大项目建成投用，培育省级智能制造试点示范 25 个，企业"上云上平台"超 1000 家。

在集成电路产业方面，晋华存储器项目实现部分投产，一批产业链上下链关联企业重点项目落地建设，一条集设计、制造、封装、测试、装备、材料和终端应用的全产业链初具雏形。

在石墨烯产业方面，晋江抢抓机遇，高端切入，全力打造中国石墨烯产业前沿高地。已经建成了石墨烯产业研究院，引进了一批石墨烯研发团队。同时正在加快建设 1800 亩石墨烯产业园区，推动石墨烯产业技术项目落地转化，目前 HDT（5GW）高效太阳能电池、6 英寸半导体石墨烯芯片等项目已相继落地。

在体育产业方面，产业规模达 1925.88 亿元，晋江已经形成了比较完整的体育制造业链条，正加快拓展体育服务业，全力打造体育产业和城市发展的"共同体""生态圈"。目前正全力推进 2022 年世界中学生运动会和国际大体联足球世界杯的筹办举办，通过大型赛事运作，带动赛事运营、场馆服务、健康养生、运动健身等新业态的快速发展。

随着城市改造更新和产业跨界融合的深入推进，晋江服务业迎来新的发展机遇，城市业态加速集聚，人气足、商气旺，三产增加值增速保持两位数增长，持续高于二产。

---

① 王明元.晋江市 2021 年政府工作报告[R].泉州：晋江市第十八届人民代表大会第一次会议，2021-12-22.

当前,一大批现代服务业平台、市场主体相继抢滩入驻晋江,服务业态布局逐步由以传统为主向新型高端业态升级。在物流业方面,德邦、中铁快运等国内知名的大型物流企业总部相继入驻晋江,晋江陆地港成为全国第二大国际陆港;在电商方面,晋江建成跨境电商洪山园等 5 个电商园,一品嘉、赛维、斯凯奇等一批电商品牌相继入驻,电商交易额突破千亿元。

面对经济下行压力,晋江"打好'政策+服务'组合拳,抓好'两稳一保一防'工作,经济大盘保持稳定。纾困措施精准直达。开展'千名干部进千企、一企一策促发展'活动,出台 75 条稳增长措施,为企业减负超 50 亿元,兑现政策资金 24.9 亿元,保障中小微企业融资超 100 亿元,新增市场主体 5 万户、规上企业 315 家、限上企业 267 家。项目投资逆势增长。完成重点项目投资 1200 亿元,实现固投增长9.4%,山姆会员商店、华润东大医药等 208 个项目签约落地,恒安二期、百宏年产 33 万吨差别化化纤等 110 个项目开工建设,渠梁二期、利郎物流园等 109 个项目建成投产。两个'保交楼'项目复工建设。外贸出口稳中提质。举行'买全球·卖全球'跨境电商创新发展大会,启动跨境电商全球开店综合服务平台,开通 2 条国际航线,启用围头港公共保税仓库、出口监管仓库,提高出口信保补助,组织外贸'微展会'、'代参展'、包机参展,开展千企万品出海行动,对 RCEP 新市场出口突破 280 亿元,市场采购贸易出口增长 12.5%,陆地港片区纳入商贸服务型国家物流枢纽。消费活力持续释放。开展'爱晋江·欢乐购'等系列促消费活动,举办食交会、晋江鞋服超级产地云展等线上线下展会,五店市获评首批国家旅游休闲街区,万五商圈获评省级夜间经济示范区,社消零售总额超 1670 亿元,居全国县域首位"[1]。

与此同时,晋江不断推动服务业大项目集聚,每年投建三产重点项目 100 个以上,国际鞋纺城、海西建材、海峡五金机电、豪新食品市场、海峡石化等一批大项目相继建成投用,逐步发挥效益,尤其海峡石化交易中心从 2013 年底运营至今,销售额已累计突破千亿元。

第五节 全面发展 大胆突破

晋江的发展也曾面临不协调、不全面的问题。比如,工业化快速发展,但城市

---

① 王明元.晋江市 2021 年政府工作报告[R].泉州:晋江市第十八届人民代表大会第一次会议,2021-12-22.

化建设一度滞后,导致"城市不像城市、农村不像农村";陶瓷产业风生水起,却也造成"稻穗低不下头,龙眼结不了果"的严重环境问题。

在"晋江经验"的指引之下,晋江不断加强改革发展的系统性、整体性、协同性,从培育高新产业,推动集成电路、石墨烯、新能源等产业发展,到承办世界级体育赛事,不断提升对外开放水平;从加强城乡一体化统筹,实现城乡面貌脱胎换骨,到构建日益完善的民生体系,突出"待遇均等化、保障全覆盖";从推进生态修复、整治落后产能,到保护传统文化、深化文明创建,晋江逐渐向现代化城市蜕变,不断迈向更高质量、更有效率、更加公平、更可持续的发展。

为了全面发展,晋江积极承担起 23 项国家级改革试点任务,不断大胆突破、主动作为,推出一批领先于全省和全国的改革实践。

改革创新成为发展的核心动力。晋江以"金改实验区"为依托,放大红利,创立"产业创投引导基金",下设"智能装备""互联网＋""创新创业"三只子基金,引导投向当地的集成电路、石墨烯等新兴产业。随着新兴产业的崛起,投资密集型、智力密集型产业目前已占到晋江市实体产业的近 20％。

致力于打造品质城市。"进得来、留得住、融得入",晋江在全国率先开展新型城镇化建设,并成为全国试点。

建设生态晋江成为自觉追求。623 家石材加工企业集体退出,66 家皮革加工厂整合成 4 家规模化皮革企业,建筑陶瓷企业全部使用天然气替代;实施全流域治理,33 条河流一河一长,建立污染源销号机制;探索环保部门与公检法部门联席会机制,成立法院生态法庭、检察院生态资源监察科、公安局生态资源治安中队,实行专案专办……2016 年,晋江年平均空气质量优良率达 97.26％;33 条河流中的 22 条消除了黑臭,4 条达到Ⅴ类标准。

面向全球实现开放发展。15 年来,晋江始终以开放的胸怀力推企业走向国际化。2016 年,恒安集团布局海外营销中心,设立洲际生产基地;贵人鸟股份有限公司斥资 2000 万欧元,投资西班牙足球经纪公司 BOY;安踏集团开展品牌并购战略,入股日本"迪桑特"公司……据统计,目前晋江已有上百家制造企业直接在海外设厂,参与全球化分工,"晋江品牌"正在代言"中国制造"。

第六节　更高对标提升品质

全力做大民生福祉。晋江每年把 60％以上本级财力用于民生建设,并在全省实现"七个率先":率先实行新农合跨省异地结报;率先实现被征地人员养老保险

"即征即保";率先把治安巡逻队配到村一级,"两抢"案件从日均 17 起下降到 0.5 起;率先推行"居住证"制度,110 万外来创业务工人员享受 30 项市民待遇;率先实行公办高中和中职学校免学费,每年有 4 万名学生受益;率先实行乡村医生养老保障制度;率先实现城乡环卫保洁一体化。

晋江特别保留了原居民和乡村活态,争取打造见人见物见生活、产城人文有机结合的统一综合体。2021 年 12 月 22 日,晋江市第十八届人民代表大会第一次会议的政府工作报告指出,建管并举,城乡建设提质增效。统筹推进 114 个城乡品质提升项目,完成投资 109 亿元。四大新片区实施项目 84 个,完成投资 160 亿元。12 条道路建成通车,"聚城畅通"工程梯次推进。攻坚城乡人居环境整治,铺开环卫保洁、农贸市场、老旧小区、缆线规整等 16 个专项行动,顺利通过全国文明城市复查。推行河长制项目绩效考评,完成河道清淤整治 45 公里,建成 4 个标杆河湖,农村生活污水管网接户率达 82%。植树造林 5200 亩,绿化矿山迹地 1669 亩。认定第三批市级历史建筑 12 栋,新增 AAA 级旅游景区 2 个,"晋江经验"馆入选全国"建党百年红色旅游精品线路"。圆满完成村级换届选举,入围全国乡村产业高质量发展典型案例,大埔村获评全国乡村治理示范村。这个保留了 136 座特色传统建筑的传统村落,毗邻集成电路产业园和高铁新区,不仅可以作为晋江"芯"小镇的配套,还可以把乡村振兴战略和古建筑的保护紧密结合起来,一举多得。于是按照"留白、留绿、留旧、留文、留魂"的理念,规划范围扩大至 1900 亩。

从乡村工业化起步发展的晋江,正由产业推着城市走,转向城市带着产业走、产业城市联动走。日前,晋江再次入列国家新一批新型城镇化建设试点城市。锐意改革的晋江,将在国家"两新一重"(即新型基础设施建设、新型城镇化建设、交通水利的重大工程建设)发展格局中,寻求新机遇,培育新增长点,推动城乡建设全方位提质升级。

对外,以更大格局融入区域发展。厦漳泉城市联盟路、快速通道连接线通车后,"伞都"东石正成为闽西南协同发展区和厦漳泉都市圈的重要节点,发展风口扑面而来;地处泉州湾南岸的"鞋都"陈埭,正全面对接融入泉州环湾规划,晋东新区强势崛起;而随着紫帽片区晋江学校于 2022 年 9 月开始招生,安踏全球研发基地、利郎智能物流园的相继落地,以生态优势著称的紫帽镇频刷"存在感",文教生态康养基地呼之欲出……如今,埋头发展产业的晋江人,更深刻地认识到,城市环境是综合实力的体现,必须做到以人为本、城乡一体、产城融合、产城联动。晋江城乡上下积极拓框架、析优势、明定位,主动融入闽西南、厦漳泉都市圈、泉州环湾城市格局,深化各领域合作,实现优势互补,走差异化的发展路子,合力打造区域重要节点城市。

对内,以更高对标,提升品质功能。晋江市持续打造国际化创新型品质城市,推动城市全方面提质升级。强投入，每年投入65％以上的财力改善民生，教育、医疗、就业等7个民生保障体系愈加完善；建平台，引进9家"国字号"科研平台，三创园、福大科教园等科创载体效应渐显；强配套，打造"食住行、医教养、游乐购"全链条，引进福大、国科大两所"双一流"高校，与树兰集团合作，高位嫁接优质教育医疗资源；优环境，建成省内首个国际人才港，结合县域集成改革，打造人才港湾。随着成功举办国际大体联足球世界杯等国际赛事，以赛兴城，闽南小城的国际范儿越来越足。

产业在转型，城市在转身。2021年12月22日，晋江市第十八届人民代表大会第一次会议的政府工作报告中指出，"聚力转型，产业加速创新升级。开展百大项目攻坚大比拼，新增策划和签约项目375个、总投资超2000亿元，渠梁二期、胜科纳米等96个项目先后落地，完成重点项目投资超1000亿元，带动固投增长7.5％，工业投资增长10％。泳装协会与龙头企业开展品牌战略合作，带动中小企业深耕细分市场。在全省县域率先成立科创委，福大国家大学科技园揭牌启用，北京石墨烯技术研究院落地运营，超高端人才社区温馨投用，金融广场获评泉州金融服务集聚示范区，净增高新企业150家，新增省科技小巨人企业61家，培育省级以上制造业单项冠军7家，新增'上云上平台'企业超300家，入选全国工业互联网发展十强县，'晋江制造'出征太空，安踏入围全省数字经济独角兽企业，百宏成为泉州首家智能标杆工厂。面临大变局和新形势，砥砺前行的晋江，正围绕壮大升级产业、提质升级城市，谋定新方向定位、拓展新增长空间，在全方位高质量发展的时代命题中书写'晋江答卷'"。

"坚守实体经济，不能墨守成规，更不能抱残守缺。特别是对于传统产业，必须始终坚持以市场为导向，通过技术创新，研发出适销对路的产品，不断提升产品的市场竞争力。"[①]安踏集团董事局主席兼CEO丁世忠说，近年来，安踏一直致力于通过技术研发来提升产品品质与科技含量。从2005年成立技术中心至今，安踏拥有自主研发的专利超过600项。

在加快推动传统制造业迈向中高端的同时，晋江也在加快推动发展高新技术产业、不断优化产业结构。

根据相关规划，晋江将以国内空白的内存制造为切入点，引进产业链上下游企业，打造涵盖设计、制造、封测、材料装备、终端应用为一体的全产业链生态圈，到2025年建成千亿产业集群。目前，已有包括晋华存储器、矽品电子、美国空气化工等20多个产业链项目签约落地，全产业链生态圈雏形逐步呈现。

---

①　林火灿."晋江经验"是怎样炼成的[N].经济日报，2018-07-11(16).

第七节 政企互动 服务到位

良性的"政企互动"是晋江民营经济健康高速发展的法宝,也是"晋江经验"的重要内容之一。2021 年 12 月 22 日,在晋江市第十八届人民代表大会第一次会议的政府工作报告中指出,"稳中求进,经济彰显韧性活力。科学应对疫情冲击、能耗'双控'和外部环境叠加影响,深入开展'我为企业解难题'","再落实活动,解决企业困难 290 项,促成产能协作 30 亿元,新增企业贷款 140 亿元,兑现惠企资金 23.67 亿元,企业降本减负 7 亿元,新增规上工业企业 465 家、限上商贸企业 323 家,预计规上产值增长 15.2%、限上销售额增长 31.5%。拓展外贸新业态新模式,综保区'9610''1210'通关模式正式运行,市场采购贸易方式出口 190 亿元。家博会、体博会、食交会交易额超 500 亿元,我们用匠心创意成就晋江'国货之城'美誉"[①]。

近年来,晋江市每年召开企业创新发展大会,与民营企业家共谋转型升级大计。如今,创新驱动、人才强市、国际化等发展战略,以及"先进制造业立市、高新产业强市、现代服务业兴市"的实体经济发展思路,已经成为政商之间的共识。

晋江市充分运用中科院泉州装备所、晋江—哈工大机器人研发中心等本土专业技术公共平台,为上百家企业实施智能化改造升级提供现场技术咨询服务;综合分析产业技术需求共性问题,组织产业龙头企业与国内高校或科研机构共同合作进行试点改造,策划召开晋江市高新技术产业化项目对接会,为企业与科研院所最新技术对接牵线搭桥,解决了多项产业关键共性问题。

"习近平同志在总结'晋江经验'时指出,政府要变'以管理为主'为'以服务和引导为主',做到既不'越位',又不'缺位'、'错位'或'不到位',通过及时引导、优质服务和有效管理,来履行好各级党委、政府领导经济工作的历史责任。"[②]晋江市始终注重转变角色、转变职能,在依法依规、不贪不占的前提下,大胆接触企业、大胆为企业谋利,以最快速度响应企业需求,以最大限度支持企业转型,以最强力度服务企业发展。

---

① 王明元.晋江市 2021 年政府工作报告[R].泉州:晋江市第十八届人民代表大会第一次会议,2021-12-22.

② 林火灿."晋江经验"是怎样炼成的[N].经济日报,2018-07-11(16).

第五章 "晋江经验"的意义

"晋江经验"是中国民营经济、非公经济从孕育到成长、从发展到壮大的一个缩影，是中国特色社会主义县域发展的主动探索和积极实践，是促进县域经济发展的样板和典范。

习近平总书记当年亲自调研总结的"晋江经验"，极具前瞻性、战略性、指导性，至今仍闪耀着真理的光芒，具有十分重要的现实指导意义。

第一节 "晋江经验"是"四个自信"的理论遵循

"晋江经验"凝结着生产力与生产关系矛盾运动的规律。一方面，"晋江经验"从生产力入手，坚持市场化发展方向，立足地方比较优势，积极推进中小企业与大企业协同发展、推进传统产业与高新技术产业创新发展、推进工业化与城市化统筹发展，为晋江实施资本带动、品牌带动发展战略和新型城镇化建设战略，制定发展规划和发展政策提供了理论遵循；另一方面，"晋江经验"从生产关系入手，加强政府对市场经济的引导和服务，推进有形通道与无形通道的协同畅通，推进政府治理与企业治理共同治理，推进要素市场和商品市场一起发展，引导晋江人民顽强拼搏、诚信经营，为晋江市委、市政府履行经济调节、市场监管、社会管理、公共服务、环境保护等职能，科学施策、系统施策、精准施策提供了政策遵循。

晋江在"六个始终坚持"和"处理好五大关系"的指引下，坚持解放和发展社会生产力，坚持社会主义市场经济改革方向，全面激发全社会创造力和发展活力，特别是党的十八大以来，坚持以习近平新时代中国特色社会主义思想为指导，深入贯彻新发展理念,实现了更高质量、更有效率、更加公平、更可持续的发展,彰显了"四个自信"。

《晋江市国民经济和社会发展第十四个五年规划和 2035 年远景目标纲要》描绘了晋江发展到 2035 年的远景目标。晋江将以争创民营经济高质量发展试验区为抓手,强化民营经济这一优势,加强民营企业、民营企业家梯队培育,大力弘扬企业家精神,巩固打造一批领军企业、链主企业,培育壮大一批腰部企业、专精特新企业,力争到 2025 年,民营经济总产值突破万亿元。"特别是当前,紧盯民营企业发展的痛点难点,抢抓逆周期投资窗口期,用好全国低效用地盘活利用试点政策,举全市之力、聚全市要素资源推进综合产业园区建设,两年内建成超千万平方米产业空间,打造一批产业综合体、创新综合体,实现产业空间、产业生态双提升。"①到 2035 年,晋江人均地区生产总值和居民可支配收入在 2020 年基础上实现翻番,品牌之都、创新高地、品质城市三张"金名片"全面确立,全方位推动高质量发展超越主力领军地位更加凸显,国际化创新型品质城市全面建成,率先基本实现社会主义现代化。

第二节 "晋江经验"是促进 县域经济发展的样板

历史上朝代不管如何演变,郡县都是国家政治结构里最具稳定性的一个承上启下的管理层级。中国的县域一般都是几十万人到上百万人规模,2022 年 5 月 6 日,中办、国办印发《关于推进以县城为重要载体的城镇化建设的意见》,要求健全农业转移人口市民化机制。全面落实取消县城落户限制政策,确保稳定就业生活的外来人口与本地农业转移人口落户一视同仁。确保新落户人口与县城居民享有同等公共服务,保障农民工等非户籍常住人口均等享有教育、医疗、住房保障等基本公共服务。这样看来县城的发展意义重大,县域经济必然激活国家产业群落和城市集群。晋江是全国县域经济发展的样板,"晋江经验"始终坚持立足本地优势,选择最佳方式加快经济发展,在空间上更是走出一县范围,成为影响更为广泛的实践参照和思想资源。

石狮的服装,德化的陶瓷,南安的水暖卫浴,惠安的石雕、建筑,安溪的茶叶、藤铁工艺……多年来,"晋江经验"经由福建省、泉州市持续推动的县域经济发展、山海协作等战略,通过产业链分工、产供销合作等,迅速向周边县域扩散,产业集群形

---

① 叶生成.当好民营经济的"引路人、推车手、服务员"[EB/OL].(2023-02-06)[2023-03-09].http://www.ctaxnews.net.cn/paper/pc/con/202302/06/content_197333.html.

成了"一县为主、多县分布、成龙配套"的格局。

自 2002 年以来，"晋江经验"加快在泉州复制推广，县域经济从一枝独秀到多点开花，晋江、石狮、南安、惠安、安溪 5 地进入全国百强县行列。泉州全市综合实力不断跃上新台阶，地区生产总值从 2002 年的 1081 亿元跃升至 2017 年的 7500 亿元以上，据《泉州晚报》2022 年 4 月 22 日报道，2021 年泉州市国民经济和社会发展统计公报出炉，经初步核算 2021 年泉州市实现地区生产总值（GDP）11304.17 亿元，比上年增长 8.1%。经济总量连续 21 年居福建省首位，人均 GDP 从 1.45 万元提高到 8.76 万元。

第三节 "晋江经验"具有与时俱进的品格

改革开放是决定当代中国命运的关键一招。改革开放前，晋江人多地少，在严酷的现实面前，晋江塑造了独特的侨乡文化和重商传统，孕育出敢为天下先、爱拼才会赢的精神。改革开放以来，晋江率先探索乡村工业化道路，推进了由以农业为主向以工业为主转变的经济发展模式；率先建立比较完善的市场机制，奠定了民营经济优势。其中，最根本的一条就是坚持解放思想。党的十八大以来，晋江先后承担了 30 项国家级改革试点任务，探索出新型城镇化、农村集体产权制度改革等有益经验，成为全省乃至全国改革试点最多、成果最丰富的县级市之一。"晋江经验"的成功实践说明，实践发展永无止境，解放思想永无止境，改革开放也永无止境。我们要拿出勇气，坚持改革开放正确方向，敢于啃硬骨头，敢于涉险滩，做到改革不停顿、开放不止步。

晋江把科技创新作为第一动力，心无旁骛坚守实业根基。站在新时代的起点上，不断传承创新发展"晋江经验"，在全方位推动高质量发展超越中谱写"晋江经验"新篇章。"晋江经验"最初是对晋江经济发展的总结提炼，如今则更富有时代内涵，是传承、创新和发展。"晋江经验"不仅是一种经验，更蕴含着多个层面的晋江精神，它代表着敢创、会创、创赢。"敢创"代表着晋江人敢创敢拼的精神，"会创"则更多显示晋江商人在经商领域的能力，"创赢"则是一番努力之后追求的结果，甚至是一种梦想，这三种经商的境界一直在鼓舞着晋江人民按照自己的市场节奏稳步朝前发展。2021 年 12 月 22 日，晋江市代市长王明元在晋江市第十八届人民代表大会第一次会议的政府工作报告中指出，今后五年晋江将"全力打造创新高地。坚持创新在发展全局中的核心地位，围绕产业链布局创新链，加快构建全方位科技创新体系，推动国家级创新平台建设实现重大突破，平台带动示范效应大幅提升，'政产学研用创'深度融合,'一廊两区多平台'高品质科创空间基本成型,创新生态更加优化,创新能力显著增强。力争到 2026 年,全社会研发投入超 120 亿元,高新企业突破 1100 家,规上企业研发活动覆盖率超 35%,各类高层次人才超 7000 名,引育 50 个领军型创新创业团队、1000 名博士、10000 名硕士、20000 名技能人才,建成高水平国家创新型县(市)"[①]。

第四节 "晋江经验"高度重视实体经济的发展

习近平总书记多次强调,要做强做优实体经济,"不论经济发展到什么时候,实体经济都是我国经济发展、在国际经济竞争中赢得主动的根基"。他还表示,创新是第一动力,要坚持改革不停步,推动全面发展,将发展的成果惠及人民。[②] 发展为了人民,发展成果共享,这也是"晋江经验"的重要启示。经济社会和城乡要实现协调发展,绝不能忽视保障民生。"晋江经验"里就深深镌刻着泉州各级党委、政府以人为本、民生优先的"惠民"字眼。

十八大以来,无论在什么时候,晋江始终扭住产业发展不放松,高度重视实体经济健康发展,不断推动产业转型升级。如今,晋江 97% 以上的企业是民营企业,安踏、柒牌、恒安、盼盼等一大批民企发展壮大,经济更具活力,群众拥有更多幸福感和获得感。近年来,面对产业发展的新特点、新变化,鲜明提出"先进制造业立市、高新产业强市、现代服务业兴市"的新实体经济发展思路,传统优势产业加快新动能改造,新兴产业加快龙头带动集聚,现代服务业加快消费升级和服务转型。每到晋江发展的关键时期,市里都会制定相关政策,鼓励品牌立市、鼓励研发创新、吸引各类人才等措施,实实在在地保障和激励企业坚守实业、做大做强。目前,全市已建成纺织服装、制鞋 2 个产值千亿元的产业集群,建材陶瓷、食品饮料、纸制品、装备制造、化纤等 5 个产值百亿元的产业集群,产值超亿元企业逾 800 家,上市企业 50 余家。晋江的产业发展逐步从粗放的劳动密集型、资源消耗型生产模式,转化为集约、绿色、可持续的发展方式。

习近平总书记当年对晋江提出的要求得到有效落实,展现出强大的指引力。

---

① 王明元.晋江市 2021 年政府工作报告[R].泉州:晋江市第十八届人民代表大会第一次会议,2021-12-22.

② 央广网.为这个县级市的发展,习近平总结出一份经验[EB/OL].(2018-07-13)[2022-11-02].https://baijiahao.baidu.com/s? id=1605839027781055053&wfr=spider&for=pc.

"晋江经验"的成功实践说明，经济发展唯有建立在实体经济发展的坚实基础上，不断升级改造、提质增效，才能实现持续健康发展。我们必须坚持质量第一、效益为先，以供给侧结构性改革为主线，进一步强化创新驱动，加快形成实体经济、科技创新、现代金融、人力资源协同发展的产业体系。

第五节 "晋江经验"注重营商环境的品质

在打造国际化创新型品质城市过程中，晋江把营商环境作为重要生产力，视作城市关键"品质"。晋江的实践昭示良好的营商环境能够显著降低制度性交易成本，有效稳定投资者预期，广泛聚集经济资源要素，是推动经济高质量发展的必要条件。营造良好营商环境，是推动经济发展质量变革、效率变革、动力变革的重要抓手。

营造良好营商环境要从做强做优中心城区入手。晋江以"强功能"为导向，集中力量提升中心城区首位度，打造"产城人"融合样板。以高端资源为牵引，带动功能集聚。提速智能制造学院、安踏全球设计研发中心、高端智能工厂等优质项目建设，加强滨江商务区招商运营，策划国际鞋艺小镇、城市"时尚 T 台"，带动总部经济、研发设计、高端商务、高端智造等城市业态功能集聚。提速上海六院晋东院区建设，完善清华附中周边配套，推进晋江一中、养正中学、季延中学集团化办学，带动公共服务功能集聚。以重点片区为载体，推动连片发展。推进晋东新区、池店中片区、紫帽片区 61 个项目，加快功能开发和产业植入，连片打造晋江南岸环湾智造商务中心。推进科创新区 13 个项目，做好行政中心区、罗山中片区策划研究，完成梅岭中片区征迁，以世纪大道为轴带，联动三创园、洪山文创园以及沿线商圈，连片打造科创活力走廊。推进高铁新区 12 个项目，完成福厦客专泉州南站和集散通道系统建设，强化高端服务业导入，串联晋江机场，连片打造空铁联动门户。做好城西片区、葫芦山文教园策划研究，有序推进会展中心周边区域开发，连片打造展贸物流集聚区。以"微更新"为抓手，重焕老城区活力。全面梳理城市肌理，针对高密度的老城区，坚持"留改提拆建"并举，在现状基础上，立足空间梳理、配套完善、安全提升、环境优化，推进 14 个更新项目，重点打造陈埭空间治理样板，深化阳光片区"微更新"，改造 49 个老旧小区，组建 3 个新型社区，建设 3 个完整社区，构建"15 分钟生活圈"。[①]

---

① 王明元.晋江市 2022 年政府工作报告［R］.泉州：晋江市第十八届人民代表大会第一次会议,2021-12-22.

晋江在打造品质城市中紧盯国际化创新型品质城市的目标定位,主动对接闽西南协同发展区、泉厦漳都市圈,积极融入泉州环湾城市建设,城市面貌脱胎换骨、日新月异。晋江是国家新型城镇化试点城市,城镇化率以每年1个百分点的速度推进,新型城镇化建设得到习近平总书记重要批示,并亮相中欧城镇化伙伴关系论坛,荣获中欧绿色智慧城市技术推广奖,国际对标。全方位推进城市国际化对标行动,国际学校、国际医疗、国际社区等国际化配套日益完善,城市功能品质持续提升,成功获得2022年第十八届世界中学生运动会、国际大体联足球世界杯等大型赛事举办权,2018年成功举办亚洲大体联足球亚洲杯比赛。晋江相继荣获全国文明城市、国家生态市、国家园林城市、国家级海洋生态文明示范区、全国双拥模范城、全国科技先进市、中国爱心城市、七星级慈善城市、全国平安建设先进市等称号,营商环境的品质不断提高。

深入开展"我为企业解难题"再落实活动,解决企业困难290项,促成产能协作30亿元,新增企业贷款140亿元,新增规模以上工业企业465家。"晋江经验"馆入选全国"建党百年红色旅游精品线路"。民生福祉持续改善,财政民生支出占比77.6%,城镇登记失业率1.7%,新增养老床位509个,新增名医工作室10个,在全省县城率先推行医疗机构"一码通行"系统。开展"营商环境提升年"活动,130个事项实现"一件事"集成,企业开办时间压缩至5个工作小时,二手房交易立等领证,财务事项网上可办率达99.2%,荣获全省首批法治政治建设示范市。

踏上实现第二个百年奋斗目标新征程。晋江人坚持以习近平新时代中国特色社会主义思想为指导,认真学习贯彻党的十九届六中全会和二十大精神,重温习近平总书记在福建工作期间七到晋江、亲自调研总结的"晋江经验"。深刻领会习近平总书记当年总结提炼的以"六个始终坚持"和"正确处理好五大关系"为主要内涵的"晋江经验",进一步明确"晋江经验"为我们留下的宝贵思想财富、精神财富和实践成果,是民营经济历史发展的见证,更是新时代民营经济发展进步的指南。

传承弘扬发展"晋江经验",坚持"两个毫不动摇",坚定高质量发展民营经济,做大做强民营企业以实际行动迎接党的二十大胜利召开。2021年12月22日,晋江市第十八届人民代表大会第一次会议政府工作报告指出,今后五年晋江:"全力创优营商环境。对标国际国内一流标准,持续深化'放管服'改革,推动政务服务实现'一网通办',制度性交易成本有效降低,产业空间、环境容量、能源供给等要素制约有力破解,市场环境更加开放公平,主体保护更加充分有效,法治保障更加健全有力,政务环境更加高效便利。力争到2026年,营商环境各项指标达到全国先进水平。"[①]

---

① 王明元.晋江市2021年政府工作报告[R].泉州:晋江市第十八届人民代表大会第一次会议,2021-12-22.

第六节　"晋江经验"对生态文明建设的启示

　　"晋江经验"虽然主要是对昔江改革发展事业的经验总结，但是其在改革和发展过程中的管理经验、方式方法都对我国的生态文明建设有着十分重要的启示意义。在晋江城市建设早期，很多企业一味追求经济发展，忽略了对环境的保护，空气污染、污水排放、废弃垃圾处理等问题非常严重。后来，晋江地方政府不断加强对市场经济及生态建设的引导和服务工作，坚持"绿水青山就是金山银山"的原则，强调绿色发展，合理处理好经济建设和生态文明建设之间的关系，比如说重点处理好高新技术产业与传统产业的关系，对传统高污染企业进行规范化引导，提高生产技术水平，减少污染排放，提倡生态经济。在城市建设当中，政府充分发挥城市管理作用，为居民提供更多优质生态产品，在晋江城中保留绿地、湿地、公园等，使晋江城中有景、景中有城，为市民绿色生活提供重要空间生态绵延带。目前，晋江市区绿化覆盖率已达 44.04％，绿地率达 39.93％，城市空气质量优良率长期保持在97％以上。

　　在生态文明建设过程中，强调政府为生态文明建设的服务型功能，积极做好战略方向及实际操作的正确引导和服务工作。"实施 30 个大气减排治理项目，推进制鞋行业有机废气治理，完成 10 蒸吨及以下燃煤锅炉提升整治。实施 78 个河长制项目，建成西南片区尾水排海工程，开工 10 个环保基础设施项目，铺设污水管网20 公里，农村生活污水处理工程初验率提高到 80％。完成西畲铸造行业整合搬迁，推进小微企业危废收集试点，整治废弃石窟 5 个。落实林长制责任，深化"绿满晋江"三年行动，新增造林 3000 亩，复绿裸露山体 300 亩。实施一批"百姓园林、山水园林、文化园林＋门户廊道"项目，建设 10 个社区公园、口袋公园，加快推进九十九溪田园风光项目，建成紫湖郊野公园，提升罗裳山—华表山—灵源山慢行福道，打造更多生态自然的绿色休憩空间。"[①]

　　从习近平提出"晋江经验"的整个内容体系我们可以看出，他十分重视经济建设过程中各方面的协调关系和统筹发展，比如"处理好五大关系"和实践中"处理好发展高新技术产业和传统产业的关系"等。对于生态文明建设来讲，像"晋江经验"一样，也必须处理好各方面的关系，在大框架上实现生态文明和其他文明的统筹发

---

　　① 王明元.晋江市 2022 年政府工作报告[R].泉州：晋江市第十八届人民代表大会第一次会议，2021-12-22.

展,在实践过程中注重各个区域、城乡、新旧产业、技术升级等各方面的统筹。"晋江经验"还总结了坚持生产力的发展方向、充分发挥市场主体的顽强拼搏精神、选择本区域最好的发展方式等方式方法,这些在生态文明建设过程中也有十分重要的借鉴意义。

2021 年 12 月 22 日,晋江市代市长王明元在晋江市第十八届人民代表大会第一次会议的政府工作报告中指出,今后五年晋江"深入实施蓝天、碧水、碧海、净土'四大工程',构建大气、水、土壤智能管控'一张图'框架。强化露天堆场、扬尘污染治理,全面淘汰 10 蒸吨以下燃煤锅炉,空气质量优良率保持 100%。加强饮用水源地保护,实施东山、草洪塘、溪边 3 个水库环库截污工程。启动尾水排海工程海域段建设,新建改造污水管网 30 公里,农村生活污水管网接户率提高到 85%以上。实施河湖长制项目 95 个,建成投用南港污水处理厂再生水回用、缺塘溪生态活水工程。全面推行林长制,深化'全民动员,绿化晋江'活动,植树造林 4000 亩以上。完成泉州湾'蓝色海湾'综合治理。启动第二轮土壤环境重点监管企业排查整治,开展危险废物专项整治三年行动,新增危废年处置能力 20 万吨"①。

第七节 "晋江经验"体现了 "晋江精神"的力量

晋江靠什么创造奇迹? 其中,离不开"六个始终坚持、正确处理好五个关系"的"晋江经验",也离不开"晋江经验"的精神力量,即诚信、谦恭、团结、拼搏的"晋江精神"。

晋江人把诚信作为晋江精神的重要内容,不断建构党政主导、社会主体、政企互动、政社联动的诚信体系,树立了"诚信晋江"的良好形象。讲诚信必然要讲质量。晋江充分认识到质量是生命和信誉,没有质量和信誉就没有企业和品牌的生存及发展。这一点晋江是有历史教训的,因此于 1992 年开始实施"质量立市"战略,再于 1996 年开始实施"晋江质量兴市'九五'工程计划",掀起"质量兴市"的活动高潮。各级政府把质量工作列入重要议事日程,鼓励企业加大质量投入,贯彻 ISO 9000 质量管理和质量保证系列标准,推进与国际惯例接轨,建立健全质量保证体系,走质量效益型道路。至 1999 年,晋江市已登记质量体系认证证书 684 张、产品质量认证证书 103 张、ISO14000 环境管理体系认证证书 382 张、SA8000 认证

---

① 王明元.晋江市 2021 年政府工作报告[R].泉州:晋江市第十八届人民代表大会第一次会议,2021-12-22.

证书 14 张、OHSAS18000 认证证书 3 张、HACCP 危害分析和关键点控制体系认证证书 3 张。2006 年,晋江市被国家市场监督管理总局授予"全国质量兴市先进市(县)"称号。

晋江是我国著名的侨乡,海外侨胞人数将近 250 万人,也是台湾同胞主要的祖籍地,泉州又是国务院 1982 年首批公布的历史文化名城之一。积淀深厚的历史文化、优越的地理位置和条件等一系列人缘、文缘、亲缘、血缘、神缘、地缘等特殊的关系,使得晋江人民长期以来都有着十分广泛的对外经济文化交流的历史和传统。泉州被誉为"世界宗教博物馆",晋江陈埭丁氏回族后裔"与人恭而有礼""四海之内皆兄弟也"的箴言等,都体现了这一精神特点。在长期对外经济文化交流的过程中,晋江人民以诚信谦恭的态度,向海外、境外、省外人民学习各种有益的科学生产技术、经营管理经验、文化艺术精华和生活消费方式,极大地提高了自身的素质,完善了自身的人格品位并外化为推动经济社会全面发展的积极的物质力量。

晋江的先民早年从中原迁徙到南方,在荒凉贫瘠的不毛之地的晋江边居住生产生活,靠着团结、互助、合作的精神,身体力行,披荆斩棘,筚路蓝缕,风餐露宿,打下了初始的基业,逐步构建创造了闽南文化和经济的大格局,在我国的东南沿海撑起了一片新天地。团结、互助、合作的精神成了晋江人世代相传的文化特征和精神财富。不管在任何时候,所有海内外的晋江人都始终注重弘扬光大这种团结互助合作的精神,共同推动晋江经济社会的全面发展。

"爱拼"方能干事创业。"爱拼敢赢"是晋江人民最鲜明的精神特质。晋江人用实践证明,幸福是要靠双手争取的。"敢拼""会拼"方能抓住机遇,敢做善成。在改革开放初期,面对"多种经济体制"这一新理念,晋江人敢做"第一个吃螃蟹的人",勇敢开拓思维、锐意创新,才把握了市场,抢占了先机。而随着传统产业的不断发展,敏感的晋江人也发现粗放式的"硬拼"是不行的,必须积极吸取过去走弯路的教训,提早转型升级,拼诚信、拼品牌。从百亿级企业到千亿级产业集群;从制造基地走向品牌之都、体育之城;从经济效益到考虑生态、民生全局……他们不断探索符合本地实际的农村工业化道路,以居安思危的忧患意识和勇立潮头的改革形象,不仅为自己闯出了一片天地,也为全国的乡镇发展提供了经验。

"晋江经验"是晋江人民最宝贵的制胜法宝,"敢为天下先、爱拼才会赢"是晋江人民最鲜明的精神特质。"时时放心不下"是晋江人的责任意识,与最优者对标、与最强者比拼、与最快者赛跑,大干快上,争创一流是晋江人的性格。"穿透落实、一线落实","不为不办找理由、只为办好想办法",做一件、成一件,提高末端执行力是晋江人的工作态度。

下篇

共同富裕的奋斗历程

——晋江发展的实践

第六章　乡镇企业一枝花

第一节　拨乱反正到如今

邓小平同志指出，"社会主义的本质，是解放生产力，发展生产力，消灭剥削，消除两极分化，最终达到共同富裕"[①]。邓小平同志还指出："走社会主义道路，就是要逐步实现共同富裕。共同富裕的构想是这样提出的：一部分地区有条件先发展起来，一部分地区发展慢点，先发展起来的地区带动后发展的地区，最终达到共同富裕。如果富的愈来愈富，穷的愈来愈穷，两极分化就会产生，而社会主义制度就应该而且能够避免两极分化。解决的办法之一，就是先富起来的地区多交点利税，支持贫困地区的发展。"[②]要做到共同富裕，在当时来说首先要全面拨乱反正，否则共同富裕迈不开步伐。

"1978 年 12 月，党中央召开党的十一届三中全会。1979 年初，晋江县委召开各种会议，传达贯彻十一届三中全会精神，按照中央制定的方针、政策，根据晋江县的实际情况，全面进行拨乱反正。一是在指导思想上拨乱反正。通过开展揭批林彪、江青反革命集团推行的极'左'路线，开展关于真理标准问题的学习讨论，从思想上、理论上分清是非，清理'左'的流毒和影响。二是纠正'以阶级斗争为纲'，把工作重点转移到社会主义现代化建设上来，坚持四项基本原则，紧紧抓住经济建设这个中心，大力发展社会主义生产力。三是落实党的各项政策，调整社会关系。晋

[①]　中共中央文献编辑委员会.邓小平文选:第三卷[M].北京:人民出版社,1993.
[②]　中共中央文献编辑委员会.邓小平文选:第三卷[M].北京:人民出版社,1993.

江不但是'文化大革命'的'重灾区'，历次政治运动遗留下来的问题也较多。为此进行大量落实政策的工作，主要有：平反'文化大革命'中的冤假错案，全县受审查11045人（其中立案2313人），全部复查结案，平反恢复名誉；改正错划右派293人，改正'中右''不纯分子'问题412人；平反'反右倾'案件32件；复查处理'四清'案件3619件，改正1098件；复查处理历史老案，改正413人；公正地解决地下党问题，共受理申诉500件，都进行复查，"①同时复查落实了知识分子政策、侨务政策、台胞台属政策、对原国民党起义及投诚人员政策、对民主党派的政策、宗教政策、民族政策等。

这些政策的落实和调整，正确地处理了人民内部的一系列矛盾，有效地调动了社会各阶层人员的积极性，对促进社会安定团结、巩固发展爱国统一战线、推动现代化建设事业的发展，起到了重要作用。

晋江县委围绕清除"左"的思想影响，拨乱反正，加强了党的组织和干部队伍建设，恢复和发扬党的优良传统和作风。通过举办党训班、党校短期训练班和集中上课等形式，组织党员学习十一届五中全会精神和《关于党内政治生活的若干准则》、十一届六中全会精神和《关于建国以来党的若干历史问题的决议》等，加强对党员的教育。"据统计，1978年至1980年全县训练党员达到应受训人数的80%以上，还举办了支委集训班，训练支委864人。"②1981年以后，每年训练党员都在1.5万人左右。

晋江县委为了提高党组织的战斗力，还对一些软弱涣散的基层支部进行整顿。"1981年对全县223个后进党支部进行了整顿和改造。1982年又派出487名干部组成的工作队，对51个大队支部进行了整顿，特别是针对当时走私泛滥，对沿海18个支部进行重点整顿。"③

为了增加党的新鲜血液，壮大党的队伍，根据积极慎重的方针，积极从各条战线吸收具备入党条件的先进人物入党。特别是从1981年起，开始有意识地重视发展中青年知识分子和工农业生产第一线的积极分子入党。④

县纪委会把加强政治纪律，促进广大党员在政治上同中央保持一致放在工作首位。1979年和1980年，对抵制落实干部政策，反对经济调整，反对十一届三中全会路线、方针、政策的违纪行为，进行认真检查。1981年开始，开展纠正经济领域中的不正之风，打击严重经济犯罪。1982年至1983年，全县共查处党员违法案

① 中共晋江市委党史研究室.晋江改革开放40年实录[Z].晋江：内部资料，2018.
② 中共晋江市委党史研究室.晋江改革开放40年实录[Z].晋江：内部资料，2018.
③ 中共晋江市委党史研究室.晋江改革开放40年实录[Z].晋江：内部资料，2018.
④ 中共晋江市委党史研究室.晋江改革开放40年实录[Z].晋江：内部资料，2018.

件 503 件,给予党纪处分 231 人,其中开除党籍 125 人。^① 通过以上工作,各级党的领导干部绝大多数能带头遵纪守法,端正党风。党在群众中的威望逐步提高。

党的十一届三中全会以后,晋江县取得了拨乱反正的重大胜利,社会主义建设事业在各方面取得了新的成就。全县安定团结、生动活泼的政治局面继续向前发展,把工作重点转移到社会主义现代化建设上来,以经济建设为中心,出现经济稳步发展、人民生活显著提高的新景象。"1982 年全县国民生产总值达 36300 万元,比 1978 年 14500 万元增长 50.34%;工农业总产值达 4028 万元,比 1978 年 23881 万元增长 68.67%,其中工业总产值 22727 万元,比增 147.58%,农业总产值达 17503 万元,比 1978 年增 19.22%。乡镇企业总产值达 18509 万元,比增 340%。农民人均收入 277 元,比 1978 年 107 元增长 157.88%。与此同时,财政金融、商业和外贸出现了新中国成立以来少有的繁荣景象。1982 年,全县财政收入 2559 万元,比 1978 年的 1476 万元增长 73.37%,社会商品零售总额 25116 万元,比 1978 年的 12807 万元增长 96.11%,外贸商品出口总值 3397 万元,比 1978 年的 1775 万元增长 91.38%。全民所有制职工平均工资 791 元,比 1978 年的 534 元增长 48.13%。1982 年末城乡储蓄存款余额达 12022 万元,比 1978 年的 3969 万元增长 202.97%。科技、教育、文化、卫生、体育等方面都取得了新成绩。"^②

2022 年 12 月 28 日晋江市第十八届人民代表大会第二次会议上的政府工作报告指出:"晋江 2022 年地区生产总值超 3200 亿元、增长 4.5%,一般公共预算收入 150 亿元、同口径增长 6.17%,城乡居民人均可支配收入突破 5 万元、增长 5.0%。县域经济基本竞争力保持全国第四,跻身Ⅱ型大城市行列。"

2022 年,晋江人接续弘扬"晋江经验"。统筹推进 22 项国家级、省级改革试点和 78 个集成改革项目,启动国家盘活利用低效用的试点,获批国家进口贸易促进创新示范区、农村综合改革试验区。高规格举办福建省弘扬"晋江经验"促进民营经济高质量发展大会、"晋江经验"与习近平经济思想理论研讨会等系列活动,多位党和国家领导同志亲临晋江视察指导,晋江高质量发展成为中央主流媒体报道焦点。

2022 年,晋江人聚力推动"强产兴城"。确立"数智转型"核心发展战略,启动数字经济三年行动,获评全国工业互联网推动数字化创新领先县(市)。通过首批国家创新型(县)市验收,成为首批国家知识产权强县建设示范县。完成"全市一区"改革,3 万亩综合产业园区组团式铺开建设,百万平方米产业空间拔节生长。开展"抓城建提品质"专项行动,实施 281 个城建项目,完成年度投资超 200 亿元,

---

① 中共晋江市委党史研究室.晋江改革开放 40 年实录[Z].晋江:内部资料,2018.
② 中共晋江市委党史研究室.晋江改革开放 40 年实录[Z].晋江:内部资料,2018.

一批重要通道和重大公共服务项目建成投用，全市域夯实网格基础，城市更加安全、更有韧性、更具品质。

第二节　落实农村家庭联产承包责任制

落实农村家庭联产承包责任制是实现我国改革开放走向共同富裕的实践起点。党的十一届三中全会认真总结农业合作化和人民公社化中的经验教训，坚决地纠正了严重阻碍农业发展的"左"的错误，逐步确立了建立和健全农业生产责任制，并以此为中心实行农业体制改革的方针。晋江县认真贯彻《中共中央关于加快农业发展若干问题的决定》和《农村人民公社工作条例（试行草案）》，逐步建立了各种形式的生产责任制。1980 年 11 月，晋江县委召开有 2000 人参加的三级干部会，学习中共中央〔1980〕75 号文件《中共中央关于进一步加强和完善农业生产责任制的几个问题的指示》，"统一思想认识，在全县全面推行农业生产责任制"[1]。"为了指导生产责任制的落实工作，晋江县委及时发出《关于当前农村若干政策问题的意见》，促使这项工作顺利开展。"[2]

"1981 年春耕，全县实行小段包工、定额计酬的有 1353 个生产队，占 25.5％；包工到组或专业承包、联产计酬的有 335 个生产队，占 5.9％；实行双田制的有 1224 个生产队，占 23.1％；实行包产到户、包干到户的有 860 个生产队，占 16.2％。"[3]同年 4 月，县委组织全县生产责任制大检查，春耕生产热火朝天，进度快、质量好，出现了多年未见的大好形势。检查后集中汇报时，还召开了各公社书记、县支部、委、局以上领导参加的扩大会，进一步解放思想，总结交流经验，促进全县生产责任制的落实。10 月，县委召开全县农村工作会议，充分肯定一年来全县建立生产责任制的实践，研究把工作重点放在进一步稳定和完善农业生产责任制、落实农村各项经济政策上。在实行农业生产责任制过程中，对农村出现的变革，有部分干部认为是"复辟倒退，走回头路"，更多的干部处于是非不清、界线不明、等待观望、放任自流的状态，所以也存在不少问题。如生产队一级领导班子解体，土地承包基本上是"均田制"，过于零散，插花地多，不利于机耕、灌溉，集体财产不同程度受到损坏等。"1981 年 11 月 13 日，晋江县八届人大常委会第五次会议通过了

① 杜康.砥砺奋进改革路 锦绣华章写永城：永城改革开放 40 年发展回眸［EB/OL］.(2018-12-18)［2022-11-08］.https://www.sohu.com/a/282660438_717214.

② 中共晋江市委党史研究室.晋江改革开放 40 年实录［Z］.晋江：内部资料,2018.

③ 中共晋江市委党史和地方志研究室.晋江市志［M］.福建：海峡文艺出版社,2020.

《晋江县人民政府关于稳定和完善农业生产责任制若干具体问题的决定》，对落实和完善生产责任制出现的一些具体问题提出了明确的处理意见，进一步统一思想认识，促使农业生产责任制全面推行。"[1]"至1981年底，实行小段包工、定额计酬的有489个生产队，占9.1%；包工到组或专业承包、联产计酬的有207个生产队，占3.7%；双田制的有927个生产队，占17.3%，包干到户的有2740个生产队，占51.2%。"[2]

在各种形式的生产责任制中，以包干到户推广最快。这种包干到户的形式，表现为"交够国家的，留足集体的，剩下都是自己的"。其责任明确、利益直接、方法简便，受到广大农民的欢迎。"1983年春耕，全县实行包干到户的生产队发展到4692个，占91.2%；双田制的生产队311个，占6.1%；集体统一经营的生产队只剩下141个，占2.7%。"[3]

"从1980年到1983年，晋江县全面开展林业'三定'（即稳定山林权、划定自留山、确定林业生产责任制）工作，由县人民政府颁发山林权证1261份，定权面积13.0541万亩，占全县林业用地面积的83.2%；同时，落实经营承包制，对现有集体林实行管护承包责任制，已有8.3418万亩，占现有林的63%。对荒山、荒滩也逐步推行造林承包责任制，已有794人承包荒山、荒滩造林4754亩。"[4]

"从1979年开始落实多种形式的渔业生产责任制，全县渔业经济管理体制逐渐全面下放以船为核算单位，其经济形式主要有三种：一是体制下放以船核算，实行上缴"一金一费"全奖全赔大包干生产责任制，这种形式的约占全县渔业生产单位的5%；二是体制下放以船核算，通过清理债权、债务，财产折价归渔民所有，招标承包经管，实行上缴"一金一费"全奖全赔，这种形式约占生产单位的30%；三是经济联合体，合股经营，实行上缴"一金一费"独立核算，自负盈亏，这种形式占生产单位的65%。在海水养殖方面，经营形式以户养为主，向村（或村民小组）承包，这种形式约占95%。另有少数的联合体、乡村专业队或养殖场。在淡水养殖方面，主要以联合体向生产队（村民小组）或大队（村）定额承包，定产定值，全奖全赔，一定数年。"[5]

"全县1981年与1980年对比，除粮豆总产量减少8172吨、下降3.43%外，花生增产6536吨、增长42.10%，甘蔗增产4.029万吨、增长10.26%，水果增产3437

① 中共晋江市委党史研究室.中共晋江县地方党史大事记[M].福建：福建人民出版社，1996.

② 中共晋江市委党史研究室.晋江改革开放40年实录[Z].晋江：内部资料，2018.

③ 中共晋江市委党史研究室.晋江改革开放40年实录[Z].晋江：内部资料，2018.

④ 中共晋江市委党史研究室.晋江改革开放40年实录[Z].晋江：内部资料，2018.

⑤ 中共晋江市委党史研究室.晋江改革开放40年实录[Z].晋江：内部资料，2018.

吨、增长20.78,水产品增产1950吨、增长5.7％。"[①]

实行各种形式生产责任制以后,农村开始由自给半自给的经济向较大规模的商品生产转化,广大农民运用自己的技术专长和经营能力向田、山、海进军,各种专业户、联合体大量涌现。"至1983年,全县已有各类专业户4544户,占总数的2％;有新经济联合体3226个、18441户,占总户数的8.7％;有各种专业村89个。他们的收入和对国家的贡献允分显示巨大的生产力和吸引力。如全县556个养鸭专业户,占总户数不到0.3％,养鸭36万只,一年提供商品鸭29万公斤,占全县提供量的62％,提供商品蛋187.5万公斤,占全县提供量的32％。1984年6月,县委、县政府召开'两户一体'暨乡镇企业经验交流会,参加会议的有专业村、专业户、新经济联合体和乡镇企业代表300多人,县政府发给奖状,表彰鼓励勤劳致富的先进单位和农民,会议号召全县农民相信党的富民政策,广开勤劳致富之路,大力发展商品生产。"[②]

晋江县实行土地承包责任制和延长土地承包期。由于以包干(产)到户为主要形式的家庭联产承包制的不断发展,农村经济体制发生了重大变化。为了适应这种分户经营的需要,稳定政策,安定人心,引导农民正确处理国家、集体、个人三者的关系,晋江县委认真贯彻中央精神,在认真总结1982年部分社队试行合同制和1983年元月在金井公社浔杭寮生产队开展合同制试点工作的经验以后,进行具体部署,在全县开展农业承包合同签订工作,统一印发17万份农业承包合同手册。承包合同手册对生产队与承包户双方的责、权、利都作了规定,把国家供应的物资与社员完成各种经济义务挂钩,县政府拨出中央氮142万公斤、省氮1843.5万公斤、磷肥607万公斤、柴油2494吨;下达粮食定购任务2196万公斤、花生852.5万公斤,把国家对农产品的收购同对农民生产资料、生活资料供应结合起来。

政府积极发展经联社,完善统分结合双层经营制。1987年12月下旬,泉州市、晋江县、安海镇派出工作队,前往安海镇灵水村开展组建经联社的试点工作。经过一个多月的深入调查,并与广大群众共同研究探讨和精心筹备,晋江县委于1988年1月19日正式成立灵水村经济联合社,这是晋江县建立的第一个村级经济联合社。其具体组织形式是在经联社下设立农业管理、企业管理和民间信用三个服务站。4月20日,县政府专门发出《关于建立村合作经济组织问题的通知》,要求各乡镇加强领导,切实把农村经联社组建工作抓紧抓好。8月份,县政府召开乡镇分管农业领导干部会议,进一步学习有关文件,认真总结试点经验,进行全面部署。至1989年,全县行政村已基本建立了经联社。

① 中共晋江市委党史研究室 晋江改革开放40年实录[Z].晋江:内部资料,2018.

② 中共晋江市委党史研究室 晋江改革开放40年实录[Z].晋江:内部资料,2018.

修订农业承包合同,明确承包权利义务。1983 年全县有 16 万农户和生产队签订了土地承包合同,在当时对促进家庭承包责任制的落实和农业生产的发展起了很大的作用。

第三节　乡镇企业大发展

大力发展乡镇企业是改革开放后从集体经济过渡到民营经济,走共同富裕道路最初的做法。1979 年初,26 岁的许连捷联合几名村民,借助几部缝纫机,悄然在自家厝内办起了后林劳保服装加工厂,他兼任厂长和技术员。由于产品物美价廉,港商订单接踵而至。就在这家服装厂热火朝天时,1979 年 3 月,在报纸上看到国家颁布新政策(凡私人办企业,国家予以免税三年)的陈埭镇洋埭村村民林土秋也热血沸腾。

"联想起上海皮鞋热卖的场景,林土秋邀集堂兄弟、乡亲 14 人,每人出资 2000 元,在自家玻璃瓦小作坊办起了'洋埭服装鞋贸厂'。"[①]

这个晋江第一家鞋厂,从厦门国营皮革厂以每月 100 多元的"天价"请来两名老鞋匠,招收了三十几名工人,手工生产皮鞋、舞鞋和凉鞋,自带产品到省内供销社、百货商店推销、订货。林土秋的成功点燃了星星之火,此后晋江的鞋厂如雨后春笋般遍地开花。资料显示,1976 年国家恢复保护侨汇政策后,至 1983 年,晋江的侨汇总额达到 2.3 亿元,当地侨属侨眷多有置地建房的传统,同时侨商和外商常以"来料加工、来样加工、来件装配"这"三来一补"形式试探合资合作。

自此,华侨众多的晋江,好强的晋江人利用"三闲"(闲资金、闲房子、闲劳力)起步,小鞋厂等各类企业更是加速冒出。斗转星移,1983 年,30 岁的许连捷靠服装厂赚了第一桶金——50 万元。而这年 11 月 1 日,国务院副总理姚依林参观林土秋的鞋贸厂,并拍着林的肩膀说:"这样做很好!"

"1984 年,备受鼓舞的林土秋与另外 4 家皮鞋厂联合组成陈埭鞋贸公司。这家陈埭第一家民营公司有着晋江最早的现代化厂房,当年产值即达 500 万元。"[②]

"1983 年 5 月 17 日,项南在陈埭亲自主持有 200 多名各级领导参加的全省社队企业现场会,明确指出陈埭群众集资办社队企业姓社不姓资,并赞誉陈埭社队企

①　邵芳卿.晋江传奇[EB/OL].(2009-09-04)[2022-11-08].https://finance.sina.com.cn/roll/20090904/02206705210.shtml.

②　邵芳卿.[新中国 60 年系列报道]晋江传奇[EB/OL].(2009-09-04)[2022-11-08].https://finance.sina.com.cn/roll/20090904/02206705210.shtml.

业是福建农村经济'一枝花'，要求'这枝花要开遍全省'。"[1]"1983 年 8 月，项南又在全省乡镇企业工作现场会上指出，当年上半年福建经济形式很好，形式最好的、打头阵的是乡镇企业，'今后更要靠乡镇企业打头阵'，乡镇企业尚处于幼年，'作为父母的要特别关心、爱护、扶持。'"[2]

　　1984 年，晋江县委、县政府作出了"《关于大力发展乡镇企业若干问题的规定》，开始大力扶持乡镇企业。要求各部门、各单位要大力扶持乡镇企业，变'管、卡、限'为'放、帮、促'"[3]。这一年全县乡镇企业从 2271 个增加到 3968 个，企业总收入从 24592 万元，增加至 55485 万元，分别增长 74.72% 和 125.62%。

　　晋江人充分认识到质量是生命、是信誉，没有质量和信誉就没有企业和品牌的生存及发展。因此，晋江市大力实施"质量立市工程"。早在 1988 年，晋江县委、县政府就提出"质量上，晋江兴；质量下，晋江衰"的口号。1990 年成立技术监督局，下设 4 个技术监督站、1 个稽查队和产品质量检验、计量检定测定、技术监督情报等技术保障机构。县政府作出《关于加强产品质量管理工作的决定》。1992 年开始实施"质量立市"战略。坚持"以质量为中心，标准化、计量为基础"工作方针。1996 年开始实施"晋江质量兴市'九五'工程计划"，并先后成立质量兴市领导组和工作班子，不断加强"质量兴市"工作力度，掀起"质量兴市"活动高潮。晋江市加强对质量工作的领导，落实"谁主管谁负责"责任制。各级政府把质量工作列入重要议事日程，主要领导亲自过问，并指定一位领导具体分管；企业主管部门把质量工作列入任期目标和岗位责任制考核指标，实行质量否决权。加强质量法规的宣传教育，强化全民发展质量意识。全面开展"产品质量是企业的生命"的宣传教育活动，大力宣传和表彰重视质量的先进典型，披露和惩处忽视质量的单位和个人，形成"生产、销售优质产品光荣，生产销售伪劣产品可耻"的社会风气。完善质量管理制度，加强质量监督检查。着重引导企业开展计量合格认证、企业管理达标活动，提高基础管理水平。鼓励企业加大质量投入，贯彻 ISO9000 质量管理和质量保证系列标准，推进与国际惯例接轨，建立健全质量保证体系，走质量效益型道路。坚持定期和不定期对生产企业产品质量和市场商品质量进行监督。全市规模生产的工业企业产品标准覆盖率达 95.8%。1999 年，晋江市通过福建省消灭无标准生产验收。晋江市已登记质量体系认证证书 684 张、产品质量认证证书 103 张、

　　① 邵芳卿.[新中国 60 年系列报道]晋江传奇[EB/OL].（2009-09-04）[2022-11-08]. https://finance.sina.com.cn/roll/20090904/02206705210.shtml.

　　② 邵芳卿.[新中国 60 年系列报道]晋江传奇[EB/OL].（2009-09-04）[2022-11-08]. https://finance.sina.com.cn/roll/20090904/02206705210.shtml.

　　③ 中共晋江市委党史研究室.中共晋江县地方党史大事记[M].福建:福建人民出版社，1996.

ISO14000 环境管理体系认证证书 382 张、SA8000 认证证书 14 张、OHSAS18000 认证证书 3 张、HACCP 危害分析和关键点控制体系认证证书 3 张。同时,晋江市不断加大源头打假力度,切实搞好生产加工企业质量安全监督管理,打好食品专项整治战役,依法整顿规范市场经济秩序,从源头上保证全市产品质量。2006 年,全市生产企业产品质量监督抽查检验就达 2753 批次,综合合格率达 80.7%,比上年提升 4.6 个百分点;检查工商企业 1265 家次,办理案件 295 件,查处案件总值 250 万元,罚没款 171 万元。通过以上工作,促进全市质量总体水平的提高,成效显著。市技术监督局荣获国家人事部、国家质量技术监督局颁发的"全国技术监督系统先进集体"称号;晋江市被国家市场监督管理总局授予"全国质量兴市先进市(县)"称号。

多维赋能升级,产业提质增效。坚持集群赋能、科技赋能、数字赋能、园区赋能,深入开展"开放招商科技创新项目落地攻坚年"活动,"一产一策一专班"加快转型升级。集群优势更加明显。实施 108 个强链补链项目,落地 82 个增资扩产项目,产业链供应链稳中见韧,磁灶获评"中国陶瓷名镇",运动鞋原辅材料成为国家中小企业特色产业集群,新一代信息技术产业增加值比增超 20%,新增智能制造示范企业 10 家、"专精特新"企业 15 家、海交所挂牌企业 8 家。创新动能加速成形。承办全国机器人大赛、全省石墨烯大会,投用国家知识产权快速维权中心,获批省级高端绿色鞋服制造业创新中心,落地北京石墨烯技术研究院。规上企业研发费用增长 27.2%,高新企业保有量突破 640 家、净增超 230 家,新增国家博士后科研工作站 2 家、省级技术转移机构 3 家,引育高层次人才 340 名,万人有效发明专利拥有量增至 15.34 件。数字赋能加力推进。出台产业数字化转型 12 条措施、软件和信息服务业发展 16 条措施,承办全省产业数字化转型现场会,引进 2 个数字化服务平台,分行业打造 14 个标杆项目,推出 7 个应用套餐,带动 400 家企业"上云上平台",数字经济规模预计达 1780 亿元、占 GDP 比重 56%。产业空间重构升级。完成经开区专业园整合交接,组建 160 亿元晋园发展集团。完成工业用地调查,摸清工业用地"五笔账",构建园区标准化建设"1+N"政策体系,14 个综合产业园区启动建设,2300 亩工业用地提容增效,建成产业空间超 150 万平方米,规上企业入园率提高到 41.5%。

第四节　打造"品牌之都"

只有叫得响的品牌才有市场,有市场方能实现价值从而致富。晋江人素以"敢拼能赢"著称,晋江企业从仿样加工到贴牌生产再到自有和打响品牌,逐步塑造出"品牌之都"。改革开放初期,晋江的产品曾被人称为"国产小洋货"。所谓"国产小洋货",就是晋江人借助侨乡的地利和灵通的信息,仿照港台和海外产品"依葫芦画瓢"。在卖方市场经济条件下,加之内地相对封闭的环境,晋江产品曾风靡一时。然而,随着买方市场的形成和内地不断对外开放,'小洋货'逐渐失去了对消费者的吸引力,晋江企业也风光不再。"晋江市先后在1995年、1998年和2002年出台'品牌立市'和'打造品牌之都'的战略,并一以贯之,坚持不懈地实施下来。在企业自创品牌意识觉醒与政府政策的引导下,众多晋江企业开始注重品牌开发,并通过品牌战略开拓市场,从而涌现出一批夺目的品牌,并几乎涵盖了纺织服装、鞋业、陶瓷、伞业、食品、五金机械及造纸印刷业等行业,使晋江成为较具经济实力的名牌强市之一,品牌经济发展势头强劲。"[1]

"为了扩大晋江品牌的知名度、影响力及市场竞争力,晋江企业擅长以明星代言、媒体广告来打造品牌。"[2]每年广告投入高达7亿多元。"这些企业凭借央视高端传播平台,建立起声音门槛,迅速崛起,以品牌知名度撬动市场,获取更大市场增长空间,实现销量和规模的极大提升。"[3]在这方面,安踏是成功的典范。孔令辉用"我选择,我喜欢"宣传安踏。总经理丁世忠说:"签约乒乓球名将孔令辉作形象代言人,安踏是第一家。"随后安踏在央视投放上亿元广告、市场美誉度直线上升,销售量占全国运动鞋市场份额的14.3%,连续六年位居第一,超过青岛双星和广东李宁,竖起晋江鞋第一品牌大旗。丁世忠还说,我们在全国各大专卖店都打着"晋江制造"的标牌。在安踏成功的名牌战略示范下,晋江多家企业纷纷跟进,请名人明星做广告蔚然成风,大搞造牌运动。金莱克邀乒乓名将王楠,喜得龙请蔡振华出山,特步请来谢霆锋,伟民鞋业干脆以邓亚萍命名,德尔惠重金聘请吴奇隆……明星纷纷为晋江品牌摇旗呐喊,亦是中国一绝。

依靠科技创新培育品牌。晋江市成为品牌之都也是与科技创新分不开的。晋江设市以来,深入实施科教兴市战略,大力推进科技进步和自主创新,取得了显著成效,连续五年荣获"全国科技进步先进市"称号。市委、市政府出台实施《关于加强科学进步建设科技强市的决定》《关于扶持企业创新若干优惠政策的通知》等一系列政策措施。

为了推动"打造品牌之都",中共晋江市委、市政府专门出台鼓励、扶持政策,并多次修改、充实。2007年4月出台《关于调整充实打造品牌之都鼓励政策的通

①　陈伟荣,陈文敬."晋江经验"锻造"晋江奇迹"[J].群言,2018,(11).
②　陈伟荣,陈文敬."晋江经验"锻造"晋江奇迹"[J].群言,2018,(11).
③　陈伟荣,陈文敬."晋江经验"锻造"晋江奇迹"[J].群言,2018,(11).

知》，规定对获得"中国世界名牌产品"称誉的企业，奖励金额由原来的100万元提高到200万元；获得"国家出口免检产品"称誉的企业，奖励金额由原来的10万元提高到50万元；获得"中国名牌产品""中国驰名商标"称誉的企业，奖励金额为30万元；条款中增设"中华老字号""福建老字号""全国专业标准化委员会秘书处""全国专业标准化委员会分技术移书处""守合同、正信用"等事项，获得以上称誉的企业，分别给予一次性奖励30万、50万、100万奖励。

在鼓励企业争创名牌的同时，晋江市政府还为企业创建技术研发中心，引进先进生产技术设备，组织重大技术项目论证和攻关，创新产品和技术，提高核心竞争力，并于2007年2月13日颁发给57家（次）企业扶持金1892万元。

晋江市委、市政府的大力引导、奖励和支持，极大地激发了广大企业创名牌的积极性，推动了全市"打造品牌之都"活动不断向纵深发展。

第五节 积极发展民营经济

民营经济是共同致富的经济。目前晋江民营经济创造出的经济总量、税收和就业岗位占比都在全市的97%以上。习近平总书记2023年3月6日下午看望参加全国政协十四届一次会议的民建、工商联界委员，并参加了联组会，听取意见和建议。总书记强调，"民营经济是我们党长期执政、团结带领全国人民实现'两个一百年'奋斗目标和中华民族伟大复兴中国梦的重要力量。""要加强思想政治引领，引导民营企业和民营企业家正确理解党中央关于'两个毫不动摇''两个健康'的方针政策，消除顾虑，放下包袱，大胆发展。"[1]"要引导民营企业和民营企业家正确理解党中央方针政策。增强信心，轻装上阵，大胆发展，实现民营经济健康发展、高质量发展。"[2]

民营经济是晋江市国民经济的主要支柱和生力军，为晋江经济综合实力始终站在全省之冠和全国前列，提供了有效的保证和持久的活力。现实中的民营经济是一个庞大的群体，在晋江民营经济发展进程中，晋江历届党政领导发挥了关键性的作用。他们始终秉持尊重生产力、解放生产力、发展生产力的观点，坚持有所为

---

① 游仪，王海林，黄福特.习近平总书记在看望参加政协会议的民建工商联界委员时的重要讲话引发热烈反响：实现民营经济健康发展高质量发展（新征程新伟业）[EB/OL].（2023-03-09）[2023-04-08]. http://news.cctv.com/2023/03/09/ARTI5zPRvwlRfELCfdR4nFm5230309.shtml.
② 张伟昊，孙超，张云河.增强信心 轻装上阵 大胆发展（直通两会）[EB/OL].（2023-03-13）[2023-04-08]. https://baijiahao.baidu.com/s? id＝1760212131673325802&wfr＝spider&for＝pc.

有所不为,按照市场经济运行规律,致力于完善公共服务机制,优化公共服务环境,引导和推动民营经济持续、健康发展,在具体工作上努力做好"五个促进":

一是规划引导促发展。如科学制定晋江市产业集群发展规划和关于推进"六五规模工程"的若干规定等。

二是营造载体促发展。如采取"四个集中",即耕地面向规模经营集中、企业向工业园区集中、人口向城市和集镇集中、住宅向现代社区集中,大力调整产业发展布局,引导企业向工业区集中,逐步形成城市产业组团等。

三是创新服务促发展。着力创新公共服务手段,提高民营企业的核心竞争力。如构建人力资源支撑体系、融资担保体系、质量保障体系、要素市场体系、产品展示体系等。

四是优化环境促发展。如结合创建公共行政体制改革试点工作的实施,大力推进行政审批制度改革,运用市场机制优化配置城市资源,超前地构筑了能源、交通、通讯、供水和市政五大基础设施网络等。

五是规范管理促发展。如大力倡导企业按照《公司法》的规范实行有限责任,法人主体的公司化改造,引入现代企业管理制度,引导企业合法经营,切实保障企业的正当权益等。

改革开放以来,晋江大力发展民营经济、品牌经济、实体经济,走出了一条特色县域发展路子。"县域经济基本竞争力居全国第四(2022年为第三——编者注),综合经济实力连续29年居全省县域首位,以福建省1/200的土地创造全省1/16的GDP,2022年GDP完成3207.43亿元、增长4.0%,本级收入150.88亿元、增长6.2%。5个方面特别突出:一是民营主导。培育近30万户市场主体、超9万家民营企业和51家上市公司,数量居全国县域前列。全市97%以上企业是民营企业,民营企业创造的产值、税收、就业岗位都在90%以上。二是集群优势。拥有1个超三千亿(鞋服)、1个超千亿(纺织)、2个超五百亿(建材、食品)、2个超三百亿(智能装备、医疗健康)产业集群。集成电路等高新产业取得重大突破,在晋华、渠梁等龙头项目带动下,全产业链成形成势。三是品牌之都。拥有国家体育产业基地、中国鞋都、世界夹克之都等15个区域品牌,中国驰名商标45枚,超70家企业到境外设立商务机构,恒安、安踏等知名品牌逐步走向国际化。四是创新型(县)市。为全国首批国家创新型(县)市,引进9家国字号科研机构,拥有中国科学院大学福建智能制造学院、福州大学晋江校区、泉州职业技术大学、泉州轻工学院4所高校,高新企业突破640家,规上企业研发投入60亿元。五是改革重地。先后承担44项国家级改革试点,圆满完成31项改革任务,多项改革成果在全国推广,是全省乃至全国改革试点最多、成果最丰富的县级城市之一。"[①]晋江"2023年将新增培育产值超50亿元企业2家，省级以上'专精特新'企业15家、制造业单项冠军。新增培育市场主体5.5万户、规上企业400家、限上企业280家。深化龙头企业培优扶强工程，办好领航混沌创新班，扶持腰部企业成长，新增培育产值超50亿元企业2家，省级以上'专精特新'企业15家、制造业单项冠军5家"。[②]

---

① 晋江市人民政府网.晋江概况[EB/OL].（2012-08-20）[2022-11-28].http://www.jinjiang.gov.cn/yxjj/gkjj/jjgk/201208/t20120820_2466841.htm.

② 王明元.晋江市2022年政府工作报告[R].泉州:晋江市第十八届人民代表大会第一次会议,2021-12-22.

第七章 撤县设市开创晋江历史的新时期

撤县设市开创晋江历史的新时期。1991 年 5 月 2 日，晋江县人民政府呈送《关于要求晋江撤县设市的请示报告》，报告认为："晋江已经达到国务院国发〔1986〕46 号文件规定的要求，撤县设市条件已经成熟。"1992 年 3 月 6 日，中华人民共和国民政部发出《关于福建省撤销晋江县设立晋江市的批复》，4 月 30 日，《福建省人民政府赋予晋江市改革开放综合试验十五条政策措施》。

国务院批准晋江撤县设市。这是晋江历史上的重大事件，它标志着晋江大地已经发生了历史性的巨变。

1992 年晋江撤县建市后，省政府赋予晋江市改革开放综合试验的 15 条政策措施，对固定资产投资规模，按照资本来源制约投资规模的原则，享有同泉州市一样的审批权限。使晋江成为全方位推进高质量发展的主力领军、为打造共同富裕县域范例开始进行有效的探索。

第一节 宏观监督与服务

打造共同富裕县域范例必须改革计划管理体制，晋江市按照既要开放搞活，又要加强和改善宏观管理的要求，逐步减少对经济活动的直接管理，转变为加强宏观管理，发挥市场对经济运行的调节作用，转变以指令性计划为主的传统计划经济观念，缩小指令性计划管理范围，扩大指导性计划和市场调节范围，取消农业生产指令性计划，对农副产品收购实行定购办法，减少工业生产指令性计划，扩大企业生产经营自主权。主要物资供应由价格双轨制改为单轨制，实行市场价格随行就市，逐步与市场经济接轨。

针对原有计划体制的弊端，按照既要放开搞活，又要加强改善宏观管理的要

求,主要从以下几方面进行改革:

一是缩小以指令性计划为主的直接管理范围,扩大了指导性计划和市场调节范围,取消了农业生产指令性计划,改革农副产品派购的制度;缩小工业生产指令性的计划范围,扩大了企业自主权;减少统配物资的品种及数量,发展有组织、有领导的生产资料市场。

二是改进固定资产投资管理,注重运用经济管理办法,下放投资项目的审批权限,简化审批手续,基本建设投资由财政拨款改为银行贷款,开始改变资金无使用的状况。加强基本建设的筹资管理,推行工程建设招标制,充分发挥市场竞争机制的作用。竞争性行业投资由企业自主决策,基础设施由政府为主负责,吸收其他主体参与投资;公益性项目建设吸收社会和海外资金;部分重点项目实行行业责任制,业主对项目的筹资、建设、经营、还贷款等负全责。建立基本建设基金制,全方位开辟城镇资金渠道、盘活建设资金。开征城市基础设施配套费、自来水增容费、电力建设基金、公路建设基金等。

1992年晋江撤县建市后,省政府赋予晋江市改革开放综合试验的15条政策措施,对固定资产投资规模,按照资本来源制约投资规模的原则,享有同泉州市一样的审批权限。1993年3月,晋江市政府批准市计委等7个部门《关于扩大各镇部分经营管理权限的实施细则》,赋予各镇相当于县级的投资审批权限;凡集体个体生产性项目,属于国家政策鼓励发展、建设条件及外部配套条件能自行平衡的、总投资300万元以下的项目,由镇政府审查审批;国家定量、定向发展的项目或建设需上级平衡的项目,由镇政府审查报上级计划部门审批。

针对原来实行的统收统支、统负盈亏、"大锅饭"等问题进行改革。变财政的统收统支为多种形式的包干制,扩大地方生财、聚财、用财的自主权;变单税制为复合税制,强化税收的经济调节功能;通过利税改革和税收减免,增强企业的自我积累和自我改造的能力;改革资金拨款制度和管理办法。1981年开始实行"定收定支,增收分成,一年一定"的制度,增收部分县里留40%,县里开始有了一点机动权。1982年至1984年,实行"划分收支,核定基数,递增缴补,分级包干"的制度,还规定工商税应上缴省财政50%。以后每年增递上缴10%。1983年和1985年对商业企业实行第一步和第二步利改税。1985年至1987年财政改为"划分收支,定额缴补,增收分成,分级包干"的制度。营业税、产品税、增值税、工商统一税四种要固定上缴40%,增收部分再增缴30%。从1988年开始实行"划分收支,核定基数、定额缴补、增收多留、分类包干、自求平衡"。晋江的定额上缴数量根据1987年体制和税收确定,即四税40%上缴,超收入基数上缴30%,超出此数的部分即增收部分,县与泉州按7:3分成,上缴泉州三成。按照这个体制,留给县里的机动权又多了一些。1989年按照"紧缩财政、强化管理、深化改革、促产增收、集中财力、实现平衡"的要求做好财税工作。

1994 年,财税改革迈出了决定性的步伐,开始实行中央与地方分税制,晋江市新税制进入正常运行轨道,国税、地税两局分设。对重点行业探讨和实行新税制的管征办法,确保中央收入的完成,1995 年以来继续采取措施,进一步加大财税改革力度,主要是加大税收征管力度,积极推广主动申报制度,加快征管手段现代化建设,强化税收稽查等,随着财税改革的不断深化,晋江的财税收入逐年增长,2000年财政收入 13.02 亿元,成为福建第一个财政收入超 10 亿元县市,居全国第 13 位。2002 年突破 20 亿元大关,2007 年突破 60 亿元大关,2008 年达到 72 亿元。税性收入占财政总收入的 97.87%,财政总收入占生产总值的 10.43%,对国家贡献也越来越大。

主要是针对原有金融机构单一化和行政化,资金分配供给制和"大锅饭"情况,晋江市将中央银行和专业银行的职能分开,改革农村信用社管理体制,发展城市信用社和非银行信托投资机构;改革银行业务制度,增设服务机构增加信贷方式和结算方式。发挥利率、汇率杠杆的宏观调节作用;改革信贷资金管理体制等。在贷款投向上,支持出口创汇企业,支持名优产品企业,支持"三资"企业,支持大中型企业配套和服务乡镇企业,积极支持乡镇企业开发新技术、新产品。同时下放"三权"(人权、财权、业务经营自主权),恢复"三性"(组织上群众性、管理上民主性、经营上灵活性),建立责、权、利经营责任制,并将社长任命制改为选举制,变"官办"为"民办"。召开社员代表大会,重新选举理、监事会,成立晋江县信用合作联合社,并成立营业部。1987 年 9 月成立晋江第一家城市信用合作社——华联城市信用合作社。这是由企业和群众集资的股份制集体所有制金融组织。注册资本人民币 50万元,并经中国人民银行批准代理证券业务。1988 年即吸收存款 500.4 万元,发放贷款 365.9 万元,盈利 7.3 万元。晋江金融改革不断开辟新路,银行系统采取各种办法筹集资金,如发展保险业务,开办邮政储蓄。同时打破储蓄业务封闭式的办法,试行银行选择客户、客户选择银行的探索,既以业务分工为主,又许可竞争的业务交叉。还试办了同业资金拆借和商业票据承兑贴现,以资金流通促进物资流通,为经济建设提供了方便。试行资产负债比例管理和风险管理等。全市银行存贷业务迅猛发展。

近几年来,晋江人民银行系统认真实施适度从紧货币政策,紧紧围绕金融中心任务,加强金融监管,严查各种违法行为,抓好各项防范和化解风险措施的落实,并把城乡信用社作为监管重点,集中力量,双管齐下,有效地防止了可能发生的区域性金融危机。积极改善金融服务,加大信贷投入,支持本市经济快速健康发展。

随着金融机构不断发展壮大,基本形成与现代市场经济发展相适应的金融机构体系。经营方式、服务方式趋向多元化、集约化、灵活运用货币政策。促进地方经济发展。加快电子化建设步伐,提高办事效率,构筑现代金融监管体系,创金融安全区,实现稳健高效运行。存贷业务同步增长,经营效益喜人。率先组建全省首家小额贷款公司(累计发放贷款 1.91 亿元),实施"两权"质押贷款(累计质押贷款 0.71 亿元),组建贷款担保公司(累计担保贷款 0.54 亿元),设立创办投资公司,引进民生、招商、泉州商业银行设立分支机构,金融机构累计新增贷款 38.1 亿元。

城市建设加快步伐。晋东、高铁、科创、紫帽四大新区实施项目 25 个、完成年度投资 53 亿元,5 个安置房项目竣工验收。池店、安海、英林等片区更新完成征迁。"聚城畅通"工程加快推进,建成福厦客专晋江段、二重环湾一期、东部快速路一期等重要通道,开工世纪大道南延伸工程。城市配套不断完善。实施 155 个基础设施项目,新增变电容量 5 万千伏安,5G 信号覆盖城乡主要区域,打通 12 条污水"断头管",中水回用率达 62.5%,农村生活污水处理工程初验率达 67%。完成 18 条重要通道景观提升。实施最严环卫考评新规,城市管理机制进一步完善。生态环境持续改善。扎实抓好生态环保督察反馈问题整改,实施 8 个流域水质提升工程,完成"蓝色海湾"综合整治 5892 亩、互花米草除治 2318 亩、松材线虫病防治 926 亩。植树造林 4100 亩,新增绿地面积 140 公顷,修复矿山生态 328 亩,建成区绿化覆盖率 44.04%。乡村振兴全面推进。成立市乡村振兴促进会,深入开展"百企帮百村、乡贤促振兴"行动,村企合作、乡贤捐赠金额超 20 亿元。鲍鱼、胡萝卜育种取得重大突破,高标准农田入库达 6.92 万亩。全市村集体经营性收入首超 2.5 亿元,共享型集体经济、乡村治理、乡村产业高质量发展成为全国典型,"五个美丽"建设成为全省典型,磁灶、英林获评"省级乡村治理试点示范镇",金井获评"省级全域生态旅游小镇",湖尾村获评"国家美丽休闲乡村"。

集体产权制度改革成为全国先进,宅基地改革做法获农业农村部推广,农村金融供求对接机制入列全国农村改革典型案例。国企改革扎实推进。完成市属国企第三轮整合重组,形成 22 家一二级国企为主体的国企架构,新增 AAA 主体评级企业 1 家。实施国企实体化项目 104 个、完成投资 150 亿元,资产总额超 1900 亿元。

第二节 流通体制改革

坚持把发展经济的着力点放在实体经济上,以实现共同富裕,这就必须大力进行经济体制改革。晋江县从 1983 年开始改革国营商业体制,实行政企分开,精简行政机构,改革企业管理,下放权限,推行责任制。采取以下改革措施:开展内联外引,经营外货;实行开放式多渠道进货;开展多形式销售,自办和参加各种交流会、供应会和展销会,组织行商下基层、跨区域流动批发等,促进搞活经营。同时适当发展个体商业,全县已有个体商店 3781 家,从业人员 4562 人。1986 年进一步深化国有商业改革,至年底有 66 个小型企业实行租赁经营。1987 年有 18 个中型企业"经营承包责任制"改为"承包经营责任制"。1988 年,针对一些微利或亏损的中型零售企业转为租赁经营。还出现了横向联营、中外合资的新的商业体制。同时,对实行承包经营责任制的国有商业中型企业,试行工资、奖金同企业经济效益挂钩;加强小型企业管理;在公司一级推行经理责任制;内贸企业实行经理(厂长)业务活动基金,对全县 57 家国有商业小企业全部放开经营,其形式有集体租赁,也有个人租赁、合伙经营,紧接着全县 26 个中型商业企业有 24 个实行承包经营责任制。

从 1981 年至 1983 年,晋江县供销社各基层社及县公司,先后建立和恢复职工代表和社员代表会议,民主管理制度得到发扬。县社更名为"晋江县供销社联合社",坚持组织上的群众性、管理上的民主性、经营上的灵活性,真正恢复为集体所有制合作商业体制。饮食服务业试行"定额管理利润包干"的责任制,逐步推行以租赁经营为主的各种形式承包经营责任制,把责、权、利紧密挂钩。认真按照两权分离和责权利相结合的原则,做到时间上抓早、方法上做细、形式上有所突破。1991 年供销系统深化改革,挖掘潜力,保障农业生产资料的供应,实现利润 135 万元,成为全省供销系统的先进单位。

1985 年 1 月,晋江县取消木材统购,开放木材市场,实行议购议销。5 月取消了生猪派购,实行有领导的议购议销,对蔬菜、水产品、禽、蛋等鲜活商品也同时开放。

晋江是市场作用发挥比较充分的地方。党的十一届三中全会后,晋江的广大干部、群众解放思想,转变观念,冲破"左"的禁锢,也逐步冲破了传统的计划经济的束缚,从实际出发搞活流通,大力培育和发展市场经济。1978—1984 年,消费品市场发展较快,其他市场开始萌芽;1985—1987 年,生产资料作为商品进入市场,各类要素市场在探索中起步。

第三节　国有和集体企业改革

共同富裕是社会主义制度的本质要求,所以必须深化国资国企改革,加快国有经济布局优化和结构调整,推动国有资本和国有企业做强做优做大,提升企业核心竞争力。从 1978 年 12 月十一届三中全会开始到 1984 年十二届三中全会以前,是企业改革的起步阶段。这一时期的主要特征是在计划经济体制下进行放权让利,1983 年实行第一步利改税,使企业第一次拥有了一定的权益,初步形成了企业要求发展的内在动力机制。这一阶段,晋江县开始是在国有和集体企业中建立党委集体领导下的厂长负责制,以及职工民主管理,由厂长行政指挥的原则。同时对企业内部的各项管理制度进行改革。从 1982 年起在产值超百万元的国有和集体企业逐步扩大企业自主权,试行经营承包,奖勤罚懒,打破"大锅饭",初步调动了职工的积极性。1983 年全县工业总产值达 1.1239 亿元,比 1980 年增长 13.70％。

从 1984 年 10 月十二届三中全会开始,是企业改革的探索阶段。这一时期的主要特征:一是用放权让利的政策来落实企业经营权。实行第二步利改税,全面实行承包经营责任制,转换企业经营机制,把企业推向市场。晋江县围绕增强企业活力这个中心环节进行企业改革,取得了新发展。二是完善企业内部经营责任制。对原料奇缺的晋江青阳、溪边、内坑三个糖厂实行量本利目标管理,采取减亏提奖、超利分成的办法。三是实行承包经营责任制。14 个工业企业实行"包死基数,确保上缴,多收多留,歉收自补"的办法。企业承包后,责、权、利分明,速度效益明显提高,1987 年全县预算内国有工业实现利税 2800 万元,比 1984 年 1544 万元增长 81.5％,年均递增 22％;全员劳动生产率从 3416 元增至 5432 元,提高 59％,年均递增 16.8％。乡镇办集体工业企业实行股份制经营和双层承包等多种形式,也取得较好的效果。如安海漂染厂实行股份制经营后,年产值从 74 万元增至百万元。1988 年至 1990 年,晋江县国有企业进一步实行租赁和承包责任制,12 家国有工业企业与县经委和财政局签订第一轮三年经营承包合同,取得很大成效。实现企业固定资产增值,国家多收、企业多留、职工多得的改革目标。1991 年国有工业企业继续围绕"转变机制,深化改革",在第一轮承包基础上完善,做到人员到位、指标到位、责权到位,并推行股份制、劳动工资制等方面的改革;县政府采取倾斜政策,从资金、技术、设备等方面扶持国有企业的发展,全县投入技改资金达 1533.81 万元。利用侨乡优势嫁接外资,改造老企业,共引进 5 个项目,总投资 1030 万元,其中外资 593 万元。同时,从实际出发,着手处理属于结构不合理的青阳糖厂的转产问题。促进国有和集体工业企业发展。

1993 年,从前阶段放权让利的政策调整,转变到与建立社会主义市场经济相适应的现代企业制度上来。一是实行国有民营,采取"固定资产租赁、流动资金自筹、风险抵押承包、职工多数消化"的办法,改革晋江纺织厂等 6 家国有企业,扭转这些企业效益一再滑坡、潜亏严重的被动局面;二是继续做好"嫁接"的改革工作,充分利用侨乡优势和沿海开放地区的有利条件,采取企业全部资产评估作价后向外商出让部分产权,引进境外资金 3.8 亿元组建"嫁接"式合资企业,包括划出部分车间或项目同境外企业合资合作,实行"一厂多制"引进外商,按外资企业管理方式对企业进行管理等办法;三是推行企业兼并或联合,在明确产权关系并对资产作了评估的基础上,支持国有企业与同类企业或非同类企业之间的兼并或联合,鼓励优势企业兼并亏损企业或微利企业,转换经营机制;四是实行产权出售、转让、盘活存量资产,结合晋江市总体规划和布局调整,对部分地处闹市、产品竞争激烈、发展前景不好的小型企业,利用地租级差,实行产权出售、转让或"退二兴三",开辟其他行业。全市国有工业企业全面完成第二轮经营承包责任制的各项指标。

至2000年底,全市基本完成64家国有工贸企业改革的任务。其中,通过对企业改组、改制,组建股份合作制企业8家;通过兼并、关停等各种方式撤销长期经营性亏损的企业11家,对1023名职工实行辞职一次性安置;其他企业实行承包租赁和联合兼并。同时,对关系国计民生的基础性企业实行增资,组建国有控股企业,共投入资金3.5亿元,先后组建晋江市供水有限公司、泉州晋江机场股份有限公司、晋江市港口投资发展有限公司、晋江市工业园区开发建设有限公司、晋江市下游堤防工程建设开发有限公司、晋江市电力投资有限公司、晋江市自来水股份有限公司等8个国有控股有限责任公司,使全市的国有企业资产由1996年的13亿元上升到2000年的17亿元。但是,没有改革的其他老的国有企业则普遍规模小、竞争力低、效益差、负担重,多数企业收入主要靠国有资产租赁。为此,加快改革步伐,降低改制成本,以减轻财政包袱。至2004年,全市一级国有投资企业76家(不含国有法人股企业,包括晋江机场),职工5560人,离退休人员2390人,国有资产总额20.6亿元,净利润7880万元。至2005年,全市国有企业已完成改制63家,占总数的98.44%,其中实行股份合作制9家,租赁经营16家,有限责任公司3家,解散分流11家,联合兼并20家,其他形式4家,共安置职工2769人。

2007年4月晋江市电力公司完成股份制改革,更名为"福建省晋江市电力有限责任公司"。

2012年10月,对晋江盐场(最后一家改制国有工业企业)实行停产关闭。基本完成国有企业改制工作。

第四节　形成对外开放格局

改革开放促进了共同富裕,共同富裕加快了改革开放。晋江县地处福建东南沿海,东临台湾海峡,南与金门隔海相望,海岸线长121公里。晋江是全国著名的侨乡和台湾汉族同胞祖籍地之一。海外"三胞"200多万人,分布于世界50多个国家和地区。具有对外通商贸易的自然条件，是福建省开展对外经贸最早的地区之一。但是新中国成立后，由于海峡两岸的对峙，处于海防前线的晋江，对外经贸活动处于停顿状态。从 1958 年成立外贸局开始恢复外贸工作，但发展缓慢，至 1978 年的 20 年间，全市对外出口商品累计总值仅 9000 多万元。至于其他方面的对外经贸活动几乎没有，基本上是处于封闭的状态。

1979 年中央赋予福建、广东两省对外开放的特殊政策，晋江被列入沿海开放县份之一，这给晋江发展对外经贸创造了条件，注入了活力，晋江对外经贸发展进入了新的阶段。晋江县委多次专门研究外经工作，利用晋江是重点侨乡发展对外经济具有得天独厚的优势这一特点，始终把发展对外经济摆在经济工作的重要战略位置上。

1979 年中央给予福建对外经济活动特殊政策和灵活措施之后，县委认真传达学习，大力宣传贯彻。1980 年，县委根据中央（79）50 号文件和省委（80）34 号文件精神，作出《关于加快发展多种经营和社队企业若干问题的规定》，明确提出"要充分发挥我县华侨和港澳同胞多的特点，大力发展外贸出口产品"，"同时要努力通过各种渠道，积极开展来料加工、来料装配和补偿贸易，增加外汇收入"。

1982 年 2 月，为了鼓励华侨和侨乡人民积极开展对外经济活动，县委在全县三级扩干会上提出："我县要实行'两个优先，一个优惠'。两个优先：一是哪个单位引来的项目，只要有条件完成，就优先照顾哪个单位搞；二是凡是客商愿意办在家乡的、只要有条件就先照顾在他的家乡搞。一个优惠是，我们晋江县对来料加工、补偿贸易、合作生产项目，保证比外县更加优惠。"扩干会要求"各级干部都要解放思想，为促进全县的对外经济活动贡献聪明才智"。

1984 年，国务院召开沿海经济开放区座谈会，决定把闽南三角地区开辟为沿海经济开放区，晋江县被列为开放县份之一。县委抓住这一发展对外经济的大好时机，加快发展外经的步伐，专门成立外经工作领导小组，统管全县外经工作，并组织力量研究发展战略，搞好规划，在"七五"计划中，明确提出"立足本县县情，发挥侨乡优势，面向国际市场、逐步调整产业结构，逐步建立开放、外向型的经济结构，不断扩大经济技术合作交流，发展地方经济，努力增加出口创汇"。

晋江是著名侨乡和台湾同胞祖籍地之一，现在祖籍晋江的旅外华侨、华人和港、澳、台同胞 300 万人，分布于世界 5 大洲 60 多个国家和地区；市内有归侨、侨眷近 70 万人。海外"三胞"中不少人成为所在地政治上有地位、经济上有实力、事业上有成就的佼佼者。他们游资多、信息灵，成为晋江发展经济的得天独厚的优势。改革开放以来，围绕服务经济建设中心，大力做好侨、港、台工作，充分发挥侨港台优势，有力促进晋江经济的腾飞和各项社会事业的发展。

晋江"三胞"历来有爱国爱乡的优良传统。晋江广大"三胞"积极在家乡投资和引进人才、设备、技术,创办来料加工装配企业和外资企业。在已投产开业的外资企业中,"三胞"创办的占 90 以上。晋江"三胞"一向热爱家乡、关心桑梓、慷慨解囊,捐资兴办公益事业。改革开放以来,广大"三胞"兴办公益事业的热情空前高涨,从 1979 年到 2019 年,全市"三胞"捐资总额达 30 亿多元,其中用于兴办教育事业的占 60%。1985 年至 1996 年捐赠 10 万元以下小型先进生产设备 8217 台(件)、价值 5594 万元。对全市两个文明建设作出了重要贡献。

捐资架电、搞乡村建设,建爱国楼(医院)、敏月公园等一批公益事业。可以说,在晋江,我们随处都可以看到海外晋江人热诚的赤子之心。但是,海外晋江人带回晋江的,还不仅仅是这些"硬件",更重要的是,他们还带来了当代市场经济的"声音"和"信息",使晋江人潜藏的商业意识唤醒、复活;他们还带来了世界各地的创业经验和管理技术,为当代晋江人提供了创业的有利条件,建立了信心和决心。正是这种文化意识的唤醒,使晋江人把"侨"的优势同自己的双手结合起来,把潜在的优势变成现实的优势。随着改革开放的深入,海外晋江人对晋江的投入也越来越多。现在,主要由海外华侨投资的"三资"企业已同民营企业一起成为晋江经济向着新世纪腾飞的金色双翼。

晋江的统战工作坚持以"乡音乡愁"为纽带,主动搭建海外联谊平台,先后成立 390 多个旅外社团,在我国澳门与菲律宾等地成立晋江商会,为旅外乡亲增进乡情、联络乡谊提供载体。同时,每两年举办一届晋江市海外联谊会、世界晋江同乡总会、世界晋江青年联谊会联合考察活动,不定期举办世界晋江人恳亲大会,组织海内外晋江乡亲回乡考察、联络乡谊。2015 年举办的第八届世界福建同乡恳亲大会,来自 16 个国家和地区的 150 多名晋江乡贤参会,占总人数的十分之一多。2015 年 10 月 2 日,还牵头成立了晋江晋商发展促进会,为进一步凝聚"晋江力量",推动务实合作,促进晋江人经济和晋江经济深度融合发挥纽带和桥梁作用。

随着老一辈华侨华人年龄的增大以及在事业上的逐步淡出,华侨华人新生代开始走向前台。加上新移民不断涌现,他们与华侨华人的后代共同构成了海外新生代,且在华人社会中所占比例越来越大,成为新阶段海外统战工作的重点对象。为此,晋江市委统战部把 100 多万晋江籍侨二代、侨三代作为重点,依托世界晋江青年联谊会、晋江市青年商会、海外乡会青年组织等平台,打牢新生代工作基础,通过组织海外新生代开展寻根谒祖、参观考察、交流联谊等活动,让他们感受晋江的风土人情,感受晋江经济社会的发展,增强他们的民族自豪感和凝聚力,拉近他们与故土的感情,激发他们爱国爱乡的热情,促进他们积极投身家乡建设。同时,率先举办"晋江市海外社团青年骨干培训班",抓好社团青年骨干培训,促使海外统战资源延续。

在新海归工作方面,针对晋江赴海外留学人员众多的特点,成立全国首个县级博士协会,成立全国首个县级留学人员团体——晋江留学人员暨归国创业人员联谊会,出台海外人才回归创业专项政策,设立海内外人才工作联络站,积极引导海外留学人员回乡创业,去年以来,已成功促成 20 多项合作项目。

晋江人素有"乐善好施"的传统美德,海外晋江乡贤更是积极地回馈家乡,为家乡的公益事业添砖加瓦。改革开放以来,晋江海外侨亲捐资超过 30 亿元,宝龙集团董事局主席许健康先生,通过中央统战部主管的中国光彩事业基金会,捐资 1 亿元回乡参与新农村建设。在第四届闽商大会上,共有 17 人获得"海外华侨捐赠公益事业突出贡献奖"表彰。

晋江发展外向型经济是从"三来一补"起步的。对外来料加工装配业务起步早、投资少、见效快。"三来一补"是改革开放早期与外商合作的一种重要形式,也是晋江第一次真正意义上参与了现代国际劳动分工。1978 年,根据国务院《开展对外加工装配试行办法》精神,晋江组建了全省首家"对外加工装配服务公司",承接来料加工业务。1979 年创办全省第一家来料加工装配企业,当年签订了第一批来料加工装配合同 71 份,实收工缴费 23 万美元。从此来料加工装配业务迅速发展,最高峰的 1986 年签订合同达 3397 份,实收工缴费 703.69 万美元。此后开始回落,但仍持续不断。先后承接来料加工、装配业务的企业达 4000 多家,引进各种技术设备 3.2 万多台(件)。外方先后派进技术人员 500 多人,培训工人 2 万多人。来料加工装配的项目有四五十种,以服装为主,占 80%,针织毛衣占 10%,鞋帽、塑料、雨伞等占 10%。产品基本上属于日常消费品,多数是国际市场上的适销产品。过去人们羡慕"洋货",现在许多小商品在晋江已分不清是"洋货"还是本地产品,而且这些产品销往世界各地也被人们视为"洋货"。外来料加工装配取得了十分显著的社会效益,它以工缴费形式为国家创汇(外商必须以外汇支付工缴费),同时吸收了大量的剩余劳动力,并大幅度提高了劳动者的收入和城乡居民的生活水平,还增加了集体收益和乡、镇、县的财政收入。来料加工装配还为改变晋江的产业结构作出了重要贡献,并起着引进外资企业投石问路的作用。

1981 年批准创办第一家中外合资企业取得突破,从 1984 年至 1987 年共批准 101 家(实际投产 60 家),1987 年产值 8088.9 万元人民币,实际利用外资 3090.49 万美元,出口创汇 878 万美元,占全县商品出口创汇的 45.5%。由于引进较为先进的技术设备,人均劳动生产率从 1985 年的 7474 元,提高到 1987 年的 19118 元。"三资"企业还推动了乡镇企业的发展,乡镇企业利用外资办中外合资、合作经营的企业约占"三资"企业总数的 90%,其中也有一部分是以乡镇企业为基础规模日益扩大而成的。

至 2018 年,全市已累计批准外资企业 4000 多家,其中已开业 3000 多家,累计实际利用外资 14419 亿美元。创规上企业年产值 243604 亿元,占全市规上企业总产值的 46％。"引进外商投资办企业，对于解决我们自己资金不足，对于学习外面的先进技术和管理经验，提高我们的企业水平，对出口创汇、提高地方经济实力等都有重大意义和作用。"

第五节　建立社会主义市场经济体系

　　建立社会主义市场经济体系就是开辟共同富裕的道路。只有坚定走共同富裕的道路，方能体现社会主义市场经济体系的本质要求。1978 年以前，晋江县只有工业企业 135 个，都是国有和集体所有制企业，800 多家商业企业也基本上是国有和合作经济。党的十一届三中全会以后，晋江县坚持在继续发展国有和集体所有制企业的同时，大力发展多种所有制企业，形成多元化所有制结构。

　　此后，这种市场经济格局基本没有改变。如 2017 年市统计局统计的数据，全市规模以上工业实现总产值 4390.83 亿元，其中国有控股企业产值为 98.16 亿元，仅占 2.24％。民营企业占 97.76％。限额以上批发和零售法人企业 930 个、商品销售额 516.46 亿元，没有国有，仅有集体控股企业 5 个、商品销售额 9384 万元，大部分都是民营企业。

　　以上情况说明，晋江民营经济占经济总量的 97％以上。这种经济格局取得了巨大的经济效益，有六个有利：一是有利于发展社会生产力，促进了生产力较低地区的快速发展。二是有利于对外开放，引进外资，发展外向型经济。三是有利于形成各种市场的竞争格局和拓展国内外市场。四是有利于形成多元化的投资体制。五是有利于税收结构的改变和财政收入的大幅度增长，提高政府调控宏观经济的能力。民营经济已成为晋江财政收入的主要来源，它们缴纳的税金占全市的 80％以上。六是有利于提高和改善人民生活水平。民营经济的发展使农村大批富余劳动力迅速转移到二、三产业，找到了致富的"金锁匙"，广大农民告别贫穷，走上富裕。

　　党的十一届三中全会以后，晋江利用侨乡优势，借农贸市场为发端，以侨、港、台货交易为推力，启动遍地开花的"联户集资"股份合作经济和乡镇企业、"三资"企业，逐步形成了开放、竞争、有序的社会主义市场体系。

　　改革开放以来，晋江市通过流通体制的改革，形成多元化市场主体，打破以往商品由国营商业和供销部门统购包销及物资部门调拨分配的局面，积极发展集体、合作、个体以及私营、经济，开拓国有、集体、个体、外资市场、国内市场、边贸市场、国际市场和金台小额贸易市场，形成了开放、竞争、有序的多形式、多层次、多渠道、少环节的商品市场交易网络与大流通格局。随着经济高速发展,各镇也逐步形成各具特色的专业市场,如磁灶、内坑的陶瓷专业市场,晋南服装原辅材料市场、福埔机电市场,陈埭、池店的鞋业、鞋材市场,青阳的钢材市场,罗山的食品罐头市场,华洲水产品市场,安海糖烟酒批发市场和玩具市场等。这些专业市场紧紧与本市支柱产业相结合,形成一个为区域经济服务、为群众生产、生活服务,并以其为中心向周边集镇辐射,在全国有一定影响的商品流通网络,为全市乡镇企业的崛起及经济腾飞起到了有力的推动作用。如陈埭鞋业、鞋材市场年成交额 40 亿元,已成为国内具有一定知名度的鞋业生产基地。华洲水产品市场年成交量 12 万吨、12 亿元,是泉州地区交易最大、辐射力最强的地区专业性为龙头的水产品市场。其他各专业市场也比较活跃,使晋江市的商品市场保持经久繁荣不衰。

晋江市消费品市场运行良好,消费对经济增长的拉动作用进一步增强。全市共有 975 家限额以上批发和零售业企业,全年实现销售额达 2813.77 亿元,增长 13.1%,其中销售超亿元企业达 454 家,实现销售额 2580.49 亿元,增长 22.2%。"[1]

为减少中间环节,以更大的优势占领市场,晋江市企业通过设立专卖店、专卖柜、专卖点,与消费者建立了直接购销关系,用实力和产品质量占领市场。以恒安、七匹狼、利郎、九牧王、柒牌、雅客、金冠、亲亲、361°、安踏等诸多企业为代表的上千家企业在全国各地建立的常设专柜、销售点以及旗舰店、专卖店、加盟店、授权许可店,共计 20 多万个,在全国建立了比较完善的营销网络。仅罗山镇就在全国各地(除青海、西藏外)设立 400 多个销售点。安踏、361°、爱乐在全国各大商场的市场综合占有率已分别达到 16.7%、5.8%、2.7%。全市工业品销售产值从 1992 年的 48.4 亿元,增至 2019 年的 5255.91 亿元,产销率达 95.8%。

晋江市委、市政府把农贸市场建设列为"为民办实事"项目,着力畅通流通环节,着力提高食品安全水平,市场农副产品供应得到有效保障,价格保持平稳,食品安全水平明显提高。农贸市场是全市农副产品的流通的主要渠道,当年所属市场交易达 30 亿元,仅曾井果蔬批发综合市场交易额就达 12 亿元,该市场根据不同季节在全国范围组织调度各种蔬菜和食品投放食品生产基地的发展规划。晋江目前已经形成糖果、果冻、膨化食品、紫菜加工,海鲜冷冻等多种产品业务为主体的食品产业集群,也出现了像亲亲、雅客、福马、蜡笔小新、金冠、福源(盼盼)等一大批全国知名食品企业。世纪食品城的出现,为晋江食品产业的品牌形象提供一个宣传窗口。

晋江市 2023 年补短板提质量,推动优质民生均衡可及。聚焦群众对共同富裕

① 晋江市统计局.晋江市 2019 年国民经济和社会发展统计公报[R]. 晋江:晋江市统计局,2020.

的美好期盼，从细处着手、从小事做起，强化民生保障，让城市更有温度、市民更有幸福感。

第六节　高质量发展各类要素市场

开拓各类要素市场主要是资本要素和人才要素，为共同富裕奠定经济发展的基础。晋江市银行业积极贯彻国家调控政策，不断深化金融改革，加大信贷投放力度，优化信贷结构，大力支持地方经济建设，有效促进经济金融的和谐发展。至2012年末统计，全市银行业从业人员3035人，银行机构16家，235个营业网点。其中：政策性银行1家，国有商业银行84家，股份制银行14家，农村合作银行101家，城市商业银行7家，邮储银行28家。其中除工商银行、农业银行、中国银行、建设银行国有商业银行外，还有全国性股份制的商业银行兴业银行，地方性股份制商业银行泉州商业银行，集体所有制的农村信用社、股份制的城市信用社、农村合作基金会，政策性的农业发展银行等，"形成了多层次、多形式的金融体系和融资网络。以金融机构间同业拆借为主、包括银行短期信贷市场、票据承兑贴现市场等在内的货币市场发展迅速；以国债和股票为主的证券市场逐步发育；以银行间外汇交易为主体的、统一的市场已初具规模。信贷市场的改革，由最初的"统一计划、多级管理、存贷挂钩、差额包干"逐步走向按资产负债比例管理，取消信贷规模管理。"民间资本渠道广。晋江民资的来源主要有以下几种渠道：一是海外的"侨资"，二是民间信贷，三是自身积累的资金。

在晋江民营经济的起步阶段，侨资发挥了非常重要的作用，可以说是启动晋江民营经济发展的最原始资金。改革开放以前，侨汇历来是侨眷的主要生活依靠。改革开放以后，侨汇并没有中断，每年仍有2000万～3000万元。这些侨汇这时已经不是必需的生活费，而是变成了投资的第一笔资金，晋江的一些能人将手中积累的侨汇投资于生产，纷纷独立办厂或联户集资办厂，发展乡村工业。由于民间金融机制灵活、信息对称、方便快捷、效率高的特点，晋江的中小企业大部分选择民间金融直接融资。据市人民银行的调查，全市乡镇企业流动资金的30%，个体工商户流动资金的50%，是通过民间借贷融通的。包括恒安、柒牌、七匹狼、劲霸、贵人鸟、浔兴等大型民营企业，在企业起步阶段也完全靠自身积累或民间金融。

进入21世纪，晋江市把引导企业上市作为今后晋江经济工作的重点，围绕资本上市频频采取一些大的行动。准确把握证券市场发展新机遇，把引导和鼓励企业开展资本运作，作为促进区域产业优化升级、提高经济运行质量的一项重要战略举措,积极地加以推进。目前,全市企业上市工作在融资规模、综合效益等方面均取得长足进步,形成"政府引导保障、先行企业示范、优势资源跟进、经济社会效益兼收并蓄"的良性态势。省证监局将"晋江(重点)突破"提升为打造"海西"板块的重要战略举措。深交所将晋江市作为证券市场"重点培育地区"。

2004年晋江市政府投入1470多万元,在市区迎宾路市标旁建成总面积3545平方米的市级劳动力中心服务市场。该市场全部采用网络化管理,内设有民办职业介绍所、职业指导、职业技术鉴定、劳务派遣、劳动事务代理、现场招聘等多个功能服务区,实行就业指导"一站式"服务。全市几十家民营职业中介迁入,实行集中和规范管理。为方便求职者和用人单位,市场每周五18:00—20:00开设夜市。

2006年撤销劳动服务公司、劳动力交流中心,成立晋江市劳动就业管理中心,经过三年多的市场运作,各民办职业中介机构的服务质量有了很大的提高,劳动力市场在社会上有了较好的口碑,前来招工的企业和应聘的求职者日益增多,品牌效应已经开始显现。市劳动力市场供需平台功能作用发挥较好,就业服务制度化、专业化和社会建设不断推进。五年中就有15万人次进场求职,4万多人次求职成功。晋江市劳动力市场的健康发展,得到了劳动部和省、泉州市上级领导的高度肯定。

为进一步打造人才支撑平台,晋江市先后与清华、北大、人大、中国专家网等三十多所高校和中介机构建立了长期协作关系,并通过建立博士后科研工作站,实施"走出去、引进来"的引才策略,构筑"短平快"成才平台等渠道突破民营企业素质障碍。晋江自设市以来,据不完全统计,共引进各类人才5万多名。

第八章 开创发展的新征程

第一节　发展壮大产业集群

在共同富裕大道上，在发展实体经济上，晋江最突出的特色就是产业集群的不断成长和发展壮大，大大提高了晋江的工业化水平。晋江撤县设市以后，立足于提高经济质量，全面推进结构调整和企业创新，形成富有晋江特色的区域经济格局和产业集群，实现经济增长从外延扩张到质量并重、内涵发展的转变。

晋江产业发展主要是以乡镇集聚为主，形成晋南、晋西、晋东以及中心城区等带状分布格局，"一带一业""一镇一品"的产业地域特征和集群优势非常明显，主要有：

（1）纺织服装业（包括化纤）。纺织服装业主要集中在晋南一带，有生产企业4474家，其中规模以上620家，从业人数14.2万人，2019年实现规模企业产值1487亿元（包括化纤业）。

（2）制鞋业。制鞋业主要集中在晋东一带，有生产企业5355家，其中规模以上443家，从业人数16.8万人。旅游运动鞋年产量占全国40%、占世界20%，年产鞋10亿双。2019年实现规模企业产值1396.77亿元。

（3）陶瓷建材业。陶瓷建材业主要集中在磁灶和永和、东石镇，有企业720家，其中规模以上企业142家，从业人员3.6万人。2019年规模企业产值825亿元。

（4）食品业。食品业主要集中在晋江中心城区一带，有企业806家，其中规模以上企业68家，从业人数3.3万人，2019年实现规模企业产值514.72亿元。

（5）制伞业。制伞业主要集中在东石镇，2012年有企业97家，其中规模以上企业 31 家,从业人数 2.2 万人,2019 年实现规模企业产值 63.6 亿元。

(6)制纸及印刷业。全市有纸制品生产经营和印刷的企业 62 家,从业人员 2.6 万人,2019 年规模企业产值 390.49 亿元,其中高端印刷业产值 14.37 亿元。

(7)装备制造业。全市现有装备和机械制造企业 80 多家,从业人员 1.8 万人,2019 年高级装备机械业规模企业产值 206 亿元。

(8)新型材料业。全市现有化学原料及化学制品制造企业 83 家,规模以上企业 21 家,2019 年新材料产业产值 304.63 亿元。还有光电子业产业产值 56.57 亿元,海洋生物业产值 61.15 亿元。

晋江产业集群的发展,使制造业的内部产业链条不断完善、延伸,吸引了大量商贸企业进驻晋江原辅材料市场,衍生出一批专门为生产型企业提供产前、产中、产后服务的服务型企业,降低了区域产业发展成本。如纺织服装业已形成从切片、拉丝、织造、染整到成衣生产的配套体系;制鞋业从皮革、鞋材、化工原料、鞋机乃至数字模型,都有专业厂家从事配套生产。据不完全统计,晋江市的原辅料年交易额已超过 300 亿元。产业集群规模的龙头企业,不仅吸引了来自相关上下游的辅助企业,而且吸引了科研、广告、营销、金融、保险、法律等相关支撑企业,使产业链、产业群的配套更加完善,又促进了晋江经济的发展,使企业产业水平持续提高。产业集群和规模企业成为晋江经济的主要支撑,是"晋江模式"的新发展亮点。

第二节　从农业县到工业化强市

共同富裕要建设工业化强市,推进以县城为重要载体的城镇化建设。

晋江从唐开元六年(公元 718 年)置县到新中国成立初期,县治(城)一直设在今泉州市市区,并成为历代州治、府治之首邑。直到 1951 年析出城区及周边乡镇设立泉州市(今鲤城、丰泽、洛江三区),县城即南迁青阳镇,1988 年又划出石狮、蚶江、永宁、祥芝 4 个乡镇设立石狮市。1992 年 3 月经国务院批准,晋江撤县设市。撤县设市以后,晋江城市规划建设迈入了科学规划和现代化侨乡城市建设的新阶段,首先面临着建设一个什么样的城市的问题。它关系到晋江城市建设的方向。晋江市委、市政府从晋江的实际出发,参考了国际先进城市的经验,经过充分的研究,提出了建设珠链式侨乡新型城市的构想。这个构想,立足于把晋江 649 平方公里的市域都作为城市来建设,坚持"工贸结合,转型外向,城乡一体,协调发展"的方向,努力建设青阳、安海、晋南等三个各具特色的经济区,并用高等级的现代化公路和现代通信设施把三个经济区的各个镇连接进来,沿途布撒工业小区和旅游服务网点,把晋江建设成三足鼎立、三星拱照、珠联璧合,城乡一体、空间大、余地多、辐射力强的侨乡新型城市。

"强化中心市区,建设城镇群体。"晋江农村的工业化驱动了农村地区的城市化,同时也带动了城市地区的城市化。晋江市委、市政府提出"强化中心市区、建设城镇群体,完善基础设施"的城市化思路,以及"起点要高,步伐要快,质量要好"的要求,展开了以中心市区建设为龙头的城市化建设。

中心市区建设是建市后城市化的工作重点。通过调整市区行政区划,设立青阳、梅岭、西园、罗山、新塘、灵源6个街道办事处,大力实施"一带四区"工程,进一步丰富新城区建设内涵。在世纪大道两侧,成功地把以市政府办公大楼、市民广场、电力大厦、博物馆、图书馆、体育中心、戏剧中心等为代表的行政中心区,以26家企业总部大厦建设为代表的总部商务区,以品牌博览馆、闽南商贸物流项目为代表的会展物流区,以打造泉州南大门城市形象为代表的侨南片区等衔接串联在一起。同时,全面推进市区村改社居和社区融合,注重城市环境质量改善,加快现代居住小区建设步伐。加大旧城一期、二期、湖光西路、桥南片区等旧城改造项目工作力度,使旧城改造和新区建设同步推进。结合泉安路拓改,东环路、世纪大道建设及泉安中路、崇德路、迎宾路等"路改街"工作,加快给水、排水、燃气、电力等基础设施的配套完善,形成市区"五纵五横"路网格局。建成体育公园、世纪公园、江滨公园及一批城市休闲广场,全面启动湿地公园、八仙山公园、罗裳山植物园建设,加大市区污水管网改造力度。

坚持以人为本,为民建城。至2016年,全市推进16个组团(片区)建设,建设1400多个项目,建成52个现代小区,累计完成总投资2050多亿元,城市建成区面积拓展到107平方公里,城镇化率提高到65.2%。初步形成"全市一城、一主两辅"的发展格局,基本实现高起点总规划、高规格设计、高要求建设、高效能管理,城市面貌焕然一新,一座"本地人留恋,外地人向往"的现代化品质城市粗具规模,大大提升了城市的吸引力。

城乡面貌实现大变化。坚持以人为本,为民建城,推进大规模城市更新改造。持续加强规划管理,基本建成"多规合一"信息共享平台,形成城市空间"一张图"管理架构,中心城区控规面积190平方公里,覆盖率达到70%,建成区面积115平方公里,城镇化率提升到68%。初步形成"全市一城、一主两辅"的发展格局,2017年策划生成宜居环境建设项目211个,计划总投资610.4亿元,年度计划80.31亿元,实际完成108.89亿元。村镇建设提质增效,全力推进安海、金井、东石、磁灶4个镇改革试点建设,梳理整合124个建设项目,计划总投资503.1亿元,年度计划74.62亿,实际完成65.7亿元。

2017年10月15日,晋江正式获得2020年第18届世界中学生运动会举办权。这是该赛事继 1998 年落地上海之后第二次来到中国,晋江也成为新中国历史上首个举办国际综合性运动会的县级市。

从经营产品到经营城市,从企业"走出去"到打造国际化创新型品质城市,晋江始终坚持国际视野,加快开放步伐,积极参与国际产业竞争与文化交流。

在市中心的老厂区,老牌服装企业利郎集团投资 10 亿元建设集文化创意、设计研发和休闲娱乐为一体的文创园,传统的工业园区如今变成了都市创意时尚园区。利郎集团总裁王良星表示,园区将打造具有"国际范"的创新创意平台,为"晋江制造"引入更多海外高端资源。

在晋江的五星级酒店里,每天都接待着来自全球的商务人士,各类国际性会展活动也接二连三落地这个闽南小城。在全国最大的运动鞋产业基地陈埭镇,刚刚建成的国际鞋纺城不失现代时尚感,不同国籍、肤色的客商在这里对接洽谈、寻找商机。

"天下无桥长此桥",在古镇安海,始建于南宋时期的安平桥跨海绵延,见证着岁月变迁。围绕着安平桥和湿地景观,安海镇成功打造了镇里首个 AAAA 级旅游景区。近年端午节,这里举办"水上捉鸭"等传统民俗活动,吸引了成千上万名游客观看。

而在晋江市中心,占地上百亩的古老街区五店市总是游人如织。舍弃了 10 亿元的开发利益,晋江市保留下来的是明、清、民国乃至现代的 120 多栋特色传统建筑。遵循"固态保护、活态传承、业态提升"理念,街区引入了闽南传统高甲戏、木偶戏、南音等非物质文化遗产,过去少人问津的"老古董",如今成了远近闻名的城市"会客厅"。

2020 年 6 月,国家发改委在全国范围内开展县城新型城镇化示范工作,晋江市被列入其中。为充分把握列入国家示范名单契机,晋江市出台新型城镇化建设示范区补短强弱项工作实施方案(2020—2025),计划用 5 年时间通过建设新型城镇化短板百大项目、超 300 亿元的投资额来补齐公共服务、人居环境卫生、市政设施、产业配套等四大方面 17 个领域的短板,同时打造 41 个县域城镇化补短板示范性弱项建设项目带动晋江县域新型城市建设示范区发展。

晋江长期以来一直是以农业为主的县份,工业基础十分薄弱,1949 年工业总产值仅 509 万元(当年价,下同),工农业产值比例为 20.69∶79.31。经过 20 多年的建设,1978 年工业总产值发展至 10615 万元,工农业的比例为 41.44∶58.56,吸收国有和集体职工不到 2 万人,农业仍占主导地位。实行改革开放以后,随着以工业企业为主体的乡镇企业和外资企业的迅猛发展,1980 年工业总产值首次超过农业,比例为 53∶47。

在 1992 年撤县设市前,农村工业化已成为晋江工业化的主要形式,村村点火、处处冒烟是这种工业化的布局。虽然这一时期晋江的工业化无论是从技术还是从规模上看，都还是初级的，但是这都成为晋江现代化启动的原动力。晋江设市以后，工业经济不但迅猛发展，而且工业化形态有了质的飞跃，跨入了现代工业化阶段，企业的集聚和产业集群取代了村村点火、处处冒烟的农村工业化布局，并且产生了比分散的工业企业发展更强的区域竞争力和更为广泛的经济社会。在这个过程中，小工厂、小作坊向真正的工业企业发展，并从中成长出一批大中型企业，它们成为晋江现代化工业发展的主要载体和龙头，并为引领中小企业发展发挥示范带头的标杆作用，在产业集群内成为新企业的衍生母体。产业集群和大中型企业的发展大幅度提高了晋江工业发展的技术水准和产品品质，催生了晋江的自主品牌和名牌，为晋江市工业化向中后期阶段推进提供了技术和品质基础。这些显著提升了晋江工业化的质量。

另外，晋江大中型企业逐步建立起了现代企业制度，现代化公司成为这些企业的基本组织形式。许多中小型企业即使仍然保持家庭所有的产权结构，也在进行管理方式改革，引进职业经理人提升管理水平等，考虑长远发展甚至胸怀全球的战略化经营机制开始在一些大型企业中形成。因此，晋江新发展时期的工业化，是以产业布局集中化、企业规模大中型化、生产工艺高度机械化、生产作业流水线化、企业产品名牌化、产业组织和企业管理现代化、企业经营战略化为主要内涵和基本特征的。可以说，工业化为晋江现代化奠定了坚实的基础，工业化的显著成果是推动了生产力的发展，推动了就业结构的转变，新型社会分工使得新兴社会阶层出现，并聚集在一定区域，这又推进了城市化以及社会事业的发展。因此，工业化是现代化的必由之路。

"党的十八大以来，工业经济蓬勃发展，2019年，'中国工业百强县（市）'榜单发布，晋江市名列'工业百强县（市）'第4位。晋江市还获评'全国食品工业强市''中国泳装产业名城'等称号。全市工业总产值从2012年的2952亿元增至6000亿元，高新工业企业165家，实现规模以上产值1185.09亿元，增长9.8%，增幅比全部规模以上工业高0.3个百分点，占全部规模以上工业比重达21.6%。"①

晋江工业化、城市化和农业现代化三者互相促进、相辅相成，在"三化"互动中统筹做好农业现代化工作。加强农业基础地位，坚持工业反哺农业、城市支持农村，提高农业综合生产能力和产业化水平，促进农业产业化与新型工业化协调发展，把城市发展和社会主义新农村建设结合起来，在县域范围内把城镇和农村作为整体来规划和建设，取得了显著的成效。

---

① 晋江市统计局.晋江市2019年国民经济和社会发展统计公报［R］.晋江:晋江市统计局,2020.

工业化推动农业现代化。在晋江的工业化过程中，工业化对农业现代化起到了强大的带动作用，带动了农业产业化、农村城镇化和农民非农化。工业化促进了农业产业的规模化、专业化；工业化带动第二、三产业的快速发展和城镇化，扩大了市场对农副产品的需求，促进了农产品由自给自足向商品化的转变；工业化使大量的农村人口从土地上解放出来，减少了土地供养负荷，促进了农业结构调整，有利于土地规模经营。

晋江的工业化为农业现代化提供了基础设施。晋江每年都投入大量资金，加大水利设施建设，围绕建设生态水利、现代水利和可持续发展水利，全面实施"六千"水利工程。重点抓好市域小流域综合治理、水库海堤除险加固和土地整理、旱片治理、沃土工程、节水农业等基础设施建设，建成各类水利工程2万余处。

农业产业结构渐趋优化。农业现代化的突出表现是农业内部产业结构的调整。长期以来，晋江农村产业结构处在不合理状态，主要是不顾农村自然条件、劳动力情况、生产力水平，片面地强调粮食生产，推行"以粮为纲"，造成农村经济和农民收入增长十分缓慢。党的十一届三中全会以后，晋江坚决对农村产业结构进行调整，改变过去长期存在的单一经营粮食种植业，忽视乃至损害经济作物和林、牧、副业的情况。

调整农业结构，实施"粮食工程"，稳定粮食生产，优化农作物品种，发展多种经营。搞好农业综合开发，实施"绿色工程"，积极造林种果，提高森林覆盖率，搞好龙眼基地，加大龙眼老果园改造力度。实施"蓝色工程"和畜牧基地建设，水产品和家禽产量大幅度增长。

农业现代化的主要实现形式是农业产业化。市委、市政府坚持以农业产业化为抓手，充分发挥临海地理优势和经济优势，加大特色农业基地建设、农产品深度加工和品牌推创、市场开拓等关键环节的力度，同时进一步落实扶持和保障措施，加强引导和服务，全市农业产业化取得了显著的成效。

发展农业规模经营。随着乡镇企业的迅猛发展，农村劳动力大量转移到第二、三产业，从而促使耕地的转包和集中，形成农业规模经营。实行土地规模经营，是对家庭联产承包责任制的发展和完善，也是传统农业向现代农业转化的必然过程，它形成和发展，为晋江的农业注入新的生机和活力。土地规模经营始于1984年，发源于乡镇企业较为发达的陈埭镇。1988年后，土地规模经营伴随着农村经济发展在全市各地蓬勃兴起，并呈现出经营规模扩大化的趋势。至2016年全市累计已流转土地12.87万亩，占全市耕地面积的51％。全市发展规模种植专业场户314户，其中种植专业大户167个。先后有8人次获农业部"全面粮食生产大户"称号，1人次获"全国粮食生产大户标兵"称号。承包耕地千亩以上场户8户，最大承包面积2500亩，有6个镇的1/4以上耕地实现有效流转，其中，深沪镇3个专业大户承包全镇 1/3 耕地,陈埭镇不到 2% 的农户耕种 65% 以上耕地。

近年来,晋江立足本地资源,发挥区域优势,推动产业布局调整,推动一批效益型、生态型、观光型、创汇型为主导的特色农业基地发展壮大,已初步形成了内坑、安海、龙湖(食用菌)、陈埭、磁灶(水稻)、安海(养猪),东石(胡萝卜)和龙湖、深沪、西园(蔬菜)等一批特色专业镇村,基本形成了以胡萝卜为支柱产业和以蔬菜、水果、食用菌、畜牧为四大优势产业的格局。全市培植万株水果基地场 11 户,常年连片百亩以上蔬菜种植场 36 家,食用菌栽培 10 万袋以上场户 75 个。

晋江与福建农林大学、福建省农科院签订校地、院地合作框架协议,设立"福建省农科院晋江市专家博士工作站"和"福建省农科院晋江市特色现代农业试验站"。校地、院地就农业优良品种及配套栽培技术、农业资源利用与多功能农业、生态农业技术、农产品深加工技术、农产品营销对接、农业经济信息、乡村旅游等领域开展全方位、多层次的交流合作。组织农业龙头企业、规模场户与省农科院签订 13 个农业生产技术项目合作协议,涵盖水稻、特色蔬菜、水果等产品种植,促进晋江现代农业生产技术发展。

加强农村集体"三资"(资金、资产、资源)管理工作,是实施乡村振兴战略的基础工作,也是促进农民增收、推动新农村建设的重要基础。晋江市结合"不忘初心、牢记使命"主题教育、泉州市"强基促稳"三年行动要求,聚焦"群众点题"攻坚行动,抓住农村集体"三资"监管这个"牛鼻子",推进改革、创新举措,为农业农村发展注入新动能。

"农村强不强,关键看头羊。"2017 年,晋江正式提出实施"人才反哺农村"计划,其中最大突破就是在全国首创农村治理人才认定机制,通过一系列正面激励,着力培养、提拔村(社区)优秀的"领头雁",让想干事者有机会、能干事者有舞台、干成事者有地位。

从此,"人才反哺农村"计划成为晋江推进乡村振兴的一大抓手,以此全力打通城乡人才壁垒,推动人才向农村集聚,助力乡村发展。据统计,2018 年晋江村级换届中先后开展 6 轮协商,全市 395 个村党组织书记有近 70% 来自企业界,10% 来自社会组织,一批懂经营、会运作、威望高的各界能人加入乡村治理队伍。

"要让专业人做专业事。"为给乡村振兴提供强大的专业智力支撑,晋江围绕人居环境、古村保护、田园风光等重点领域,先后与 18 家高校、机构建立战略合作,引进一批高端智库、专家学者。比如,引入著名"三农"专家温铁军设立"温铁军晋江工作室"、聘请建筑大师王澍规划九十九溪田园风光项目、引进北京青普运营梧林古村落项目等。同时,推行"一村一规划顾问、一村一法律顾问",用专业指导为乡村振兴保驾护航。[1]

第三节　加大基础设施建设

共同富裕要统筹乡村基础设施和公共服务布局,建设宜居宜业中小城市。改革开放以前,由于晋江地处海防前线,国家基建投资很少,城乡基础设施十分落后。改革开放以来,晋江历届党政班子都下大决心,要建设一批打基础增后劲的项目,多渠道筹集资金进行大规模的建设。特别是撤县建市以后,全面展开以城市建设为重点,包括市政、交通、通信、电力、供水等五大基础设施的网络建设。构筑了具有现代化水平的陆海空立体交通,超前配套了民用信息通信技术,具有能够保障经济发展和生活质量提高所需求的供水、供电能力。泉州晋江机场和深沪码头、围头万吨级国际集装箱港区相继投放运营,高等级公路名列全国前茅,形成"五纵三横"的发达路网格局。绿化、环保、夜景、居住、商贸等条件大为改观;体育中心、文化广场、图书馆、博物馆、科技馆、海底古森林科技馆、市医院病房综合大楼、广播电视大楼和老年人活动中心等一批社会事业设施相继建成,丰富了城市文化的内涵。市区聚集功能明显增强,城市面貌焕然一新,城市功能日臻完善,城市化水平进一步提升,塑造了一个"品位晋江"和"魅力晋江"。

加强电力设施建设。至 2012 年底,晋江行政区内已有 500 千伏变电站 1 座,220 千伏变电站 8 座,110 千伏变电 37 座,主变容里 930.2 万千伏安,LNG 燃气电厂及垃圾发电厂各 1 座。110 千伏送电线路 383.98 公里。全年总用电量 127.97 亿千瓦时,其中工业用电量 104.33 亿千瓦时。至 2019 年,全市用电量已达 163.12 亿千瓦时,其中工业用电 124.47 亿千瓦时。

大力建设供水设施。晋江市由于地理、气候、人口分布等原因,水资源自古十分贫乏,全市 80％的工业、农灌和生活用水依靠外引客水,属绝对贫水区。

随着晋江经济的迅猛发展,工业化、城市化进程的加快及人民生活水平的提高和水环境污染的逐步加剧,水的供需矛盾更加尖锐,已成为晋江市经济和社会发展的主要制约因素之一。晋江市委、市政府高度重视,把建设全市供水工程作为促进晋江经济发展的重大战略措施来抓,列为晋江市五大基础设施建设之一。1994 年晋江市供水公司成立,晋江市把供水工程列为为民办实事的重大战略基础设施网络建设项目。经过二十多年的建设,全市自来水工程已覆盖城乡,实现"村村通"。

---

① 黄祖祥.晋江打造善治乡村助推乡村振兴[R].泉州:黄祖祥,2019.

"全市所有村（社区）完成自来水通水，使用自来水约 27.23 万户，自来水普及率100％，管网水质合格率达 98.8％，自来水供水规模达 87.9 万吨。全市生活污水处理规模达到 35 万吨／日，市区生活污水处理率达 94％。"[①]

至 2019 年底，"全市拥有公路 2412.636 公里，其中高速公路 64.56 公里、国省道 117.718 公里、县道 158.368 公里、乡道 833.452 公里、村道 848.813 公里。公路等级：一级公路 64.107 公里、二级公路 448.711 公里、三级公路 171.641 公里、四级公路 1342.572 公里，等外公路 321.185 公里。全市陆域公路密度为 371.747 公里／百平方公里，是全国公路密度的 7.4 倍"[②]，城市"畅通工程"达国家模范管理城市。同时，注重提升公路通行环境，打造"绿色交通"，健全道路绿化养护和保洁长效机制，完善公路交通标志标线，保持路面干净、两侧绿化优美、完全畅通的公路通行环境。全市拥有道路客运企业 7 家、客车 131 辆，完成客运量 384.29 万人次；货运车辆总数 7304 辆，货运企业 154 家、货车完成货运量 4467.01 万吨；公共交通营运车500 辆，公交线路 51 条，公交站点 1725 个。

加速建设港口设施。晋江地处福建东南沿海，海岸线总长 121 公里，深沪、东石、围头都是优良港口。历史上海运交通发达，是泉州港的重要组成部分。中华人民共和国成立后，由于海峡两岸对峙等原因，历史上遗留下来的几个旧码头因年久失修、港道淤积而濒于荒废，年货物吞吐量仅 10 万多吨。改革开放以来，晋江市委、市政府确立"以港兴市"战略，加快港口基础设施建设步伐。加大基础设施投入、营造经济发展载体，坚持"城以港兴、港为城用"的指导思想，把促进城市经济持续快速发展作为港口建设的出发点和着力点，努力向深水化、规范化、集装箱化发展。积极招商引资，加快建设围头码头后方集装箱堆场和深沪港区后方罐区工程步伐，完善码头配套设施，优化口岸环境，开辟新航线，拓展内贸集装箱业务，健全配套服务体系，提高经济效益。

围头港区位于晋江东南沿海，距金门岛 5.6 海里，航道宽深，港口货物集疏运条件良好，海运南北中转方便，陆运经省道 308 线与国道 324 线、福厦高速公路相连接。港区现已建成 5 万吨兼靠 10 万吨级泊位，前沿水深 15 米。港区建有集装箱场 11 万平方米，及内、外货物拆装箱仓库等。港区全面实行计算机网络管理，设有口岸查验机构和外运、外代、处理等服务机构及南青公司等船务公司，开通内贸集装箱班轮航线及挂靠港口遍布国内沿海与长江沿岸主要港口，开辟至香港、厦门中转的国际集装箱班轮航线转运至世界各地。

2008 年 4 月 18 日上午，在围头港区举行台湾"通顺"轮首航围头港区欢迎仪

---

① 晋江市统计局.晋江市 2019 年国民经济和社会发展[R]. 晋江：晋江统计局，2020.
② 晋江市统计局.晋江市 2019 年国民经济和社会发展[R]. 晋江：晋江统计局，2020.

式。"通顺"轮的成功首航,标志着"台湾—金门—围头"航线的正式开通,实现海峡两岸之间的货运直达。6月28日,公司开通首条东南亚航线。福建外贸中心船务公司的"鑫源15号"轮船执行首航,这是福建到菲律宾马尼拉时间最短的航线。该航线实行周班服务,每周五抵围头港区,次日离港,直达马尼拉南港/北港。

深沪港是经营散件杂货、液体化工品装卸为主的港口,是国家对外开放口岸,现有5000吨级及10000吨级泊位各一个,泊位总长450米,可停靠2艘万吨级船舶、1艘5千吨级船舶同时作业。主航道低潮水深13.5米,前沿低潮水深10.5米,万吨级船舶可全天候进出港。港区建有堆场25000平方米,仓库2500平方米,配备门机4台,各式港作机械齐全,年货物吞吐能力200万吨。已开辟至大连、上海、天津、营口、青岛、莱州、烟台、连云港、广东等境内航线以及中国香港、韩国、日本、新加坡、俄罗斯、印尼等境外航线。

扩建泉州晋江机场。泉州晋江机场始建于1955年8月(即军用青阳机场)。曾于1981年至1983年作为上海—福州—广州班机中转站。经国家有关部门批准,于1994年4月10日正式动工扩建为军民合用机场。机场按4C级标准扩建,1996年10月建成通航。总投资2.62亿元,由地方政府全额自筹,其中海内外各界共捐赠近亿元。至2019年底,晋江机场已开通北京、上海等60条国内航线和17条国际(地区)航线。开航以来,以"创优"为目标,为旅客和航空公司提供安全、高效、优质的保障和服务。2019年,实现旅客吞吐量达843.58万人次,货邮吞吐量7.53万吨。

邮电通信超前发展。晋江原来只有磁石交换电话机,市话4台400门,农话19台1260门。1980年以后,晋江邮电局逐步挖掘潜力,更新设备。1984年动工兴建青阳邮电大楼,引进4000门程控电话,于1986年8月正式投入使用。以后又不断扩容和开辟新的邮电业务。1998年就已形成以市区为中心,拥有五大骨干的多功能通信网:一是拥有1个汇接局、13个母局、19个镇模块局的程控电话网,总容量53万门;二是以光缆为主要传输手段、辐射各镇村的数字传输网;三是拥有2个移动交换局、112个GSMGOOM和17个DCS1800M数字通信基站、30个模拟通信基站的移动通信网;四是由6个发射点组成的覆盖全市各个角落的无线寻呼网;五是分布全市各镇的数据通信网,共1500个端口。市、镇、村成为"全省第一个开通程控电话的县级市""第一个电话万户镇、2万户镇""第一个电话千户村""第一家县(市)信息网"等。

20多年来又有较大发展,一方面,全面完成"村村通"工程,实现全市各行政村(社区)网络100%覆盖。晋江电信实现覆盖19个镇、街道,100%村(社区)的全方位网络覆盖,建成了包含总容量达50万门的程控电话网、1万多信道的小灵通网络、基站达3000多个的基础通信网络;在全市建成了5000多皮长公里的光缆总长、1000多沟公里管道总长，并实现全部村居100％光纤、宽带覆盖。2012年，全市固定电话用户数量达到52.2万户，移动客户190万名，国际互联网用户29.36万户。邮电业务总收入达9.13亿元。"至2019年，完成邮政业务总量达104.40亿元。邮政业务收入47.47亿元；规模以上快递服务企业业务量（含EMS）50740.33万件，快递业务收入40.96亿元，电信业务收入25.78亿元。"[1]

第四节　精准扶贫与山海协作

共同富裕的前提是"精准施策，加强困难群体就业兜底帮扶，实现年底贫困人口全'脱帽'。晋江市从特色产业脱贫、转移就业脱贫、医疗救助脱贫、发展教育脱贫、社会保障脱贫、改善基础及公共设施、集体经济壮大、乡风文明建设、推动革命老区村和少数民族村加快发展等九大方面，提出脱贫攻坚行动计划，并提出到2017年底，确保晋江市低保标准线下农村贫困人口全部脱贫的总体目标"[2]。在精准识别贫困人口的基础上，晋江充分发挥党委政府在扶贫工作中的主导作用，建立市镇村三级书记一起抓扶贫的工作格局，做到层层签订"军令状"，层层传导压力。"晋江实行处级以上领导、各镇（街道）党政主要领导挂钩帮扶建档立卡贫困户制度，每位领导挂钩联系2户贫困户。"[3]

携手共赢，开创与长汀山海协作新格局。自2012年3月确定对口帮扶长汀县以来，晋江市按照"政府推动、市场主导、优势互补、合作共赢"的原则，创新合作方式，与长汀山海协作从政府层面拓展到社会各界，充分发挥各自优势，在产业协作、资金支持、人才智力、生态保护、社会各界等方面加强合作交流，实现许多新突破。晋江对口帮扶长汀，已经不只是单向扶持，而是在互帮互学、合作共赢中实现互动发展。

五年以来，晋江市健全帮扶机制，形成政、企、民多层次、多元化合作交流的工作格局。2012年以来，晋江与长汀两地党委政府每年至少组织开展一次互访活动，每年安排不少于2000万元的资金，专项支持长汀县经济社会发展。

2017年8月，晋江市再次捐赠山海协作资金2000万元，用于产业园区基础设施配套建设、水土流失治理、社会事业及民生保障项目等。至此，晋江累计帮扶长

---

① 晋江市统计局.晋江市2019年国民经济和社会发展[R]. 晋江：晋江市统计局，2020.
② 晋江市统计局.晋江市2019年国民经济和社会发展[R]. 晋江：晋江市统计局，2020.
③ 泉州市人民政府办公室.打造精准扶贫与山海协作"双样本"[N].泉州晚报，2017-10-17（第一版）.

汀资金达到 1.5 亿元。

通过政府牵线搭桥,鼓励企业参与山海协作,晋汀两地在纺织服装、生态农业、机械电子等方面开展广泛合作。截至目前,晋江在汀投资企业达 184 家,年产值 84 亿元,年纳税 2.5 亿元,其中不乏安踏、盼盼等一批行业龙头企业。

引导鼓励企业投资。晋江(长汀)产业园由晋江市投入帮扶资金 1.1 亿元、长汀县投资 3.21 亿元建设的产业园,是我省首批山海协作共建产业园区,吸引了盼盼食品、经纬纺织、建豪食品等一批龙头企业入驻,共完成投资 39.8 亿元,成为山海协作从"输血"增力到"造血"强本的典型。这一平台的建设,对于长汀工业的发展有着非常深远的意义。

在此前两地各有 8 个美丽乡村示范村结对共建的基础上,晋江 9 个乡镇还分别与长汀 9 个乡镇签订结对帮扶协议。这一举措将山海协作对口帮扶由单纯的党委政府层面的合作,进一步拓展到民间交流、企业合作、社会参与,基本形成"县镇村三级结对,民企社合作共赢"的合作模式。

"今后,晋江市将实施经济交流合作助推行动计划、客家特色新村建设帮扶计划、创新创业示范培育计划、社会公共事业援助行动计划、农村电商对接帮扶行动计划等'五大计划',把山海协作对口帮扶工作推向深入。"[①]

"2014 年起,晋江市青阳街道、深沪镇等 10 个镇(街道)与安溪县 10 个乡镇正式确定对口帮扶关系,开展'一对一'帮扶活动,逐步建立交流互访机制。目前,每个镇(街道)确定挂钩联系安溪县 40 户建档立卡贫困户,深入贫困户家中了解情况,'面对面'制订脱贫计划。并改变以往挂钩联系贫困户'送钱了事'的做法,采取向贫困户赠送生产物资、生产工具等措施,帮助安溪县相关乡镇发展特色种养业,促进贫困户增收脱贫。"[②]

"此外,晋江市从创新帮扶模式层面入手,不断发挥带动作用,变'输血'为'造血',努力在更高层次、更宽领域、更大范围统筹推进安溪县经济发展。据了解,英林镇持续深化与安溪县西坪镇对口帮扶战略合作关系,多措施、多渠道带动挂钩联系的安溪县建档立卡贫困户脱贫致富,探索借助'英林心'慈善基金会爱心商店销售西坪镇贫困茶农生产的'爱心茶',帮助贫困茶农增加销售提高收入。"[③]"随着晋江安溪两地往来频繁,企业、民间等各界交流持续加深。晋江先后帮扶安溪县中医

①　泉州市人民政府办公室.打造精准扶贫与山海协作"双样本"[N].泉州晚报,2017-10-17(第一版).

②　泉州市人民政府办公室.打造精准扶贫与山海协作"双样本"[N].泉州晚报,2017-10-17(第一版).

③　泉州市人民政府办公室.打造精准扶贫与山海协作"双样本"[N].泉州晚报,2017-10-17(第一版).

院改造、安溪六中新校区等十几个项目,总投资 9000 多万元;晋江籍企业家许健康投资近 15 亿元建设总建筑面积达 33 万平方米的安溪宝龙城市广场;连捷房地产开发有限公司在安溪县投资 35 亿元打造集旅游、休闲度假、人居、文化教育、生态农业为一体的温泉小镇,有效带动安溪旅游事业发展……"[①]

第五节　做好"新晋江人"的工作

　　共同富裕自然包括外来流动人口的富裕。首先是外来流动人口的就业。共同富裕就是要强化就业优先政策,健全就业促进机制,促进高质量充分就业。健全就业公共服务体系,完善重点群体就业支持体系。统筹城乡就业政策体系,破除妨碍劳动力、人才流动的体制和政策弊端,消除影响平等就业的不合理限制和就业歧视,使人人都有通过勤奋劳动实现自身发展的机会。

　　作为福建省外来流动人口最多的县级市晋江,本地居民 100 万,外来流动人口也达到同等规模,被称为百万"新晋江人",占泉州市流动人口的一半、全省流动人口的四分之一。庞大的流动人口在为晋江建设贡献力量的同时,也给管理和社会稳定带来较大压力。

　　2008 年 4 月 21 日,晋江市先行先试,成立流动人口服务管理办公室,这是福建省第一个流动人口服务管理常设机构,其主要职责是指导、协调相关职能部门做好流动人口的服务管理工作。

　　随着经济社会发展,庞大的流动人口群体已引起市委、市政府的高度重视。为服务管理好这一群体,晋江市着力强化市、镇、村三级领导力量,构建市直部门齐抓共管工作合力,形成上下联运、协同推进的工作格局。

　　2007 年开始,青阳街道阳光社区等地开始推行流动人口"一站式"服务管理试点,并根据试点,逐步在全市铺开。市委、市政府充分肯定"一站式"服务取得的成效,并将建设流动人口"一站式"服务所(站)列入为民办实事项目,进行推广建设。镇(街道)服务管理所一般设在镇(街道)政府办公楼内,公安、劳动、计生、司法、教育等部门人员集中对外办公,便于服务流动人口办证、办事和求助,真正实现"一站式"办证服务。在流动人口达 500 人以上的村(社区),设立流动人口服务管理站,办公场所一般依托在村(社区)委会,设立专门工作人员,就近提供流动人口办证、

　　① 泉州市人民政府办公室.打造精准扶贫与山海协作"双样本"[N].泉州晚报,2017-10-17(第一版).

办事和求助服务。推行人性化、亲情化的"一站式"服务。市委、市政府坚持以"以人为本、民生为重"的工作理念，始终把"服务流动人口，关爱流动人口"作为工作落脚点，出台流动人口"十五项服务措施"，不断丰富服务内容、拓宽服务领域实现流动人口由过去"以管理为主"向"以服务为主、服务管理并重"的重大转变。晋江市委、市政府向来晋务工人员作出"三不"承诺："决不让一名来晋务工人员的子女上不了学，决不让一名来晋务工人员因恶意欠薪领不到工资，决不让一名来晋务工人员维不了权。"

2002 年起在全省率先取消外来农民工子女借读费，2006 年起率先取消学杂费，分别比全国、全省提前 2.5 年、2 年。2012 年，在全省率先实施公办高中和公办中职学校免学费，分别比全省提前 5 年、2 年。确定 275 所"外来工子女入学定点学校"，在全国率先开办首个"川渝皖赣湘鄂贵六省一市籍学生高中班"，在全国率先实现与重庆、四川籍考生异地同步高中会考和异地高考体检。开办异地高考福建班，186 名外省籍学生获得 2014 年在福建省的高考资格。落实入户优惠政策，156 名外省籍学生获得 2013 年在福建省的高考资格。受到中央电视台、《人民日报》等媒体的持续关注，受到中央、省等各级领导肯定。

扶持外来工子弟学校办学。2012 年，晋江市加大扶持力度，扩容学位，为外来工子女提供充足的学位名额，保障外来工子女接受平等教育的权利。创办外来工子弟学校，确定全市 275 所公办学校为"外来工子女入学定点校"，同时鼓励、支持创办外来民工子弟学校，在校舍、土地、办事程序等方面给予支持。改善学校办学条件，市财政每年投入 1000 万元补助教学设备配套。市财政对公办学校接收外来工子女就学，在学生公用经费拨付时等同本地生标准。每年拨出 50 多万元，按小学每生 280 元、中学每生 360 元的标准补助外来工子女。此外，市财政每年统一支付学校"校方责任保险费"，包括所有外来工子女在内的各类学校在校生都同样受益。落实教师编制，市编制、人事等部门按本地生活标准，为外来工子女就学的中小学配备教师编制，全市外来工子女占编制超过 6000 人，仅此一项，市财政投入超 5 亿元。

市劳动部门鼓励流动人口积极参保，扩大社保覆盖面，推动流动人口参加养老、医疗、失业、工伤、生育保险。流动人口参保人数达 26 万人，占全市参保人数的 60% 多；市建设部门在全省首次大规模将外来务工人员纳入城市住房保障体系，安排 15 套经济适用房供优秀来晋务工人员家庭购买，启动 5 个外来职工廉租住房项目，可提供 4575 套外来工廉租房，逐步解决流动人口住房难问题。

市卫生部门推进流动人口及流动儿童的传染病防控工作，对满 8 个月至 14 周岁的 15 万外来流动人口儿童和少年进行麻疹疫苗免费接种，将西滨镇卫生院建设为外来工定点医院，方便流动人口看病就医；市计生协会开展"夕阳红"生殖健康服务队进村、进企业活动，为全市 40 多万流动孕妇开展免费体检和妇科病普查治疗。

外来人口本地化。在全国率先推行居住证制度，流动人口享受市民待遇。"2011 年 7 月 1 日下午，晋江在青阳阳光广场举行居住证首发仪式暨现场咨询活动，5 位流动人口代表现场领到居住证，标志着晋江正式实施以居住证管理制度为核心的流动人口服务管理'一证通'制度，2012 年就办理居住证 50132 人。"①

晋江市赋予外来人口 30 项市民化待遇，并放开落户制，无房亦可落户。

开展救助服务。市民政部门出台《关于建立健全晋江市城乡临时救助制度的通知》，将符合条件的外来务工人员纳入临时救助对象的范围；市总工会努力扩大职工参与活动覆盖面，全市约有 35 万人次参加医疗互助活动，其中外来务工人员 15 万人次。

重视文化阵地建设。开展"美丽新晋江人""晋江市优秀来晋务工青年"评选，建设"流动妇女平安之家"，举办外来工职工运动会、"情满返乡路"等活动，增强流动人口的归属感，激发"新晋江人"的创业热情。

畅通权益保障和利益诉求表达渠道。晋江市高度重视流动人口权益保障，全力构建党委领导、工会牵头、政府各部门支持联动的维权机制。劳资处理方面，建立健全工资支付监控网络，继续完善企业欠薪保障调剂金和欠薪举报奖励等制度，有效预防和减少劳动争议案件的发生。市法院、司法局开通来晋务工人员诉讼和法律援助"绿色通道"，实行社区法官制度，在 6 个社区设立服务点，并设立全国首辆社区巡回办案专用车，集开庭、宣传、办公于一体，全力维护流动人口合法权益。

晋江市注重强化人才团队关键支撑。扎实推进全省人才体制机制综合改革试点。深化科创人才集聚行动，组建人才创投基金，投补结合构建"团队＋基金＋赛事＋孵化器"四位一体模式，遴选高层次人才创业项目 10 个以上，引育高层次人才 500 名以上，选任科技特派员 150 名以上。深化硕博人才倍增行动，引育硕博人才 1600 名以上。深化技能人才振兴行动，举办全省运动鞋设计技能大赛，建设省级人力资源产业园，建成开发区产教融合基地，培养技能型人才 4000 名以上。引进中高端专业化人力资源服务机构，实施"引才合伙人"项目，多维度柔性引才，让晋江成为各类人才的创新之地、圆梦之地、向往之地。

---

① 黄水来.晋江实施流动人口"一证通"制度［N］.泉州晚报，2011-07-03（第二版）.

第九章 注重民生建设

第一节 人民生活水平日益提升

共同富裕要我们要实现好、维护好、发展好最广大人民的根本利益,紧紧抓住人民最关心、最直接、最现实的利益问题,坚持尽力而为、量力而行,深入群众、深入基层,采取更多惠民生、暖民心举措,着力解决好人民群众急难愁盼的问题,健全基本公共服务体系,提高公共服务水平,增强均衡性和可及性,扎实推进共同富裕。新中国成立以后,晋江的农业生产虽然有较大的发展,但由于人口成倍增加,耕地减少,多种经营和工副业发展缓慢,农村大量劳动力过剩,"高产穷县"的面貌一直难以改变。1978年农民人均收入仅107元,许多群众仍依靠侨汇过日子。实行改革开放以后,随着国民经济的全面、持续、快速发展,人民群众的生活水平大幅度提高,实现了从温饱型向宽裕型小康到全面小康的历史性转折。

落实积极就业政策。晋江人民群众充分实现了就业,不但本地人就业率远远高于福建省和全国的平均水平,而且吸纳外来人口110多万人在晋江就业创业,为晋江现代化作出了巨大的贡献。

据2010—2012年统计,晋江市重点围绕高校毕业生、低保对象和"零就业"家庭就业问题,先后举办企业用工现场招聘会138场,推出就业岗位25.7万个,培训各类劳动力10.51万人,其中农村劳动力15200人,引导本地农村劳动力转移就业21394人,稳步提升就业保障水平;城镇登记失业率控制在0.3%。就业结构也发生了巨大变化,据农业普查,全市一、二、三产业从业人员,分别占5.28%、72.85%、21.87%。"十三五"期间,晋江市实现新增城镇就业95983人,城镇失业人员再就业 1107 人,其中就业困难人员再就业 393 人。城镇登记失业控制在 0.3% 以内。发放失业金 830.83 万元,兑现各类稳就业奖补资金共计约 3.98 亿元。2020 年,市人社局在全省率先组建 7 个"逆行"返岗招聘对接工作小组,分赴 5 省累计接返新老员工 3811 人,通过推广"削峰填谷""余缺调剂"等用工模式,促成"牵手"用工调剂近 500 人。

人民收入不断增加,生活质量日益提升。晋江市紧紧围绕"民生优先、构建和谐幸福家园"工作目标,全面落实安民、富民政策,大力增加城乡收入和提高生活质量。

据抽样调查,2019 年全市城乡居民人均可支配收入 43441 元,其中城镇居民人均可支配收入 53185 元,农村居民人均可支配收入 25965 元,均相当于设市前的 10 多倍。全市居民人均生活支出 27476 元。其中城镇居民人均生活费支出 32003 元,农村居民人均生活消费支出 19357 元。

享受型消费持续增长,后劲较足。除了满足吃、穿等基本消费外,与人们生活密切相关的住房、日用家电耐用消费品、交通通信等方面的支出比重越来越大。在住房条件宽敞的基础上,住房质量也得到进一步提高,部分农民已开始注重室内装饰,居住条件较以前有了很大改观。

市委、市政府每年都向社会承诺并组织实施一批"为民办实事"项目。2020 年是"十三五"收官之年,五年来,晋江坚持以七成以上财力投入民生,办好了 133 个为民办实事项目,着力解决人民群众关切的教育、医疗卫生、住房、交通等方面问题,持续加强普惠性、基础性、盘底性民生建设,发展更多体现在高质量保障民生上。"从 2016 年起,为快速解决城乡社区居民关注度高、受益面广的小事、急事难事,晋江在全省率先开展'党群心连心,民生微实事'项目建设。项目以基层民生需求为导向,以政府提供资源为保障,改变传统的'自上而下'的行政模式,建立'自下而上'的服务模式,实现'替民做主'至'由民做主'的彻底改变,共征集民生微实事项目 1500 余个,项目建设总资金达 3800 余万元,累计投入补助经费 1600 余万元,'民生微实事'项目类别丰富多彩,既有道路硬化、休闲场地建设、周边绿化、卫生设施等环境提升项目,也有居民学堂、闽南文化传承等文化惠民项目,在改善生活环境、丰富休闲方式、提升生活质量等方面服务百姓,提高城乡居民生活幸福指数。"[①]例如,"小厕所"连着大民生,近年来晋江市不断加大对环卫基础设施的建设投入。公共厕所在建设标准、设施配套、环境打造等方面有了巨大提升。2018 年以来大力推动"厕所革命",从细微之处提升城市品质,"一座座干净整洁的公厕分

---

① 黄冬虹.提高城乡居民幸福指数晋江确定今年 180 个民生微实事项目[N].泉州网,2019-11-15(第一版).

布在城区的街角巷陌,居民的"方便"环境进一步得到提升。"①

"2022年市财政投入115.7亿元,用于民生领域,占本级支出80.7%。'四帮四扶'166户困难家庭。新增城镇就业2.5万人,开设5个零工市场、2个技能培训输送基地,稳定岗位25万个。"②

第二节　大力推进美丽乡村建设

共同富裕最艰巨最繁重的任务仍然在农村。坚持农业农村优先发展,坚持城乡融合发展,畅通城乡要素流动。党的十一届三中全会以后,为了进一步提高农业生产率,促进农业向商品化生产和商品流通化,坚决对农村产业结构进行调整,改变过去长期存在的单一经营粮食种植业,避免出现损害经济作物和林、牧、副、渔业的情况,根据本地的特点,积极发展多种经营。

晋江县调整农村产业结构分三个层次进行:第一是在种植业内部调整,适当减少粮食播种面积,扩种甘蔗、花生、蔬菜等经济作物。但晋江人多耕地少,缺粮严重,不能放松粮食生产,同时合理安排适当耕地种植经济作物;第二是调整大农业结构,向山海进军。大力发展林业、水果、水产、畜牧等开发性农业,促进农林牧副渔全面发展。第三是改变单一农业为主状况。大力发展工业、商业、建筑业、运输业等行业,促进了农村产业结构从以农业为主向以非农产业为主的转化,乡镇企业异军突起,已成为晋江国民经济的主要支柱。通过以上三个层次的调整,晋江农村产业结构发生了巨大的变化。

在调整农业产业结构工作中,县委、县政府坚决执行"决不放松粮食生产,积极发展多种经营"的方针,切实加强对农业和农村工作的领导,不断增加农业投入,先后推行了联产承包责任制,开放农副产品价格,调整生产结构等重大改革措施,农村逐步从"一大二公"模式和僵化的管理体制向适应生产力水平的多种经济形式、多种生产组织转变,从而解放了生产力,推动了农村经济全面稳步发展。对农业生产特别是对牵动全局的粮食生产在经济发展中的地位和作用有了进一步认识。

一是强化对农村工作的领导。随着农村经济的发展,农村、农业、农民的问题

---

① 彭州市人民政府.彭州推进公厕智能化改造　让市民"方便"更方便[N].彭州信息港,2020-09-29(第一版).

② 王明元.晋江市2022年政府工作报告[R].晋江;泉州:晋江市第十八届人民代表大会第二次会议,2022-12-28.

同国民经济全局的关系越来越密切。始终都把农业生产摆上重要议事日程,县五套班子领导实行"分片包干"责任制,县直各单位都能围绕农业发展制定自己的支农措施。

二是实行"以工补农""以工建农"办法、增加农业投入。县财政在压缩开支的困难情况下,1985 至 1987 年,仍拨出支农。

三是加强水利设施管理,提高农业抗灾能力。

四是加强农业科学技术队伍建设。

五是深化农业改革,发展适度规模经营,县政府把支持和发展种田大户、鼓励规模经营作为农村深化改革的一项重要工作,在一些经济发展较快的地区,如陈埭、磁灶等,已从萌发状态,进入蓬勃发展的阶段。全县已有 120 多户农民承包近三千亩耕地,从事粮食和甘蔗生产,开始向专业化、商品化方向发展,逐步成为全县农业战线的一支不可忽视的生力军。

六是加强土地管理,防止水土流失。通过深入贯彻《土地管理法》,一些地方违法占地建房的现象已经扭转,全县土地管工作开始出现由"乱"到"治"的局面。水土保持工作也引起各级政府的重视,建立了 22 个综合治理示范点,治理水土流失面积 22740 亩,同时为开展对水土流失进行全面治理做了大量的普查工作。采取了新的办法,对土地抛荒严重的地方,采取停批申请土地建房、停止供电、停发企业营业执照、冻结账户等一系列制裁措施,收到了一定的效果。

七是在多种经营方面,充分发挥自然气候和资源优势,突出抓"一蔗两水"。三年来利用荒山、荒坡新植龙眼 14 万株、柑橘 17 万株及大批杨梅、柚柑等杂果。发展养殖业,主要利用金井围垦发展对虾 3500 亩,还有花蛤、紫菜、海带 1.5 万亩。一个以"一蔗两水"等开发性农业为主的生产热潮正在全县蓬勃兴起。

八是帮助贫困地区脱贫致富。本着扶贫先扶志的原则,从思想认识、组织领导、政策措施上狠抓落实,一些地区已经甩掉了贫困落后的帽子。全县共拨出扶贫资金和各种救济款 310 多万元及大批物资。

统筹城乡发展,构建和谐农村,一直是晋江市委、市政府抓"三农"工作的重中之重。按照"生产发展、生活宽裕、乡风文明、村容整洁、管理民主"20 字方针要求,结合农村自来水普及工程、"村村通"公路建设,扎实推进"百村示范、村村整治"工程,农村"家园清洁行动"和"百企联百村、共建新农村"活动,实现新农村建设的良好开局,被列为"全国首批农村社区建设实验室"。

建设社会主义新农村,是一项长期而艰巨的任务,需要投入资金,单纯靠政府的投入来推动,力量显得不足。如何破解这一难题?以"工业反哺农业、城市支持农村",晋江市想到了具有强大经济实力的工商企业界,动员他们吸引全社会方方面面的力量共同参与到新农村建设上来,全市已有 63 个村和 107 家企业结对共建,合作意向奖金 9.5 亿元,投入建设资金 1.95 亿元;有 75 个村(社区)采用股份合作方式出资组建"改造建设投资公司",总注册资金 1.45 亿元,建设资金 4.66 亿元。涌现出公益捐助型、产业带动型、合作建设型、劳动协作型、智力支持型等五种村企结对共建模式,初步形成新农村建设与社会扶贫工作良性互动的格局。"村企共建"模式是晋江市农村工作的一个创新,是"城市支援农村、工业反哺农业"的一种具体实施方式的尝试。这种模式既可以解决社会主义新农村建设融资难的问题,又能够缓解目前晋江市土地资源有限企业用地困难的问题,是一种可以实现双赢甚至三赢的建设模式。

继续推进新农村建设精品村培育工作,重点培育龙湖烧灰村、内坑砌坑村、紫帽紫湖村、磁灶东山村、英林东埔村、东石梅塘村、金井围头村、深沪运伙村、永和玉湖村、磁灶大埔村等 10 个村,补助资金按新农村建设补助标准上浮 50% 给予补助,力求在项目扶持、资金配套、管理服务等领域形成集聚效应,让典型示范村真正成为"百村示范、村村整治"工程的领跑者。

乡村振兴向纵深推进。深入开展"三拆一清""一革命四行动",稳步推进"两高"及重要通道沿线环境整治,合计新(改)建城乡公厕 102 个,整治裸房 1442 栋,南塘社区获评省级美丽乡村示范村。推进扶持村级集体经济三年行动,实施集体创收项目 412 个,全面消除经营性收入 10 万元以下村社,金井围头村入选全国"一村一品"特色产业示范村、全省"金牌旅游村",20 个村入选省级乡村振兴示范村,2 个镇被评为省级乡村振兴特色镇,荣膺"全国农村创新创业典型县"。

"据统计,2017 年以来晋江共组织各类乡村微景观创作活动 13 次,累计 300 余个团队千余人次的大学生、专业人员来晋创作近 300 个乡村微景观,一方面解决农村人居环境整治中清理出来的地块发生乱搭盖、乱堆放"回潮"的问题,进一步提升村庄景观;另一方面极大程度留存即将消失的乡村文化,同时激发党员群众参与乡村建设的热情,增加对乡村的认同感。

此外,晋江在近年来实施乡村微景观建设的过程中,不断深化活动内涵,从最初的引导、鼓励村社配合开展乡村微景观创作活动,到镇(街道)、村(社区)自主组织开展乡村微景观建设、微景观创作竞赛,再到逐步将乡村微景观串点成线,形成系列微景观,有效改善农村人居环境,留存农村历史文化记忆,让农村和城市拥有一样的生活品质,不一样的生活体验。"①

"市场化运作,确保集体资产保值增值;股份化改造,促进农民持续增收,集体化管理,充分盘活存量资源;规模化经营,放活土地经营权、保障农民收益权……"

---

① 黄祖祥.晋江推行乡村微景观建设进一步提升村庄景观[N].泉州晚报,2019-09-02(第二版).

2017年6月，在全国农村集体产权制度改革试点工作部署推进会上，作为福建省委发言代表，晋江就推进农村集体产权制度改革的"四种路径"经验和做法作主题介绍。

作为中国农村经济发展四大模式之一，晋江有华侨多、老板多、外来人口多的"三多"特点，使得晋江农村集体资产长期存在产权归属不清、成员界定不明、收益分配不顺等问题，随着农业转移人口市民化加快推进，这些问题也更加凸显。

为适应城乡一体化发展趋势，必须推进农村集体产权制度改革，探索农村集体经济有效实现形式和完善集体资产的治理体系，才能更好地保护农民的财产权益，让农民分享改革发展的成果。

从2008年开始，晋江就着手开展以集体资产股份改制为主的改革探索，去年被确定为省试点后进一步加大探索，取得了较好成效。

"四种路径"激发改革动力。生生不息的改革动力，是推进历史车轮不断往前的源源活力。农村集体产权制度改革是深化农村改革中的重要一课，晋江探索建立"政府、村社、专家、律师"四位一体的工作机制，出台7份规范性文件，依法依规、尊重群众、便于操作。

在此过程中，晋江重点把好"四个关"：（1）成员界定关，特别是针对外嫁、入赘和移居海外等特殊对象，都作了详细规定；（2）清产核资关，确保各项数据相符；（3）股权设置关，将股权分为集体股、个人股两种，个人股权重不低30％；（4）股权管理关，对股权转让、继承的对象及比例进行严格界定。

市场化运作，确保集体资产保值增值。晋江推行"企业化运作资本、经联社运作资源、股份制运作资产"的三轨运转方式，确保"一村一项目"，实现集体经济的现代企业运营模式。

股份化改造，促进农民持续增收。在城市更新改造中，晋江一方面提取30％的征迁补偿金作为集体积累金，配套"1＋9"扶持政策，壮大村集体经济；另一方面引导村集体将被征用的集体物业置换成经营性资产，实行股份合作改革，折股量化确权到人，统一管理资产和分配收益。比如，整村拆迁、就地城镇化的池店镇华洲村，将集体经营性资产折股量化到1509名成员，实行"生不增死不减"的静态管理，每人每年可实现分红1000元。

集体化管理，充分盘活存量资源。晋江鼓励村级设立集体资产管理委员会，针对闲置低效"三旧"资产，统一由村集体运营管理，提升了利用率、收益率。如滨海休闲渔村金井镇围头村，盘活近300亩闲置土地，创建国家级景区，年接待游客120万人次，每年贡献村财350多万元。

规模化经营，放活土地经营权、保障农民收益权。晋江在确保权属不变的前提下，村集体将土地统一承租，与新型经营主体合作，按比例分红，大大提高了农民收入。如美丽乡村磁灶镇前尾村,将 330 亩土地整合连片经营,每年可实现收入 40 多万元。

改革红利"装进"农村腰包。农民占我国人口的大多数。习近平总书记指出,"小康不小康,关键看老乡"[①],实现农民的小康,关键是增加农民收入。

伴随着改革开放,晋江农民市民化进程大大加快,通过改革消除了农民进城的后顾之忧,先后 15 万名农民就地转为市民。同时,交通、环卫等重大基础设施向农村延伸,践行了城市反哺农村的承诺。

在推进改革的进程中,晋江还实施培育先进村"领头雁"、治理薄弱村"奋蹄马"双向行动,激发农村发展内生动力,有力巩固农村一线"堡垒"、夯实党的执政基础。在探索农村集体产权制度改革的实践中,晋江深深认识到,推进这项改革,以民为本是核心,要保障农民利益最大化;法律政策是底线,要在坚持农民集体所有不动摇的前提下大胆创新;因地制宜是根本,各地各村具体方法不能强求一律;民主决策是保障,避免多数人侵犯少数人合法权益;组织领导是关键,党委政府有力领导才能形成改革共识。

为了让农民在改革中有更多获得感,晋江全力将改革与乡村营造相结合,实施"田园风光三年行动计划",推进农村土地"三权分置",2020 年,全市 383 个村(社区)平均集体收入达到 54.65 万元,总收入 20931.72 万元,同比增长 31.91%。

做强做优中心城区。坚持环湾向湾,以"强功能"为导向,集中力量提升中心城区首位度,打造"产城人"融合样板。以高端资源为牵引,带动功能集聚。提速智能制造学院、安踏全球设计研发中心、高端智能工厂等优质项目建设,加强滨江商务区招商运营,策划国际鞋艺小镇、城市"时尚 T 台",带动总部经济、研发设计、高端商务、高端智造等城市业态功能集聚。提速上海六院晋东院区建设,完善清华附中周边配套,推进晋江一中、养正中学、季延中学集团化办学,带动公共服务功能集聚。以重点片区为载体,推动连片发展。推进晋东新区、池店中片区、紫帽片区 61 个项目,加快功能开发和产业植入,连片打造晋江南岸环湾智造商务中心。推进科创新区 13 个项目,做好行政中心区、罗山中片区策划研究,完成梅岭中片区征迁。以世纪大道为轴带,联动三创园、洪山文创园以及沿线商圈,连片打造科创活力走廊。推进高铁新区 12 个项目,完成福厦客专泉州南站和集散通道系统建设,强化高端服务业导入,串联晋江机场,连片打造空铁联动门户。做好城西片区、葫芦山文教园策划研究,有序推进会展中心周边区域开发,连片打造展贸物流集聚区。以"微更新"为抓手,重焕老城区活力。全面梳理城市肌理,针对高密度的老城区,坚

---

① 谢磊.内蒙古自治区中国特色社会主义理论体系研究中心小康不小康关键看老乡[R].2015.

持"留改提拆建"并举,在现状基础上,立足空间梳理、配套完善、安全提升、环境优化,推进 14 个更新项目,重点打造陈埭空间治理样板,深化阳光片区"微更新",改造 49 个老旧小区,组建 3 个新型社区,建设 3 个完整社区,构建"15 分钟生活圈"。

"2022 年成立市乡村振兴促进会,深入开展'百企帮百村、乡贤促振兴'行动,村企合作、乡贤捐赠金额超 20 亿元。鲍鱼、胡萝卜育种取得重大突破,高标准农田入库达 6.92 万亩。全市村集体经营性收入首超 2.5 亿元,共享型集体经济、乡村治理、乡村产业高质量发展成为全国典型,"五个美丽"建设成为全省典型,磁灶、英林获评'省级乡村治理试点示范镇',金井获评'省级全域生态旅游小镇',湖尾村获评'国家美丽休闲乡村'。"①

第三节　建立和完善社会保障体系

社会保障体系是人民生活的安全网和社会运行的稳定器,是共同富裕兜底的利益设计。这里包括扩大社会保险覆盖面,健全基本养老、基本医疗保险筹资和待遇调整机制,推动基本医疗保险、失业保险、工伤保险省级统筹。

从 1997 年晋江开展机关事业单位养老保险工作至 2008 年,全市已初步建立社会保障体系框架,保险覆盖面涉及机关、事业单位和国有、城镇及其职工,其中养老保险的覆盖面发展到所有的经济组织,农村养老保险制度也进行了有益的实践。按照"政府组织、部门牵头、各方联动、全面突破"的工作思路,深入开展社会保险扩面征缴工作,全市养老、医疗保险有序开展,失业、工伤、生育保险稳步推进,"五险合一、地税统征"的社会保障体制基本形成。

"晋江按照'城乡一体、全域保障、服务均等'的思路,加大社会保障投入,深化社会保障制度改革,完善社会保障待遇调整机制,率先建成市镇村三级便民信息化平台,社会保障服务水平得到提升,推进全民参加计划,全面开展精准扩面工作,基本实现从制度覆盖到法定人员全覆盖。推进外来人口市民化,实现同城同策同待遇。"②

推行新型农村社会养老保险。2009 年,作为全国首批新型农村社会养老保险试点的县市之一,晋江市委、市政府将其列为为民办实事"五大战役"民生工程重要

---

① 王明元.晋江市 2022 年政府工作报告[R].泉州:晋江市第十八届人民代表大会第二次会议,2022-12-28.

② 陈子汉.促就业强保障揽人才保稳定:数说晋江人社"十三五"[N].晋江新闻网,2021-01-06(第二版).

项目，在层层落实工作、广泛宣传、加大督促、强化指导、规范动作的基础上，这一普惠型养老保险覆盖到城乡居民。2020年，全市参加城乡居民基本养老保险增至67.40万人，参保率达99.89％，基础养老金从135元增至180元。

不断调整企业退休人员养老金水平，全市企业退休人员人均养老金从2148元增至2449元。

推进被征地人员养老保险。改革开放以来，晋江从传统的农业大县逐步转型为工业型城市。由于城市建设步伐加快，征用大量土地，被征地农民的养老问题凸显出来。2006年在全省县级市率先推行被征地人员养老保险试点，合理确定参保对象，男年满45到60周岁，女年满40到55周岁，以村（社区）为单位组织参保，至2020年全市共有12.85万人参保，领取待遇300元/人，被征地人员实现即征即保。

完善城乡低保标准自然增长机制。2019年，全市城乡低保、特困人员共5001户、8587人，全年发放保障金4528.52万元，月人均补助水平从2018年的383.5元提高到2020年的396.9元，特困人员救助标准按护理需求为每人每月1010元、1235元。城乡居民医保人均筹资标准提高到740元，参保人数97.7万人（含新晋江人、港澳台人）。"参保率99.99％，统筹区域内政策补偿比达71.8％左右，三类大病政策补偿比分别为晋江25种大病政策补偿比的93.4％，晋江补充保险政策补偿比为81％，泉州大病政策补偿比为84.7％，个人单年累计最高补偿额达70万元，历年累计最高达的85.4万元。"①

2020年，晋江重点针对低保、残疾人、"四帮四扶"家庭、"计生特殊家庭"等对象（特困人员）开展系列精准帮扶活动。其中，投入69万元为8000多名低保对象（特困人员）购买人身意外保险，至当年11月共理赔50名对象16万元；投入90万元，开展残疾人帮扶工程，受益760人次；投入1513万人，帮助185户"四帮四扶"对象脱贫解困（其中帮安居113户、帮就业2户、帮就医100户、帮就学113户）；投入1238万元开展"计生特殊家庭"关爱行动，为9929户符合条件的对象办理城镇企业职工基本养老保险和城乡居民基本养老保险。

此外，晋江还持续实施残疾人帮扶工程，投入20万元在重度精神病残疾人服药补助工程，已补助200名受助对象；投入10万元补助100名困难残疾人，发放460名受助对象助学金，共计593万元。

2020年2至7月，晋江市共阶段性减免企业基本养老保险、失业保险、工伤保险3项就保费约3.5亿元，惠及企业1.5万家。为了方便群众就近办理社保业务，晋江市人社局将23项高频业务下沉到街镇（社区）。坚持稳就业、惠民生与促发展

---

① 叶许意.2019年，晋江城镇非私营单位年平均工资73048元！你是上or下？[N].晋江经济报，2020-08-04（第一版）.

相结合,积极开展人社基层平台信息化提升工程试点工作,用实实在在的举措为企业、群众提供更加方便、高效、快捷的人社服务。

2020 年 10 月,由《小康》杂志社联合多个国家权威部门和专业机构推出客观反映中国社会保障状况"2020 中国社会保障百佳县市"榜单,晋江市跻身榜单第三位(福建上榜县市共 5 个),在省内名次"一骑绝尘"。

"2022 年晋江开展居民收入"扩中提低"行动,落实援企稳岗减负政策,新增城镇就业 2.15 万人,稳步增加低收入者收入,扩大中等收入群体。建立低收入人口动态监测机制,健全分级分类救助体系,"四帮四扶"200 户困难家庭。出台慈善捐赠指引,探索"互联网＋慈善",打造"弱有众扶"救助大格局。深化长护险试点,搭建智慧养老服务平台,新建 2 个敬老院、10 个农村幸福院,完成 500 户老年人家庭适老化改造,争创全国医养结合示范市。开工殡仪馆迁建项目。实施一二级残疾人和失能老人住所火灾报警逃生保障工程,完成 500 户残疾人家庭无障碍改造。新增保障性租赁住房 3400 套,让新市民和青年人安居乐业。"①

第四节　打造慈善事业的"晋江样本"

晋江市在持续加强普惠性、基础性、兜底性民生建设的同时,充分利用民营经济的独特优势,重视引导发挥第三次分配作用,探索包括"慈善＋N"在内的多种共同富裕路径,全力打造共同富裕县域范例。

每年 12 月 18 日为"晋江慈善日"。改革开放不仅铸造了县域经济发展的"晋江经验",也造就了民间慈善事业社会化的"晋江样本"。中华全国慈善总会会长范宝俊说:"晋江的慈善活动已经与发达国家和地区的慈善事业接轨了。"

2002 年,在晋江市委、市政府引导、社会各界和海外乡亲的热心支持下,晋江市慈善总会于 12 月 18 日成立。这是全国首家县级民间慈善机构,成立不到 4 个月时间就募集慈善资金 7400 万元。到 2020 年 11 月 30 日,善款累计总额已达 37.47 亿元,18 年间涨了 50 倍,被称为民间慈善事业发展的"晋江速度"和集体行善的"晋江现象"。

"与政府主导的慈善机构不同,作为县域民间慈善事业规范化发展的龙头,晋江慈善总会主要由企业家乡贤组成。在构成理事会的 513 个单位和个人中,党政

---

①　王明元.晋江市 2022 年政府工作报告[R].泉州:晋江市第十八届人民代表大会第二次会议,2022-12-28.

领导和部门理事仅占 14.2％,民营企业家理事占 85.8％,13 个镇、6 个街道的慈善联络组组长也均由民营企业家担任。"①

"早在 2004 年,晋江市政府就出台命名表彰慈善事业突出贡献人士的决定,分别对累计捐赠 300 万～500 万元和 500 万元以上人民币的个人授予"慈善大使""慈善家"称号,超过 1000 万元的家族授予"慈善世家"称号。截至目前,晋江已涌现出 37 个"慈善世家"、79 名"慈善家"和 34 名"慈善大使",许连捷、丁和木、洪肇明、工宗寅、周永伟等 20 人次先后荣膺"中华慈善奖"及提名。

据统计,晋江慈善总会接受的移风易俗倡议积极响应者的民俗捐资已达 16.47 亿元,占慈善捐资总额近半;共设立冠名慈善基金 182 个、留本捐息慈善基金 61 个,基金总额达 31.22 亿元。

"我们通过开展'晋江慈善日''慈善一元捐'活动,组建慈善义工协会、建设慈善教育基地、开展'慈善文化进校园'等活动,让大家意识到在晋江做慈善不是富人的专利,越来越多的普通人也主动投入慈善事业中。"该负责人介绍说,晋江作家许晋杭就慷慨捐资 360 万元,支持母校紫峰中学建设发展,捐建"晋杭体育馆"。安海镇可慕村村委会主任许自然简办次子的婚宴,捐款 10 万元支持可慕幼儿园建设,又简办长子婚宴,捐款 15 万元支持可慕幼儿园建设。

"当前,晋江全市 397 个村(社区)都通过公议、公订、公示制定了移风易俗的村规民约,旗帜鲜明地提倡崇尚勤俭、简办婚丧、乐善好施的新风气。"晋江民政局副局长张连桥介绍说,移风易俗激活了晋江社区慈善公益事业机制,越来越多的乡贤将简办婚丧喜庆节省下的钱财捐赠社区慈善公益事业。

比如,磁灶镇前尾村推行移风易俗村规民约,规定嫁娶婚宴不得超过 40 桌,凡办酒席的一律禁止前后宴。村民将节余下来的资金捐赠到小学教学楼、敬老院、道路、绿化亮化、公园等公共设施建设上,实施移风易俗村规民约以来,该村捐赠资金总额高达 1000 多万元。

晋江东石企业家乡贤王一平、黄瑞芳伉俪的爱子王锦山,与孙晋忠、洪金梅伉俪的爱女孙静怡结婚大喜,双方各向晋江慈善总会捐赠善款 500 万元。

据悉,王一平家族、孙晋忠家族历来乐善好施、热心公益事业,多次捐赠善款用于帮扶弱势群体、教育、老年人事业等公益事业。

"创立 18 年,累计投入善款 22.09 亿元。"晋江慈善总会创立以来,始终瞄准困难群众最急需的解困、助学、助行、助听、复明等领域,把"十五项慈善工程"作为慈善救助的核心项目,先后帮助 31364 名困难群众解决生活、就医、住房等难题,扶助 19677 名学生圆了上学梦,为 675 名特困残疾人配轮椅、装假肢,帮 931 名失聪老

---

①　黄冬虹.打造慈善事业社会化的"晋江样本"[N].泉州网,2020-12-18(第一版).

人和儿童装配助听器,使 1442 名特困白内障患者重见光明……这一系列善举,为政府主导的社会保障体系增加了一道民间"减压阀",慈善力量为晋江打造共建共治共享社会治理新格局发挥了重要作用。

"富县有穷村,富村有穷人,需要集纳全社会力量推进扶贫攻坚、走向共同富裕。"晋江慈善总会围绕保障基本民生和促进社会平衡、充分发展的需要,在慈善安居、荧屏文化、被征迁户困难补助、被征地低保人员养老保险、低保人员新农合、关爱贫困母亲、救助两癌妇女等公益领域,实施了一大批扶贫济困和赈灾救灾项目,努力当好公共服务助手,成为社会保障补充,既为政府分忧,又为百姓解愁,发挥了良好的社会效益。在新型城镇化进程中,晋江慈善救助对象本外地户籍差别已经消除,只要是符合条件的常住人口,发生急难都可以提出救助申请。近年来,晋江已先后救助外来务工人员近 18 万人次。[1]

在物质生活救助的同时,总会还积极关注困难群众精神生活与身体健康。与市委宣传部和广电局联合启动"荧屏文化工程",向 2200 户贫困家庭捐赠电视机和数字电视平台;与安海中华大药房、青阳街道办事处合作开设爱心慈善援助中心和中华慈善义诊部,为低保、五保、优抚对象提供医疗救助,赠送普通药物,进一步改善困难群众文化生活和医疗保障。

在广泛启动慈善救助工程的基础上,总会还着力在全社会传播慈善文化,积极营造关爱贫弱、重在参与的良好社会氛围。以每年 12 月 18 日的"晋江慈善日"为载体,举办丰富多彩、喜闻乐见的慈善文化特色活动。

第五节　形成温馨养老家园

共同富裕少不了完善基本养老保险统筹制度,形成温馨养老家园。晋江现有户籍人口 119.37 万人,其中 60 周岁及以上老年人口 17.5 万人,占全市总人口的 14.88%。晋江市委、市政府始终把发展养老服务业作为改善基本民生、构建和谐社会、打造幸福康城的重要抓手,连续六年将养老相关项目列入为民办实事项目。

"为给老年人提供多层次、多样化服务,近年来晋江通过创立老年活动中心、居家养老服务站和敬老院"三位一体"的城乡社区养老方式,探索推进嵌入式小型养老服务模式,已建成各类养老服务设施 375 所;其中市级养老院 1 所,镇级敬老院(街道养老服务照料中心)14 所,村级敬老院 50 所,村(社区)居家养老服务站 305

---

① 黄冬虹.打造慈善事业社会化的"晋江样本"[N].泉州网,2020-12-18(第一版).

所,民办养老院 5 所,还有在建、筹建养老机构 32 所。"[1]

老有所养成为"标配"。居家养老服务是一项惠民生、补短板的重要工作,居家养老服务站是为社区居家老年人提供生活照料、康复护理和精神慰藉等服务的重要场所。从 2010 年以来,晋江逐年有序推进城乡社区居家养老服务站建设,并实行统一建设标准,对服务设施、服务网络、服务制度、服务队伍和服务成效进行统一要求,逐步形成覆盖城乡的居家养老服务网络。

在实际运营中,晋江鼓励各村(社区)结合本地实际,突破行政村界限,创新服务形式,通过购买社工服务、整合资源、建立志愿队伍等方式,开展形式多样、各具特色的居家养老服务。为推进居家养老服务站常态化、规范化运作,晋江创新实行星级评定制定,建立以日常考评与年度综合考核相结合的居家养老服务站星级评定工作激励制度,按三星级、四星级、五星级评定标准,分别给予 2 万元、3 万元、5万元的"以奖代补"奖励扶持政策,在全市营造"比学赶超"的良好氛围。

针对老年活动中心建设,近年来晋江不断加大福彩公益金对老年事业的支持力度,对新建老年活动中心,老干局每个给予补助 6 万元、民政局每个补助 5 万元、镇街每个配套补助 4 万元;对修缮和添置养老设施设备的,民政局给予 3 万～5 万元的补助。据统计,2010 年以来,晋江累计投入 2000 多万元扶助 338 个村(社区)建设老年活动中心。

晋江还进一步优化简化养老机构设立许可手续,推进医养结合,积极鼓励企业和社会组织加盟、参与、托管养老机构,推进社会福利中心实行"公建民营"运营,引导条件较好的镇级敬老院开展社会化运营,积极探索养老领域的 PPP 模式,盘活闲置资源,提高机构床位入住率,提升机构服务质量和管理水平。

为全力动员社会各界广泛参与养老服务,捐助发展老年福利事业,晋江专门出台奖励表彰政策,鼓励社会各界人士捐资兴办养老机构;对捐助金额达主体建筑部分 50％以上的单位和个人予以冠名;对捐赠达到一定数额的单位和个人,授予奖牌和颁发荣誉证书。全市大部分村级敬老院或老年活动中心建设均得到社会各界的大力资助。据不完全统计,晋江慈善总会历年累计投入老年活动设施建设经费1.6 亿元。

近年来,晋江不断加大对养老事业的财政投入力度,财政每年投入养老服务经费约 3000 多万元。其中,对新建村级敬老院补助 60 万～180 万元,自建民办养老机构一次性开办补助标准提高至每床 1.2 万元,养老机构床位运营补贴统一提高至每床每年 2400 元,贫困家庭失能老年人专项护理补贴提高至每人每年 2400 元,城乡居家养老服务站开办补助提高至每个 10 万元,居家养老服务站运营补贴标准

---

[1]　黄冬虹.晋江:补短板造品牌提升养老幸福指数[N].泉州网,2020-08-06(第一版).

提高至每个2万～5万元。

打造没有围墙的养老院。2015年以来，晋江积极探索推行"虚拟养老院"，依托第三方服务机构搭建居家养老服务信息平台，建立老年人电子档案，并与晋江便民服务中心平台"12345"热线建立信息共享机制，利用平台进行服务统筹派单管理，为全市约2000名"五保"、低保、优抚、"五老"和空巢、孤寡、高龄、失能等特殊困难老年人提供生活照料、家政护理、日常保洁、人文关怀和紧急救援等多样化、个性化、专业化上门服务。[①]

2017年，晋江在大力推进"三位一体"养老服务体系建设的基础上，实施居家养老服务提升工程，盘活用好镇村敬老院，放开养老服务市场，提升管理服务质量，推进养老云服务发展，为老年人提供优质便捷的养老服务。

2019年，晋江打造首批5个嵌入式小型养老机构试点，并纳入年度为民办实事项目，紫帽镇居家社区养老服务照料中心是其中之一。这里总面积达1120平方米，分为颐养区和活动区，是集"医、养、康、护、乐"五位一体的社区嵌入式养老机构，老人在这里可以做到"离家不离亲、不离群"。

"嵌入式养老机构最大的优势就是就近、方便、专业，老人能获得专业的一站式综合性服务，子女也能随时探望长辈。"晋江民政局相关负责人表示，嵌入式养老机构试点工作开展以来，以街道社区或居住小区为载体，对闲置公共服务设施进行装修、改造，引入专业服务团队，为失能、高龄、独居等老年人就近提供机构照料、社区照护、居家护理的一站式综合型服务。

2020年，晋江将桂园人家等老旧小区纳入"嵌入式养老＋智能化"试点，通过社区养老照料中心为老年人提供日间照料、短托、长托、专业护理、社区膳食、康乐活动、社工关爱、邻里互助、上门援助、生理特征监控等专业优质的多元化养老服务，解决留守、空巢老人的社会养老问题。

医养结合，无缝对接享晚年。晋江大力鼓励医养结合，支持养老机构、居家养老服务站与医疗机构开展合作，积极探索建立医养结合服务模式。如大埔、洋宅、围头等村级敬老院与社区卫生服务站合作，定期上门提供健康医疗服务。

如何让老人享受到更周到、更贴心的服务？晋江充分借助社会力量，积极探索养老机构运营新模式。早在2011年4月，晋江率先推行政府购买社工服务，引入致和社工事务所参与指导居家养老服务站的建设与管理；2015年6月，晋江在全省率先探索推行"政府购买上门服务"，依托第三方服务机构搭建居家养老服务信息平台，建立老年人电子档案，为全市约2000名特困、低保、优抚、"五老"和空巢、孤寡、高龄、失能等特殊困难老年人提供生活照料、家政护理、日常保洁、人文关怀

---

① 黄冬虹.晋江:补短板造品牌提升养老幸福指数[N].泉州网,2020-08-06(第一版).

和紧急救援等多样化、个性化、专业化上门服务。

第六节　重视革命老区建设

老区为中国革命做出巨大贡献,共同致富不能忘了老区人民。晋江是福建省重点老区县(市)之一,现有2个革命老区镇(内坑、安海)、92个革命老区村,其中老区行政村52个、自然村40个,分布于全市13个镇(街道),耕地面积9万亩,人口2.3万多人。全市有原有革命"五老"人员1080人。

2012年起,晋江市通过市领导现场办公形式,给予该村项目专项扶持资金。该村以此为契机,发动企业、乡贤、群众捐资,先后投入8000多万元,完成村委会办公楼、村老人会办公楼建设,幼儿园、小学教学楼建设,村级自来水、污水管网改造,道路硬化拓宽改造等。如今的苏垵村,已完全华丽蜕变,朝着打造升级版美丽乡村前进。

近年来,晋江重视帮扶老区村加快发展,实行"专项资金投入启动,集体资金投入引导,社会各界融资为主,老区群众广泛参与"的多元投入机制,多渠道筹措资金参与老区村的建设。

2007年起,晋江在全省率先实行市领导老区村现场办公制度,市主要领导每年到老区村现场办公1~2次,给予每村专项资金300万元;市分管领导每年3次到老区村现场办公,给予每村专项资金100万元,形成了市领导一线帮扶老区发展的良好氛围。

在政府资金及政策扶持带动下,帮扶老区村均不同程度发动群众、企业及海内外乡亲参与村庄建设,通过捐资等形式凝聚社会力量。除了苏垵村,龙湖镇南浔村、深沪镇科任村、英林镇柯坑村通过发动海内外乡亲及社会筹资,分别投入2000多万元、1300万元、1000万元建设老区村。

2013年以来,晋江共下拨市领导老区村现场办公专项资金4100万元,帮扶了24个老区村96个建设项目,并带动社会资金投入近3亿元,一批经济薄弱的老区村转化为先进典型老区村。如金井镇塘东村荣获省特色旅游乡村、省历史文化名村;龙湖镇南浔村获评省休闲农业示范点、烧灰村获评省"平安家庭"创建活动先进示范村、全省农村社区建设试点村;英林镇西埔村荣获省第二批城乡社区协商示范点、港塔村获评省"千村整治、百村示范"示范村。

在帮扶老区村建设方面,晋江坚持"老区优先,适当倾斜"原则,从2007年开始在全省率先以三年为一周期实施"扶持革命老区村建设三年规划",全力推进老区村基础设施建设,提升老区村公共服务水平。

2013年以来,晋江市发改委、教育、民政、农业、交通等25个革命老根据地建设委员会成员单位倾斜老区发展资金5亿多元。比如,晋江市发改局将安海、内坑两个老镇项目优先纳入市级重点项目;农业农村局优先将老区村纳入"最美乡村"创建对象,支持老区村新农村建设,总投资1.06亿元,完工项目684个,补助资金3416.56万元;卫健局实施革命老区医疗保障优惠政策,老区村60岁以上老人参加城乡居民医保的个人参保费用由市政府承担。

晋江积极争取参照享受中部地区政策标准,加快策划和实施一批辐射能力大、产业带动性强的项目,争取上级对老区更多的政策、项目、资金方面的倾斜支持。近三年来共策划产业带动项目27个,争取中央、省预算内投资补助资金2亿元。

除市领导老区村现场办公专项资金外,晋江市财政预算每年还安排老区村建设专项资金350万元。拟建项目涵盖老区村道路硬化亮化、办公场所、老年人活动中心、中小学教学楼、自来水管网、污水管网、农田水利设施等。2013年以来,全市财政投入扶持老区村建设专项资金2100万元,帮扶了92个老区村490个项目,为打赢老区脱贫攻坚战打下扎实基础。

此外,晋江每年确定2个老区跨越发展重点帮扶村,给予每村扶持资金50万元,改善老区村群众生产和生活条件,提高老区群众生活品质;2013年以来,投入600万元帮扶12个老区村15个项目。泉州市老区办将内坑镇黎山村列入老区跨越发展重点帮扶村,为老区村蓬勃发展不断施力。

关心服务革命"五老",定补标准居全省前列。每年元旦、春节期间,晋江市领导、镇(街道)领导登门慰问,部分镇街配套慰问革命"五老"人员,并从2016年开始,重阳节期间慰问全体革命"五老"人员。据悉,近年来,晋江持续关心服务革命"五老",落实提高革命"五老"人员及遗属的生活待遇,保障他们都能过上舒适的生活。

多年来,晋江坚持实施革命"五老"人员抚恤补助标准自然增长机制。"2020年,以2018年城镇居民人均可支配收入的增长幅度为参照基数,再次调整革命'五老'人员及遗偶定期生活补助(以下简称'定补')标准。其中,享受革命'五老'定补人员,在2019年每人每月1874元的基础上增加90元至每人每月1964元,超过省定标准794元;享受革命'五老'遗偶定补人员,在2019年每人每月664元的基础上增加39元至每人每月703元。晋江的这两项补助标准均排在全省前列,共有52名健在革命'五老'人员及199名革命'五老'遗偶受益。

晋江坚定落实革命'五老'人员及遗偶基本殡葬服务费用免除政策,革命'五老'人员去世后除发放当月定补金外,再增加发放6个月定补金作为丧葬补助费,革命'五老'遗偶去世后增加发放3个月定补金,并敬送花圈一个。

　　此外,晋江还采取多种形式帮助革命'五老'人员及遗偶解决因病、因灾等造成的临时性、突发性困难问题。比如,实行革命'五老'人员及遗偶临时困难补助;办理革命'五老'人员城乡居民基本医保,并免除参保费用;给予春节一次性临时物价补贴;实施革命'五老'人员安居工程,根据情况每人给予3万至5万元的住房困难补助,帮助解决部分革命'五老'人员住房困难;关心高龄、特困'五老',发放高龄、特困补贴;实行革命'五老'人员用电优惠,给予每户每月补贴用电40度。"①

---

①　晋江:政策倾斜扶持振兴老区乡村[N].泉州晚报,2019-07-01(第一版).

第十章 营造优良发展环境

第一节 推进社会主义精神文明建设

社会主义精神文明建设是共同富裕的特质。20 世纪 80 年代初，晋江从治理"脏、乱、差"入手，广泛开展讲文明、讲礼貌、讲卫生、讲秩序、讲道德和心灵美、语言美、行为美、环境美的"五讲四美"活动、"全民文明礼貌月"活动，开展创优美环境、优良秩序、优质服务和学先进为内容的"三优一学"竞赛，促进了城乡环境面貌的改观，形成了倡导文明新风、转变社会风气的热潮。

提倡和弘扬晋江精神。中共晋江县委曾经提出"诚信、谦恭、团结、拼搏"的晋江精神，并在晋江县第十一届人民代表大会上讨论通过。"晋江精神"是晋江人民历经艰辛磨炼概括起来的。专家学者认为晋江市委提出的八字"晋江精神"很有见地，也符合晋江的实际。诚信是晋江人立身、处世的精神。这在市场经济环境下是十分重要的，讲诚实、讲信用是商业社会的基本要求。谦恭就是不自满，永无止境，就是要学习他人。团结就是力量。市领导班子要团结，工厂、企业、单位要团结，家庭也要团结。拼搏最能体现晋江精神。只有拼搏才能发展，只有永不满足，继续拼搏，才有晋江的持续发展。晋江人既敢于拼搏，勇为天下先，敢冒风险，大胆开拓创新，又善于拼搏，认真总结经验，吸取教训，奋力进取，永不退缩。这种精神，是晋江发展的力量源泉。

"把市民意识、文明意识作为精神文明建设的重点，组织开展声势较大的'七个一'系列活动，即举办一次'知我古邑，爱我晋江，美我侨乡'的演讲比赛，并组织获奖者到各镇巡回演讲"，举办"社交礼仪""现代科技发展与决策"等系列讨论；组织一场"晋江精神"的研讨;创办完善一批文明市民业余学校;编印一本文明市民教材;创作一批包括政论片、报告文学等的精神产品;播放一部文明市民教育片。

为在全市上下形成学习、关爱、崇尚、争当道德模范的良好风尚,激励人们积极向上,弘扬正气,树立新风,促进和谐,启动"美丽晋江人"系列、评选表彰活动。2007年12月,通过市民投票和来自各个阶段的评委评选,评出"十佳美丽晋江人"和20个提名奖,并于当年9月举行颁奖晚会。"十佳美丽晋江人"中,既有土生土长的晋江人,也有融入晋江的新晋江人;既有平凡市民中的一员,也有在各条战线上涌现出的先进模范,具有广泛的代表性,评选活动受到了中央文明办的高度关注。晋江市已连续评选表彰三届"十佳美丽晋江人"和两届"医德医风十佳个人",吸引市民近百万人参与投票评议。晋江市持续推进"好人建设",引导人们见贤思齐、重德向善。市委文明办从两届"十佳美丽晋江人"中推荐人选参加中央文明网、省文明风网站"我推荐、我评议身边好人"活动,并发动广大干部群众积极参与投票评议。林蓉蓉、曾菊英、叶乌鲑等经省委文明办审核并向中国文明网推荐,分别成为2010年5月、8月"中国好人榜"候选人,她们的事迹在中国文明网及省文明风网站集中展示,接受群众投票评议。其中,林蓉蓉入选5月"中国好人榜"(助人为乐),曾菊英入选8月"中国好人榜"(孝老爱亲),叶乌鲑入选8月"福建好人榜"(孝老爱亲)。

2012年,晋江市把"美丽晋江人"活动作为推进"好人建设"的有效平台,精心运作、持续深化。依托《晋江经济报》、晋江电视台"美丽晋江人"专栏,加大宣传报道力度,累计报道120多人次"身边好人",在体育中心和市委大院围墙橱窗设立"十佳美丽晋江人"先进事迹宣传栏,召开"十佳美丽晋江人"新春慰问座谈会,在全社会形成学习、崇尚、争当"美丽晋江人"的浓厚氛围。5月23日,《人民日报》专版报道英林供销社员工群体"百余职工、一声承诺、42年坚守"的义举,成为全国供销社系统学习榜样,引起社会各界的关注。年内,全市共有5人入选中国、福建省"好人榜",3人入选第三届泉州市道德模范,14人入选泉州市首届"美德少年",好人上榜人数位于全省前列,被省委文明办授予"好人建设"工作优秀组织奖。

加强公民思想道德建设。晋江市深入贯彻《公民思想道德建设实施纲要》,把社会主义核心价值体系建设融入国民教育和精神文明建设全过程。2010年3月5日至4月5日举办"公民道德建设宣传月"活动,各级各部门结合工作实际,针对不同群体特点,策划实施一系列集中性的公民道德宣传、教育、实践活动;活动突出普及文明风尚、维护公共秩序、传承传统文化、提升志愿服务水平等重点,通过"学雷锋、献爱心"志愿服务、"全民行动、绿化晋江"植树护绿、"我们的节日·清明"、"文化展演"、"讲文明、树新风"等9大系列,创设"弘扬志愿精神,争当文明使者"主题实践,青年志愿者"三助"服务统一行动、"你眼中的美与丑"医院职业道德调查评选、

"闽南古厝·印象晋江"摄影展、"我与美丽晋江人共造希望林"公益植树、"百场木偶进百校"等52项载体,吸引广大干部职工、学校师生、企业员工和辖区群众广泛参与,进一步深化社会公德、职业道德、家庭美德和个人品德建设。8月,组织干部群众积极参与第二届泉州市道德模范和评选投票,引导干部群众在参与投票过程中,学习先进事迹,提升道德素养。

晋江市深入贯彻《公民思想道德建设实施纲要》,把社会主义核心价值体系建设融入国民教育和精神文明建设全过程。举办"公民道德建设宣传月"系列活动,以"学雷锋、树新风"志愿服务为主线,积极创设项目载体,开展针对性强的道德建设宣传教育实践活动;活动包括"学雷锋、树新风"志愿服务、"三八"妇女节系列活动、"全民动员、绿化晋江"植树护绿行动、"3·15维权行动"、"美丽晋江人"宣传、文明交通宣传教育、净化社会文化环境、"讲文明、树新风"、文化科技卫生法律宣传、"我们的节日·清明"等十大系列,包括举办晋江市"福建省百万志愿者学雷锋十大行动"启动仪式、女子健身舞蹈展演、植树造林、3·15现场咨询、"美丽晋江人"和"医德医风十佳个人"事迹巡讲、表彰"五好文明家庭"、评选"十佳"公交司机、"文明祭祀、平安清明"网上祭奠等55项全市性学雷锋活动,进行集中性的公民道德宣传教育实践活动。

晋江市被授予"第五届全国文明城市"称号。与此同时,晋江还有4个文明单位受到表彰,分别是获得"全国文明单位"的中国建设银行晋江分行、晋江市市场监督管理局,获得"全国文明校园"的晋江市养正中学,以及获得"全国文明村镇"的深沪镇运伙村。到目前,晋江共有6个全国文明单位、1个全国文明校园、3个文明村镇。文明风尚,已润泽城乡,融入群众生活。

"晋江变美了,变绿了,变得更加高大上了。"无论是居住在这座城市的人,还是多年前来过晋江的人,对于这座经济重镇近年的面貌改变,无不赞叹。

机场、动车站、高速公路,交通网络四通八达,出行便利;见缝插绿、15座公园遍布市区、水域综合治理实现"两个60%",生态环境大幅优化,经济强市同时摘得"国家生态市",在创建文明城市过程中,晋江基础设施不断完善,城市形象不断刷新,颜值越来越高。

不仅做强"面子",更要做优"里子"。多年来,在创建全国文明城市的征程上,晋江探索出一整套长效精细的管理制度体系:率先把治安巡逻队配到村一级,"两抢"案件大幅下降;率先推行"居住证"制度,110万外来创业务工人员享受30项市民待遇;率先实现城乡环卫保洁一体化,多项创新让晋江的城市管理水平不断提高,城市品质显著提升。

5.5万个高清视频监控探头、采集标注社会类视频监控探头12万余个……晋江城乡布下治安管控的"天罗地网",群众安全感显著提升。

为倡导绿色出行，晋江先后投放 6000 辆城市公共自行车，增设 28 公里自行车道。构建智能交通管理平台，既提高了公交出行率，又缓解了停车难问题。

大力实施"大美晋江"惠民舞台工程，举办"悦读节""国学讲堂"等活动，推出"惠及万家"文体惠民卡和 24 小时城市书房，打造"15 分钟文化生活圈"，用文化做强城市品质，让城市越来越有内涵。

晋江，正成为一座"让本地人留恋，让外地人向往"的创新品质之城。

第二节　移风易俗树立文明乡风

共同富裕也是人的精神富裕。坚持人的城镇化，助力城市品质与人的素质同步提升。晋江是首批国家新型城镇化综合试点城市，在推进城镇化进程中，深刻认识到陈规陋习之所以盛行，根本上是由于人的素质提升没有跟上城镇化、新农村建设的步伐。近年来，晋江坚持把人的城镇化和移风易俗工作一体推动，全力破除闽南地区大操大办、炫富摆阔等陈规陋习，着力解决农村向城市、农民向市民转变过程中的各类问题，实现城市品质与人的素质同步提升。

这几年，晋江结合新型城镇化建设，持续完善功能配套，新建一批文体中心、城市书屋、养老机构、公园绿地、美丽乡村，建成城市慢道和公共自行车系统，市民休闲生活有了更多好去处，市民精神追求有了更多好选择。同时，晋江市文明办先后举办了"倡喜事简办、创文明城市""文明餐桌行动"等主题活动，让文明新风融入人们生产生活的各个方面。

让群众在文化参与、文化享受中转变观念。在长期实践中，晋江市深刻领会到移风易俗不是一蹴而就的刻板要求，而是循序渐进的文化活动，文化问题最终还要靠文化的办法来解决。结合新型城镇化建设，晋江大力开展文化惠民工程，建设"书香城市"，开设"国学讲堂"，打造"15 分钟文化生活圈"。2017 年春节前，一场"文明新风进万家"的社区巡回演出火遍晋江城乡，《厚养薄丧才有孝》《嫁妆》《赴宴》等一系列以移风易俗为主题的原创小品、小戏，引起了群众的共鸣。在"文明新风进万家"青阳街道专场演出中，设置了互动问答环节，把移风易俗的相关政策融入其中，群众参与热情很高。

善用村规民约，让自我教化成为一种文化自觉。村规民约孕育于民间、遵循于乡里，千百年来在构建和维护乡村秩序中发挥着极其重要的作用。"近年来，晋江市大力推行婚丧喜庆改革的村规民约，全市 392 个村、社区都制定了相关的村社规范，用这一群众自我教育、自我管理、自我约束的办法，把喜事新办、丧事简办、神事省办等理念变成行动。"[①]

影响一群人、带动一片人。在晋江当地流传一句话："村看村、户看户、群众看干部。"党员干部在推进村规民约实施中的作用尤其明显。晋江市充分发挥"关键少数"的作用，让党员领导干部率先垂范、主动作为，使移风易俗从"小气候"成为"大气候"。龙湖镇浦头村老党员施宣阔简办八十大寿，捐资 20 万元修村路，当地群众特意为他撰制一副对联，称"六旬党龄再修村路、八秩华诞喜庆金婚"，施宣阔的行为也带动了全村自觉改变大操大办的陋习。

早在 2003 年，晋江市就向全市企业界发出"简办俗事，多行善事"的倡议，2015年又发出"最炫公益，不炫嫁妆"的倡议，号召全市人民丧事简办、喜事新办、神事省办，把节约下来的礼俗开支捐赠给公益事业。据不完全统计，慈善总会成立 15 年来，累计募集善款超过 28 亿元，仅移风易俗捐款就占一半以上。

现在，晋江市简办红白喜事、捐赠公益事业已经从"富人的修为"进入寻常百姓家，形成了独特的慈善文化。2016 年以来，磁灶镇 28 个村简办婚丧喜庆节约资金用于支持公益事业、新农村建设、助困扶老累计超过 3000 万元。龙湖镇仑卜村老人洪我界一直热心公益事业，他经常自制簸箕免费送给村民。2020 年 4 月，洪我界老人去世，按照他的遗嘱，他的儿子简办丧事捐出 20 多万元给村里做公益。该村党支部书记洪元元介绍说，老人的爱心在村里得到接力，现在很多村民自发捐款，有捐几十万元的，也有捐几百块的。从 2016 年 1 月到现在，村民捐资已达 180万元。"不比排场比慈善"在晋江市已逐渐形成新的文化基因，扩展成新的文化风尚。

第三节　转变政府职能，推动经济社会加速发展

党领导人民走共同富裕的道路必须坚持和完善社会主义基本经济制度，毫不动摇巩固和发展公有制经济，毫不动摇鼓励、支持、引导非公有制经济发展，充分发挥市场在资源配置中的决定性作用，更好发挥政府作用。更好发挥政府作用必须转变政府职能。自 1992 年晋江撤县建市后，晋江政府在管理体制上实现了一次新的转变，即强化了机构综合扁平化与监管服务职能。1992 年后，晋江进入了"现代化起飞阶段"，其重点是以工业化、产业化为基础，逐步推进市场化、城市化建设和

[①] 刘江伟,高建进.让群众自我教化成自觉[N].光明日报,2017-04-21(第一版).

经济社会协调发展。这一时期的晋江政府管理则在体制、机制和职能转变上逐步适应晋江从农业社会向工业社会的现代化转型。晋江政府管理体制机制先后于1996年、2002年、2004年、2011年进行改革,尤其在2002年5—6月,中共中央编制委员会办公室把晋江市确定为全国5个深化公共行政体制改革和机构改革的试点单位之一,这给予晋江市增创体制新优势和加快经济发展的一个极好机遇。2004年2月,中共福建省委、福建省人民政府批准晋江市的《创建公共行政体制的改革试点方案》。晋江政府管理体制和政府职能转变的力度是最大的,其特点是:以转变政府职能为核心,以创新运行机制为主线,以提高服务质量为导向,构建与晋江经济社会发展相适应并智谋前瞻的新型公共行政体制;突出综合效应,把行政审批、财政管理、干部人事制度、社会保障改革作为一个关联互动的有机整体,配套推进;改革内容主要是政府职能转变、组织结构重组、工作流程再造、管理方式更新四个方面。

引导乡村工业向城市工业转变。针对初始积累阶段乡镇企业"满天星星"的历史局限,晋江从1994年起就大力实施"六五规模"工程,充分发挥晋江经济一镇一品的特色优势,积极培育、大力发展以龙头企业为核心的产业,有效促进经济区域的专业化、园区化整合。

引导商品生产向品牌经济转变。着眼国内外市场形势的深刻变化,晋江从1995年起全面启动质量立市工程,并在产品质量全面提高的基础上适时提出品牌立市、打造品牌之都,大力扶持民营企业争创中国名牌。

引导家庭管理向现代企业转变。结合化解民营企业成长中遇到的困难,晋江从2002年起积极推行"双翼计划",使资本运营与品牌经营比翼齐飞,并逐步形成超越上市就是融资的观念,立足帮助企业完善法人治理结构、谋划长远发展战略,努力打造证券市场的"晋江板块"。

引导全市发展向全面、协调、可持续转变。近几年,晋江在科学发展观的指导下,认真实施新型工业化战略,一方面把提高自主创新能力作为调整经济结构的中心环节,鼓励企业加快科技进步、建立研发中心、开发知识产权,参与国家和行业标准制定;另一方面把提高持续发展能力作为重点任务,采取严格招商选资条件、引入土地亩产概念、加强环境污染治理、推行节能降耗减排等措施,不断提高科学配置和集约利用资源的水平。

进行产业引导,推动企业做大做强。晋江产业发展过程中形成产业集群效应、品牌带动效应、改制上市效应、创新效应、规模支撑效应,与政府的产业引导密切相关。政府通过给予企业有力的科技、人才、金融保障,加快推动企业向先进制造业方向发展。

支持企业创牌。晋江市2002年提出打造品牌之都的战略构想,制定了品牌发展五年规划，并出台一系列激励政策。比如对获得"中国名牌"产品、"中国驰名商标"的企业给予一次性奖励100万元，对获得"中国世界名牌"产品的企业一次性奖励200万元，已累计发放各类创牌奖励资金1.1亿元。同时，引导品牌龙头企业侧重做研发、设计、营销、物流，中小企业侧重做贴牌、加工，形成大中小企业合理的分工协作体系。

鼓励企业上市。为引导企业规范经营、鼓励企业上市融资，政府设立企业上市专项资金，在企业股份制改造到上市期间，分三次给予330万元的资金补助。上市后3年内，政府按新增所得税本级留成20%～40%的额度给予奖励，已累计拨款7200万元鼓励企业上市。

激励企业创新。出台激励政策，鼓励企业自主创新，提升核心竞争力。比如，对设立国家级、省级行业技术开发中心的，分别给予一次性奖励50万元、30万元，同时对产业科技进步突出贡献人员给予市长特别奖20万元，科技创业奖10万元。至2012年，全市已有国家级技术中心5家、火炬计划重点高新技术企业3家、省级技术中心35家、高新技术企业112家，52家企业成为国家、行业标准起草单位。

推动校企合作。晋江率先建立全国县级博士后工作站，设立专家活动中心、留学人员创业园，引进中高级人才6000多名，其中博士后113名。有50多家企业与86家科研院所、高等院校及人才智力机构建立合作关系。积极培育企业家队伍，政府与北京大学、厦门大学、中国人民大学在大兴安岭等合作，开办现代企业资本运营总裁班、高级研修班等。

支持民营企业"二次创业"。晋江民营企业以往的快速发展，与政府在政策上的大力扶持密不可分，现在开展民企"二次创业"同样也是政策先行。晋江市委、市政府梳理出台了一系列新的促进民营经济发展的政策，并出台了《推进民营企业"二次创业"三年行动方案》，引导民营企业更多地投到先进制造业、战略性新兴产业和现代服务业。

建立行政审批服务中心。2012年组建市级行政服务中心以来，按照"部门围着窗口转，窗口围着群众转"的原则，把全市涉及经济、建设、民生等重要职能部门和审批事项集中进驻行政审批服务中心，同时充分整合部门资源，在重要部门单独组建审批科，有效解决多头分管、多头审批问题，实现对审批事项实行"一条龙"服务。全市共有29个部门、280个审批事项、130名工作人员进驻中心，分设服务窗口54个。行政审批服务中心成立9年就受理办件771878件，办结589329件，当场办结率达76.35%，得到社会各界一致肯定。

精简审批事项。围绕快速流转，实施电子政务，创新审批方式，建设电子审批、网上审批两大网络平台。围绕流程再造，削减审批事项，梳理审批流程，减少审批材料，压缩审批时限。至2011年就削减314个审批事项，取消率达49%，共简化前置 42 个,合并、削减 221 个内部流转审核环节;共取消审批材料 357 份;共压缩审批时限 2354 天,平均每个事项压缩时限达 70%。2012 年,行政审批制度改革步入第 10 轮,进一步压缩审批时限 594 个工作日,向试点镇单位下放审批事权 68 项,顺利承接泉州市下放审批事权 59 项。"马上就办,办就办好,从我做起"的工作氛围日渐浓厚。

加强政府自身建设。政府工作重在抓落实。晋江市政府坚持把"落实"二字牢牢抓在手上,在落实中发展、在落实中提升,全力打造服务发展、服务群众、服务企业,对人民负责、为人民谋实惠、让人民满意的服务型政府。

敢闯敢试、干事创业。抢抓海西建设和泉州环湾发展机遇,发扬敢为人先、勇争一流的精神,打破条条框框,对看准的事、有利发展的事、群众欢迎的事,敢担风险、大胆突破。坚决落实提高行政机关效能 10 项措施,对待工作不论早晚,只讲快慢,能办的立即办,能当天办的当天办,养成雷厉风行、马上落实、马上推进,高效率、快节奏的工作风格,体现"晋江速度""晋江效率",争当科学发展、跨越发展排头兵。

民生为先,民生为重。始终牢记政府前面顶天立地的人民,把服务民生作为一切工作的出发点、落脚点,凡是群众关注的就是政府的工作重点,凡是群众期盼的就是政府努力的方向,凡是对群众的承诺,都要不折不扣兑现落实。全体公职人员牢固树立服务意识,当好"服务员""勤务工",把晋江的事当成自家的事,把晋江群众当成家里人,满腔热情地为群众办好事、办实事。

沉到一线、狠抓落实。大力弘扬具体深入、务实落实的工作作风,在一线抓落实、促成效。各级政府领导干部带头转变文风会风,倡导开短会、开现场会,把主要精力和时间放在了解情况、解决问题、推动发展上,深入基层、组团、项目一线,切实把矛盾、问题、困难解决在本职工作中、解决在所处层面上,多做打基础、添后劲、利长远的事。

依法行政、廉洁从政。坚决贯彻执行市委决策部署,主动接受市人大的法律监督、工作监督和市政协的民主监督,认真办理人大代表的法律监督、工作监督和市政协的民主监督,认真办理人大代表建议和政协委员提案。虚心听取各民主党派、工商联和无党派人士意见,充分发挥工青妇等人民团体的作用,主动接受新闻舆论和社会公众监督。

2022 年晋江市开展"千名干部进千企、一企一策促发展"活动,出台 75 条稳增长措施,为企业减负超 50 亿元,兑现政策资金 24.9 亿元,保障中小微企业融资超 100 亿元,新增市场主体 5 万户、规上企业 315 家、限上企业 267 家。项目投资逆势增长。完成重点项目投资 1200 亿元,实现固投增长 9.4%,山姆会员商店、华润东大医药等 208 个项目签约落地,恒安二期、百宏年产 33 万吨差别化化纤等 110 个项目开工建设,渠梁二期、利郎物流园等 109 个项目建成投产。两个"保交楼"项目复工建设。外贸出口稳中提质。举行"买全球·卖全球"跨境电商创新发展大会,启动跨境电商全球开店综合服务平台,开通 2 条国际航线,启用围头港公共保税仓库、出口监管仓库,提高出口信保补助,组织外贸"微展会""代参展"、包机参展,开展千企万品出海行动,对 RCEP 新市场出口突破 280 亿元,市场采购贸易出口增长 12.5%,陆地港片区纳入商贸服务型国家物流枢纽。消费活力持续释放。开展"爱晋江·欢乐购"等系列促消费活动,举办食交会、晋江鞋服超级产地云展等线上线下展会,五店市获评首批"国家旅游休闲街区",万五商圈获评"省级夜间经济示范区",社消零售总额超 1670 亿元,居全国县域首位。

第四节　加强社会主义民主法治建设

加强社会主义民主法治建设关系党执政兴国,关系人民幸福安康,关系党和国家长治久安。发挥民主法治固根本、稳预期、利长远的保障作用,在法治轨道上全面建设社会主义现代化国家。

晋江市委高度重视社会主义民主法治建设。坚持发展社会主义民主,健全社会主义法治,全力维护团结稳定、政通人和的社会政治局面。

完善人民代表大会制度。开好人民代表大会,1980 年以后基本上做到每年召开一次会议。搞好普选工作,在各届人大第一次会议以前都进行普选工作,市(县)人民代表由过去的间接选举改为由选民直接选举,每次选民参选率都在 98% 以上。充分发挥人大常委会的法律监督和工作监督作用。从第八届人民代表大会开始,市人民代表大会设立常务委员会,作为常设机构,并设立办事机构。市(县)人大常委会切实履行宪法和法律赋予的职权,加强法治建设,着力推进依法治市进程,依法决定重大事项,支持制定规范性文件;不断强化监督权,加大执法检查力度,对"一府两院"工作进行检查监督和评议,通过人事任免等。加强代表联系,发挥代表作用。

市政协积极履行政治协商、民主监督和参政议政职能作用,开好各届政协市(县)委员全体会议。从 1980 年以后基本做到每年召开一次全体会议。市政协委员不断扩大,从第四届 161 人增至第十三届 333 人,从第七届开始专设港澳委员。市政协贯彻执行新时期统一战线的方针、政策,广泛联系各民主党派、无党派和民族宗教等各界爱国人士,多层次、多形式地开展政治协商、民主监督、参政议政活动,发挥成员优势,加强"三胞"联谊,组织视察调研,办好委员提案,维护社会稳定等。

坚持和完善中国共产党领导的多党合作和政治协商制度。市委、市政府经常召开协商会、座谈会、情况通报会,就大政方针等问题同民主党派人士进行协商,基本形成制度。做好党外人士实职安排。在市人大代表、市人大常委会、市政府、市政协中都有民主党派成员,有的还担任副主任、副市长、副主席。在人大、政协中的作用得到进一步发挥。拓宽民主党派参政议政、民主监督的渠道。各民主党派在调查的基础上,向党委和政府提出不少建议被采纳并取得成效,许多民主党派成员担任特约监察员、审计员等。

充分发挥各人民团体的作用。各人民团体积极发挥联系群众的桥梁、纽带和国家政权重要社会支柱的作用。晋江市委加强和改善对各人民团结的领导,支持各人民团体依照法律和各自上级组织的决定以及各自的章程,独立自主地、创造性地开展工作,支持他们开展适合各自特点的有益健康的活动,发挥他们在国家和社会事务管理中的民主参与、民主监督作用。

扎实推进依法治市,维护社会安定稳定。深入开展普法教育,增强全社会的法律意识和法制观念。开通"148"法律服务专线,完善干部学法制度,普法教育通过泉州市验收。实行政法机制改革。1997 年 8 月成立全国第一家市(县)级刑侦局,形成刑警局、责任区刑警大队、任所刑警探组三级破案体制,刑侦专业水平和侦查破案能力大大提高。1999 年,市刑警大队被国务院命名为"特别能战斗刑警队",并被公安部荣记集体一等功。2012 年,市公安局先后被评为"全国优秀公安局"。2013 年,晋江市获评"全国平安建设先进县(市、区)"。2015 年被评为"全省平安县(市、区)"。2017 年,被授予"全省平安先进县(市、区)"。

紧紧围绕实现"平安晋江"建设目标,推进"三基"工程建设,加强治安防范体系建设,加强社会治安综合治理,加大打击力度,严厉打击各种违法犯罪活动,启动"110"社会系统联动服务网络,兑现"有警必接、有难必帮、有求必应"的承诺。及时破获各类刑事案件,人民群众对社会治安的满意率提高到 99%。

人民法院发挥惩治犯罪,维护社会稳定,调节经济关系,保护公民、法人和其他合法权益的审判职能,为全市改革、发展和稳定提供有力的司法保障,先后被授予"全国优秀法院""全国模范法院"等称号。

人民检察院依法查办贪污贿赂、渎职等职务犯罪大案要案,严厉打击严重刑事犯罪活动,加强执法监督,从严治检,促进全市改革开放和经济建设,促进党风廉政建设、维护社会稳定,先后被授予"全国先进检察院""全国十佳检察院""全国模范检察院"等称号。

加强党管武装工作,全民国防教育和民兵预备役工作取得新成绩。人民解放军驻晋江部队和武装部官兵在维护社会稳定、支援地方建设,特别是抢险救灾中作出了突出贡献,军民军政关系进一步密切。搞好"双拥"工作,晋江市已蝉联"全国双拥模范城"七连冠。

第五节 基层社会治理创新生力军

共同富裕一定要完善社会治理体系。健全共建共治共享的社会治理制度,提升社会治理效能。晋江采用社会组织孵化园、民办社工服务机构、"岗位起步、项目跟进"、"岗位购买与项目购买并重"等形式,完善正确处理新形势下人民内部矛盾机制,加强和改进人民信访工作,畅通和规范群众诉求表达、利益协调、权益保障通道,完善网格化管理、精细化服务、信息化支撑的基层治理平台,健全城乡社区治理体系,及时把矛盾纠纷化解在基层、化解在萌芽状态。加快推进市域社会治理现代化,提高市域社会治理能力。强化社会治安整体防控,推进扫黑除恶常态化,依法严惩群众反映强烈的各类违法犯罪活动。发展壮大群防群治力量,营造见义勇为社会氛围,建设人人有责、人人尽责、人人享有的社会治理共同体。

2017 年 4 月,晋江社会组织孵化园正式启用,15 家社会组织与晋江民政部门签约入驻办公,其中包括 12 家社工机构。这也是泉州地区规模最大的社会组织孵化基地,今后将力争打造成为全省领先、全国先进的集孵化培育、资源整合、能力提升、合作交流、展示风采于一体的社会组织公共服务平台。

晋江社会组织孵化园是晋江为培育社会组织发展、支持社会组织承接政府职能转变、参与服务社会而打造的创新平台,吸纳全市典型性、示范性、福利性、公益性的服务型、枢纽型社会组织入驻,采取"政府支持＋专业管理＋社会参与＋公众受益"的模式运营,可同时孵化机构 40 至 50 家,既免费提供办公场所,还可为群众提供一个接触公益、体验公益和参与公益的窗口。

近年来,随着国家对社会建设和社会治理的推进力度越来越大,专业社会工作人才在其中的作用日益凸显,各地也逐渐加快社会工作人才队伍的培养步伐。在被民政部列为全国第二批社会工作人才队伍建设综合试点地区后,晋江抢抓机遇、积极探索、主动作为,扎实推进社会工作发展和社会工作人才队伍的专业化、职业化进程,努力打造基层社会治理创新的一支生力军。

晋江有民办社工服务机构 15 家,持有社会工作职业水平证书者达 768 人,约占泉州地区一半,专职从业人员近 200 人,社会工作服务覆盖全市 19 个镇街、200多个城乡社区,服务内容涵盖社区建设、社会福利、社会救助、婚姻家庭、残障康复、教育辅导、犯罪预防、群众文化等领域,做出了一批亮点、特点项目,为晋江打造国际化创新型品质城市贡献专业力量。

晋江通过强化考前辅导培训、加大持证补贴力度等措施,积极动员和鼓励民政、司法、残联、工会等系统工作人员,特别是社区工作者、志愿服务者参加全国社会工作者职业水平考试,推行持证上岗,逐步向准社工过渡。晋江全市共 768 人取得职业资格证书,占泉州地区的一半。

专业提升。晋江大力实施社会工作人才素质提升"五个一"工程,即选拔一批社会工作督导和督导助理、遴选一批优秀社会工作人才、组建一个社会工作专家库、举办一系列社会工作实务坊、开展一系列社会工作主题宣传,2018 年培养 10 名优秀督导人才和 20 名优秀社工人才,组建一支 20 人左右的专家队伍。此外,晋江有计划、分层次地加强社会工作从业人员在职培训,先后举办 18 期社工实务工作坊,邀请一批知名社工专家作专题培训,着力提升社工专业素养和实务技能。

政府购买,打造品牌服务项目。2019 年 6 月,晋江在福建省率先通过招投标,以政府购买服务的形式引入社工机构参与社区网格化管理,"网格社工"这一新角色应运而生。11 月,该项目顺利通过中期评估,在青阳、灵源等街道运行。

其中,泉州市海西社工事业发展中心中标青阳街道永福里、青新两个社区的网格工作,派驻 12 名专职社工扎根社区。

为有效拓展社工服务领域,让他们有大展拳脚的平台,近年来,晋江采取"岗位起步、项目跟进""岗位购买与项目购买并重"的策略,推进政府购买服务。在岗位购买方面,民政、团委、文明办等部门通过购买社工岗位,以"嵌入"方式,将社工派驻镇(街道)、村(社区)、救助站、育婴院等,全市购买社工岗位近 70 个;在项目购买方面,晋江建立社会工作服务项目库,围绕"工作专业化、专业项目化、项目品牌化"发展目标,推进社会工作项目化运作,以公开招标方式,委托社工机构承接运营。

晋江社会工作服务已覆盖城乡社区建设、青少年成长关怀、婚姻家庭辅导、企业文化建设等社会治理服务领域,年均服务 2 万多人次,成功打造了社会工作服务中心(站)建设项目、四点钟学校、白玉兰家庭驿站等多个品牌服务项目。

经过几年来的探索与实践,晋江社会工作服务网络已实现镇级全覆盖,并将专业服务的触角延伸至学校、企业、医院、司法等领域,进一步激发了社会活力,促进了传统群众工作服务模式的转型升级,提高了公共服务和社会服务水平,成为晋江推进社会建设、创新社会治理、打造品质城市越来越重要的专业力量,为助推新型城镇化建设构建起基层社会治理新格局。2022 年安全生产标准化提升实现全覆盖,生产安全事故数、伤亡人数分别下降 34.8%、41.7%。常态化开展扫黑除恶专项斗争,电信诈骗案件比下降 41.3%,破案率提升 3.25%,392 件治重化积案全部化解。

第六节 营造优良经济发展环境

干事创业,共同致富必须有一个好的氛围。晋江市委提出,"环境就是生产力,环境就是竞争力,环境体现的就是执政能力,营造良好环境,是实现又好又快发展的必然要求",还强调"不爱护发展环境就是失职,抓不好发展环境就是不称职,谁破坏发展环境就要撤职"。

(1)打造大干快上的发展环境。晋江每一次大的发展、新的跨越,都以思想解放为前提、以观念更新为先导。近年来,先后开展"增强公仆意识,做好群众工作""海西应先行,晋江走前列""全省大跨越,晋江怎么办""省委新要求,晋江怎么办"等大教育、大讨论活动,深入总结、不断丰富"晋江精神"内涵,并坚持用以教育党员、干部和群众,激发晋江人敢拼会赢、敢为人先的精气神,在全市上下掀起一轮又一轮创新、创业、创造的热潮。

(2)营造廉洁高效的服务环境。晋江市委全面落实党风廉政建设责任制,坚持标本兼治,共抓共管。实施廉洁文化"八进"活动,规范行政自由裁量权,严查各类违法违纪案件,构建惩治和预防腐败体系。全面推进党风廉政建设和反腐败斗争。以实行"一岗双责"、落实责任分解、严格责任考核和强化责任追究"四个环节"为抓手,促进党风廉政建设得到全面落实。加大农村基层党风廉政建设力度,推进农村"五要工程""'村官'保廉"工程和农廉建设规范化管理。深入开展反腐倡廉宣教工作,深化廉政文化进机关、农村、社区和家庭工作,营造风清气正的干事氛围。

(3)强化效能建设。改革制定《晋江市简政强镇工作意见》,将40个审批事权下放或服务前移到镇级,金井、磁灶、东石等镇成为简政强镇试点。加强推进党务公开,积极开展重点项目建设、环境保护、校舍安全、安全生产、水利民政系统等专项执法检查,开展对安置房建设的监督检查,全面深化建设工程领域的监管,有效纠正损害群众利益的不正之风。坚持把查办案件作为贯彻落实从严治党方针的重要举措,严肃查处各类违法违纪案件。

(4)加强机关工作作风建设。晋江市委始终要求改变党政机关工作作风,开展"加大治理懒散力度,服务晋江跨越发展"专项教育,推动从管理到服务的理念转变,加大公共服务投入力度,推进基本公共服务均等化,建设服务型党政机关。加大上级决策部署落实情况监督检查力度。2002年率先在全省县级成立行政审批服务中心,推行行政审批制度改革,持续推进十一轮审批制度改革,先后取消审批事项400多个,设立电子监察中心,将权力运行纳入"全流程、动态化"的监督之中,不断缩短审批服务时限,提高服务群众的能力和水平。还深入开展窗口单位和服务行业"为民服务创先争优"活动,全力破解"熟人经济",提升服务水平。

晋江市委坚持维护稳定第一责任,大力推进全国社会管理创新综合试点工作,积极探索新形势下党的群众工作路子,实行领导干部定期、包案化解等信访工作制度,建立民众咨询投诉、排查调处联动、网络舆情监督、城市风格管理等"四个中心",开通书记信箱、市长专线、网上信访等民意通道,出台重大事项社会稳定风险评估、情报信息第一时间报告、应急处突三级响应制度,形成党委主导的群众维权和纠纷化解机制。从推进外来人口本地化入手,率先在全省推行"居住证"制度,公开对"新晋江人"做出"三不"承诺,110 万"新晋江人"同等享受 30 项市民待遇,外来人员成为晋江建设的生力军。晋江城市更显和谐宜居、开放包容。

第十一章　党建引领　促进发展

晋江市委致力于锻造一支政治强、素质高的干部队伍，坚持不懈地加强党的思想、理论、组织和作风建设，发展壮大党的组织，提高党组织的创造力、凝聚力和战斗力，充分发挥了领导核心和战斗堡垒作用，以引领和促进晋江的发展。

第一节　建设高素质的干部队伍

晋江市委加强干部培训、领导班子思想作风建设和后备干部建设。严格执行《党政领导干部选拔任用暂行条例》，结合换届选举工作对领导班子进行调配。在干部调配工作中主要采取三条措施：一是在人事酝酿上，坚持"通盘规划、分类配备"的原则，突出乡镇与机关的交流换岗，拓宽选人渠道，扩大选择调整余地。二是在选配原则上，坚持"好中选优，改善结构"的原则，突出提高班子的年轻化、知识化和专业化程度。三是在实施调整上，坚持"分步补位，合理组合"原则，优先配强党政"一把手"，围绕"一把手"配强配好第一线领导班子，注意突出"一把手"的领导核心地位和班子成员间气质、能力、角色的合理组合，力求形成互补效应和群体效益。调配后，班子结构有了较大改善，取得新突破。

按照"围绕发展、扩大民主，鼓励竞争，加强交流"的总体思路，积极稳妥地从整体上推进干部人事制度改革，为晋江经济社会发展提供组织保证。

一是建立群众公认的民主推荐机制。扩大民主推荐范围，广泛听取社会各界人士特别是基层村居干部群众的推荐意见；丰富民主推荐形式，设置多种票箱分别投票，坚持会议民主推荐和领导干部个别谈话推荐两种形式相结合的方式确定后备干部的人选，对一些较敏感、难以把握的人事调配用票决的方式进行层层筛选；

完善民主推荐制度,注意将民主推荐情况与干部年度考核和历次民主推荐的得票情况进行综合分析,使获取的干部信息更加接近客观实际,最大限度地把群众公认的干部推荐出来。

二是建立择优汰劣的干部评价机制。为增强干部评价的客观性、准确性和公正性,积极探索新方法、建立新制度。设立考察顾问,加强对整个考察过程的协调指导和监督把关;创新干部述职办法,采取书面与口头相结合的方式,要求考核对象登台亮相。在规定时间内脱稿述职,并进行现场录像;全面推行考核工作预先制,实行机关和基层干部互谈,实行考核对象面谈和干部评价工作会议制度;充分兑现考核结果,注意向考核对象反馈考核情况,结合民主生活会,要求考核对象对照检查,同时通过必要的调整,实现干部择优汰劣。

三是建立公平有序的竞争激励机制。将竞争机制导入中层干部的选拔任用,全面推行股级干部竞争上岗,定期开展一般干部交流轮岗。推行"一线工作法",建立用产业锻炼和配置干部的常态机制,在重点项目一线,科级后备干部推荐名额、专项推荐、专项考核、单独分析站队,适应经济社会发展实际,不断调整基层干部经济待遇,重视宣传基层优秀干部先进事迹,在全市干部队伍中形成"人人向上,你追我赶、不甘落后"的生动局面。

四是建立公道的干部任用机制,增强干部选任工作的透明度。全面推行干部任前公示和试用期制,逐步实现干部选任工作信息公开,及时向人大、政协、民主党派和离退休干部通报干部调配的有关情况,主动接受监督。

五是建立干部定期交流轮岗机制,探索不适宜担任现职干部调整和退出机制,进一步规范干部的行为。

第二节　加强党的思想理论建设

加强党的思想理论建设。市委通过各种形式组织全市党员、干部系统地学习党的路线、方针、政策,学习党的基本知识,学习党的基本路线,学习党的历次代表大会精神,学习邓小平理论和"三个代表"重要思想,学习科学发展观,学习习近平新时代中国特色社会主义思想。使全市党员深刻领悟"两个确立"的决定性意义,增强"四个意识",坚定"四个自信",坚决做到"两个维护"。

加强党的教育阵地建设。通过市委党校、镇党校、系统党校等,每年培训、轮训党员、干部1万多人次。开展电化教育,运用录音、录像、广播、电视和电影等传播手段有组织地对党员进行有效教育,形成三级电教网络。同时加强地方党史的征集、研究、编辑，出版一批晋江地方党史书刊、画册；加强党史宣传教育，发挥"以史鉴今，资政育人"的作用。市委还通过树立典型，表彰先进，多次表彰先进基层党组织、优秀共产党员、优秀党务工作者，召开先进模范人物事迹报告会等，为广大党员、干部树立了学习榜样。

加强理论建设。建立以市委学习中心组为"龙头"的干部理论学习网络。市直各单位党组和系统党委以及镇（街道）党委都建立学习制度；完善领导干部脱产进修、在职学习、学习考核制度等制度。同时，坚持学以致用，使学习理论成为统一思想、指导实践、加快发展的强大动力。市委学习中心组被评为"全省理论学习先进集体"。

晋江市委组织学习宣传贯彻习近平新时代中国特色社会主义思想，制发《关于在全市进一步兴起习近平新时代中国特色社会主义思想"大学习"热潮的工作方案》，市委理论学习中心组以学习习近平新时代中国特色社会主义思想为重点，举办专题学习会和交流研讨活动，市委组织部坚持把学习习近平新时代中国特色社会主义思想作为党员干部教育培训的中心内容，承办泉州市"新思想"专题班。举办专题研讨班。市委还召开学习习近平新时代中国特色社会主义思想学习汇报会，开展主题宣讲，在全市掀起学习宣传贯彻热潮。

第三节　加强党的基层组织建设

夯实村（社区）党建基础。多年来，晋江市委认真贯彻《中国共产党农村基层组织工作条例》，以"五好"为目标，积极探索新形势下加强党支部为核心的村级组织建设的新路子、新方法。

一是适应村民自治组织发展，从选人用人机制入手，拓宽用人渠道，配强村级领导班子，特别是村（社区）党支部书记。加强村支部书记的培训教育。与省联办重点村支部书记培训班，形成制度，每年举办一期，并组织他们到河南、江苏、上海等基层组织建设典型单位参观学习，帮助他们拓宽思路和视野。同时创办每年一次的"重点村党支部论坛"，先后以"党的领导与村民自治""农村基层组织建设与'三个代表'学习教育活动"等为主题开展活动。

二是出台晋江市村级干部管理规定，健全村干部激励机制，发挥政策叠加效应，让想干事者有机会，能干事者有舞台，干成事者有地位。在全省率先探索整合农村"六大员"，在所有村（社区）建立"一个服务中心，一支服务队伍，一批服务项目，一套服务机制"，构建起城乡一体村级组织公共服务模式，推进村级综合服务模式,推进村级综合服务场所建设,成功承办全省村级综合服务场所建设现场会。

三是做好选派干部工作。

四是建立健全村级党组织领导下的村民自治机制,实施村级运转经费最低保障线制度,推行村级党建工作机制、民主管理制度,完善新形势下农村治理框架,探索推行村(社区)网格化管理,推动"一人一事包村"向"一人一格包村"转变,深化全国社会管理试点城市建设。此外,近些年来还重视发展壮大村级集体经济,注意解决村干部的经济待遇问题,出台《晋江市村居干部补贴管理办法》,规范了村干部补贴管理,提高了村干部补贴标准。

晋江市涌现出一批基层党组织先进典型,如磁灶镇大埔村党委,2016 年 7 月 1 日被中共中央表彰为"全国先进基层组织"。大埔村现有 4 个党支部、126 名党员,2012 年在晋江市率先成立村级党委、纪委和党校,依托村级党校,不定期组织党员干部参加学习培训,提高建设美丽乡村积极性,在村党委带领下,进行了四期旧村改造,使老村焕发新颜,大部分村民搬进了花园式小区和别墅式住房,为带领村民致富,把目标瞄准集体经济,经过对全村资产资源的摸底、盘点,共清理资产约2053 万元,土地面积 180 亩,并张榜公示。通过回收整合村内闲置土地和被占用公共土地,建成标准化厂房 1.5 万平方米,以村务公开民主听证会等方式进行发布、招租。仅此一项就为村集体每年增加收入 50 万元以上。依托磁灶镇中心居住区改造工程,以及印刷产业化基地的开发建设,村里还建了一个占地 5.8 万平方米的商贸中心区,成为村集体收入的又一主要来源。注重民生建设,村里投资 1200余万元建设配有 101 个房间、330 张床位的村级敬老院,为村里近 200 位 70 岁以上老年人提供免费食宿等养老服务。

第四节　加大非公党建工作力度

晋江市委高度重视非公有制企业党建工作,是全国最早探索非公党建的地区之一。早在 20 世纪 80 年代末,晋江就按照"哪种方式管用就采用哪种方式"的原则,开始在民营企业、三资企业和个体劳动者协会中建立党组织,并在此基础上总结出"建、联、挂、靠"的工作方法,于 1990 年全面推广,1994 年正式把非公有制企业党建纳入农村基层组织建设范畴,1996 至 2002 年,市委组织部坚持抓党建、抓典型、抓活动、抓配套、抓发展,推动新经济组织党建工作上新水平。针对全市新经济组织发展快、数量多、规模小、分布散,从业务多、党员少的特点,坚持把新经济组织党建工作纳入农村基层组织建设的轨道,总结推广在符合条件的行政村设置党总支,再按行业、地域分布组建党支部的做法,加强属地管理职能,提高覆盖面;坚持以党建带工建、团建,以工建、团建促党建的工作方法,在尚不具备建立党组织条件的新经济组织中先建立工会、共青团等群团组织,开展群团工作,培养入党积极分子,创造条件促进新经济组织的党建工作。2003年以来,晋江市委适应非公有制企业集群化、规模化的趋势,进一步确立以"支部建在规模企业上"为主导,"建、联、挂、靠"为主要组成部分,促进党的工作覆盖面和组织覆盖面迅速扩大。

晋江市坚持把非公有制企业党建工作纳入市委工作大局进行精心谋划,着力构建"大党建"格局,狠抓领导责任的落实、制度建设的完善、工作力量的整合。

在工作网络上,构建"市镇村企"四级组织体系,在市一级设立非公企业党工委,将涉企部门和群团组织分管领导作为党工委的组成人员,建立党建联席会议,定期研究筹划全市非公企业党建工作。在镇(街道)统一设立企业党委,下设企业党委办公室,对有50家以上规模企业或财政收入超亿元的镇(街道),企业党委配备1名副科级专职副书记,已配备13名。在村(社区)一级建立村企业工作联席会,由村(社区)党组织书记负责,牵头协调辖区内党组织共建工作。在市产业集群核心企业级组建一批党委、纪委和党校,用"大党建"工作模式带动群团组织建设,已成立恒安、安踏、凤竹等10家企业党委、纪委和党校。

在队伍建设上,一是"选派"。市委统一选派"退二线"科级干部和优秀年轻干部到市重点产业集群核心企业挂职,分别担任党建指导员和党建专职干部,2007年以来共选派两批43名干部到32家企业挂职。二是"聘用"。每年由市委组织部聘用50名、镇(街道)聘用150名左右的重点企业党务干部,对聘用党务干部给予一定的经济补贴。三是"推荐"。根据企业需求,从退休老师、退伍军人、优秀党员毕业生中引荐一批到企业担任党务干部。

在资金保障上,按照"财政下拨、党费返还、企业资助"的思路,多渠道筹措、落实非公有制企业党建经费。返还非公有制企业党组织党费,作为党组织活动经费,全市绝大多数企业党组织活动经费可在企业实报实销,切实解决非公企业党组织没钱办事的问题。

在典型培育上,着力实施"一企一策一特色一品"市级党建示范单位培育工程,开展工会组织"双亮"活动,成立青少年服务中心流动团员服务站和流动团员团工委,全力提升"两新组织"党群建设水平。开展"党建之友"评选表彰活动,在评先评优、推荐人大代表、政协委员以及其他社会公职时,把业主支持党建工作的政治态度作为重要条件,积极营造良好的党建工作氛围。

近五年来,晋江市委在推进非公党建中,又将全市划分为10个片区,然后选派1名党建指导员、1名党建专职干部、1名企业党务干部和1名专职党务工作者,组织"1+1+1+1"党建团队,分别进驻各个片区,党建团队在片区内2家大型的核心企业中挂职,同时辐射、带动周边 10 家中小企业。"2 带 10"党建模式,不仅有力有序推动了非公企业的发展,也培养了一大批有能力有作为的党员干部、党务工作者。

晋江涌现出一批非公党组织先进典型,起了很好的示范作用。1996 年 7 月,凤竹公司党支部荣获"全国先进基层党组织"称号。2011 年 9 月,恒安集团党委荣获全国非公有制企业"双强百佳党组织"称号。2012 年 6 月,优兰发集团党委荣获"全国创先争优先进基层党组织"称号。

恒安集团是全国最大的妇女卫生巾和婴幼儿纸尿裤生产企业,总资产 100 多亿元、员工 2 万多人。30 年来,恒安集团高度重视党建工作,党的建设与企业发展相辅相成、互相促进。早在 1986 年 2 月,恒安集团就成立了晋江市第一家非公企业党支部,现有党员 1000 多名。通过党员标杆生产线的辐射带动,集团每年节约成本 3000 多万元,恒安集团经党组织培养,不少普通员工走上管理和领导岗位。集团党委 9 名成员全是中层高管或技术骨干,40 名部门负责人为党员,另有约 50 名党员进入集团经理和总经理人才储备队伍,一大批党员骨干成为集团发展的重要力量。

和恒安集团一样,优兰发集团也深深受益于党建带来的红色动力。该公司自1998 年建立党组织以来,已发展党员 100 多名。集团党委成立 3 个党员科技创新团队,先后研发 12 克/平方米超薄薄页纸、造纸活泥制作纤维板等一系列行业关键性技术,每年创造 2 亿多元经济效益,助推集团成为全球最大的拷贝纸、薄页纸生产基地。集团攻坚克难的每一步都离不开党员的先锋模范作用。

发挥非公经济优势,助力晋江发展。晋江拥有民营企业 3.3 万多家,创造就业、工业产值、税收分别占全市总量的 97%、95%、93%,形成"十分天下有其九"格局。

晋江始终把非公经济作为统战工作的重中之重,以商会、行业协会、社会团体为单元,共设立晋商促进会、市企业家联谊会等 37 个市级团体、45 个行业协会、20个镇级商会、4 个村级商会,成功构建"市、镇、村、企"四级统战网络,为企业提供全方位的服务。

晋江也正以"五好"县级工商联建设示范点为契机,不断整合资源,调整工作思路,以创新工作为手段,以服务形式为内容,以拓展工作网络为平台,坚持科学发展观的理念,大力推进全市"五好"商会建设。

一方面,各个晋江商会根据自身定位、会员发展情况的不同,各自有效地探索,使商会协作沟通良好发展。同时,各个晋江商会经常举办各种层次的学习交流活动,包括纺织服装行业转型突围、自贸区、新三板、工业 4.0 等各种主题企业沙龙和讲座,帮助企业把脉问诊、释疑解惑,引导企业练好内功;商会组织企业和企业家到国内外进行商务投资考察，满足他们项目投资与合作的需要；积极搭建与企业发展密切相关的各种部门和机构服务平台，比如，针对融资难的问题，各商会都把这一工作作为重要的工作任务，多方牵线搭桥，帮助会员企业解决融资难题。

另一方面，晋江积极搭建异地非公经济代表人士交流平台和海内外工商界人士的交流互动平台——组织各异地、海外商会、同乡会会员企业参与省民营企业项目洽谈会、"9.8"投洽会、省侨洽会、"智造名城"企业大会等重大经贸活动；举办每年一次的国内异地商会与海外晋江同乡会的会长联席扩大会，今年首次召开异地晋江商会"回归·创业"推进会，组织24家异地晋江商会（筹备组）49名会长及商会项目负责人回乡考察；组团参加海外社团就职典礼、异地商会成立活动，积极推介家乡投资环境和政策导向，引导海外晋江籍乡亲、异地商会"抱团"回乡投资兴业……

北京、天津、南京、贵州、武汉等18个商会都创立了商会投资公司，都在寻找合适的"回归工程"落地项目。通过搭建平台，出台专项扶持政策，自2012年以来，累计落实回归项目54个，总投资196亿元，为晋江发展注入新活力。从磁商的陶瓷城项目，到山东晋江商会参股建设晋江五金机电城，再至武汉晋江商会投资20亿元的和平国际广场城市综合体项目落地晋江，晋江商人在日益强盛后，已然成为回乡投资、反哺晋江的主力军。

第五节　探索人才发展的道路

晋江市委坚持党管人才原则，实施人才优先发展和人才强市战略，创新人才政策体系，构造海纳百川的人才环境，努力把晋江建成为国内外优秀人才高度集中的创新乐园，为晋江经济社会发展提供智力支撑。现在，晋江的各类人才队伍已近30万，成为晋江市最活跃、最具竞争力的生产要素。

2016年至2020年，市财政投入3亿元，在传统产业、新兴产业等领域对接，引进200个带技术带项目、带团队的高层次创新创业人才及其团队，吸引带动3000名以上的海内外人才来晋就业创业。面向全市规模以上企业主要负责人、控股股东，以及新生代、创二代企业家、高层次创业人才，常年系统开展企业家领导人工程、晋江企业大讲堂、对标工程和企业家社群品牌活动等系列活动，培养一支具有国际视野、先进理念、管理创新活力和社会责任感的高素质企业家队伍。大学生"创客公寓计划"：采取实施免租或租房补贴方式，为来晋江求职或就业创业不满1年的在校大学生或毕业5年内的高校毕业生，提供可"拎包入住"的免租公寓，或者发放租房补贴,由其自行租赁住房。推行高技能人才"振兴计划",充分发挥政府引导作用、企业主体作用和职业院校基础作用,大力引进各类急需紧缺智能人才,加快建设高技能人才培养培训体系,打造一支符合晋江产业发展的高技能人才队伍。

晋江市人才工作已取得很好的成效。

一是始终坚持产城人联动,让人才引得进。按照"突出业绩,体现能力"的原则,出台全国县级市首份"优秀人才认定标准",破除"文凭＋职称"的传统思维,使用多元要素人才,把企业"蓝领阶层"中的精英纳入优秀人才范畴,建立高端性与实用性并蓄的六大类人才认定体系。以待遇招聘人才,创新人才资助、人才创业扶持、人才户籍管理、人才子女入学、人才家属就业、人才贡献奖励等专项政策,引进人才可享受每月 500～10000 元的津贴,一次性 2000～10000 元的交通补贴,免租入住人才公寓或申请享受 5 万～80 万元的购房补助,申购竞购面积不少于 80 平方米、参照经济适用房售价的人才保障住房,申请 50 万～200 万元的创业启动资金、科技创新贷款贴息奖励缴纳个人所得税的 22％额度等。引才政策的吸引力和竞争力在全国县级市居于前列。以产业吸引人才,结合实施城市建设、产业集群、品牌经营、资本运营、自主创新战略,在各个阶段的产业发展指导性文件中,适时加入引才条款,并依托雄厚的产业实力,形成揽才引智的强大引力。以平台聚集人才,通过成立科技强市专家顾问团、产业发展专家引导小组、城市产业规划战略课题组,设立全省首家县级中心人才市场、省级鞋服专业人才市场、网上人才家园,全国首家县级博士后科研工作站、企业院士专家工作站等引才平台,着力引进各类急需紧缺人才,如先后引进 62 名博士后,主持或承担省级以上项目 46 个,获发明专利 12 项等。

二是始终立足发展实际,让人才"用得好"。提供良好的培训机会,把提升素质作为优化人才使用的重要内容。核心打造"晋江大讲堂"总裁研修班、博士后讲坛、青商才俊班、精益管理培训、财智论坛、商会论坛、经济发展高层论坛、企业家文化沙龙等高端培训平台,邀请了 50 余位国内外知名学者来晋讲学。启动晋江民企"111"人才培养计划(即在 5 年内对 100 名领导企业家、1000 名企业高管、10000 名企业管理技术人才进行培训)引导 216 家企业 583 所高校开展人才委托培训等。

三是始终致力优化环境,让人才"留得住"。营造"尊重知识、尊重人才、尊重创造"的浓厚氛围,让各类人才政治上有荣誉、经济上得实惠、社会上受尊重,提升人才对晋江的认同感和归属感。几年来,先后推荐 400 多名优秀人才入选各级"两代表一委员"和劳动模范、荣誉市民、美丽晋江人。树立以业绩为取向的人才价值观,鼓励企业实行股权激励等薪酬机制,确保一流人才享受一流待遇、一流贡献得到一流报酬。成立市镇企三级人才工作服务网络,建立领导干部挂钩联系优秀人才制度,实行"四个一"服务机制(每月一次沟通联系、每季度一次沙龙交流、每半年一次走访服务、每年一次健康体检）。设立市人事人才公共服务中心和专家活动中心，确定 198 家企业（创业协会）人才联系点、40 家重点人才工作服务单位，为各类人才申报政策待遇、委托人事代理、联系仲裁咨询、开展学术交流、参加培训、组织联谊联络等提供完善服务。五年来，晋江市共引进落地超过 50 个创业团队和项目。先后聚集 537 名国家级、省级高端人才，3048 名泉州市级高层次人才；累计争取上级人才政策资金 1.09 亿元；兑现本级人才政策资金 5.08 亿元。以产聚才，以才兴产，为产业发展注入了源源不断的动力。

第六节　全面加强党风廉政建设

党风问题是关系党生死存亡的问题。改革开放以来，党风廉政建设迈向新的发展道路。中共晋江县（市）委坚决贯彻中共中央和中纪委的指示和准则、规定等，建立和完善纪检监察机构，加强纪检监察队伍建设，开展党风廉政教育，坚持不断开展反腐倡廉工作，坚决查处各种违反党纪国纪的案件，纠正各种不正之风，开创了党风廉政建设的新局面。

1992 年晋江设市以后，按照党中央关于加强党风廉政建设和反腐败斗争的一系列重大决策和部署，紧密结合晋江改革、发展和稳定的实际，坚定不移地推进党风廉政建设和反腐败斗争。加强党性、党风、党纪教育，始终坚持"教育在先，防范在前"，通过各种学习教育，使广大党员、干部进一步树立正确的世界观、人生观和价值观，增强廉政意识和遵纪守法观念，提高拒腐防变能力。贯彻落实党风廉政建设责任制。做到事事有人管，项项有着落，一级抓一级，一级带一级。市纪委重点抓好组织协调、监督检查、评议考核和责任追究。市纪检监察机关坚持把查办案件作为推进反腐败斗争的重要突破口。在市委统一领导下，执法执纪机关密切配合，形成整体合力。从 1992 年至 2012 年，全市共查处违法违纪案件 2135 起，受党纪政纪处分 2562 人。坚持纠建并举，加强纠风工作。按照"谁主管、谁负责"的原则，围绕群众反映的热点问题，积极开展专项治理，扎实推进民主评议行风制度，促进部门作风和行业作风的转变。注重标本兼治，积极推行基层事务公开，加强民主管理和监督。各级各部门切实抓好村务、厂务、政务、校务和卫生系统院务公开等基层事务公开，加强领导，健全机构，规范运作，取得实效。

党的十八大以后，坚持惩防并重，纵深推进，促使全面从严治党向全方位延伸。2013 年以来，晋江持续强化监督执纪问责，扎实推进全市党风廉政建设和反腐败各项工作。围绕工作大局，把严格执纪特别是政治纪律作为推动工作落实的重要手段,持续强化"四个意识"、持续压力传导、坚持抓早抓小、着力正风肃纪,始终保持对惩治贪腐的高压态势。5 年来共立案 968 件,给予党纪处分 902 人,移送司法机关 72 人。特别是近年来,晋江结合实际,探索创新纪检监察工作,促使全面从严治党向全方位延伸。

晋江高度关注全市党员干部思想、工作、生活、廉政等状况,推进"三库"建设,即建立全市市管干部廉政档案,将全市所有科级干部列入廉政档案监督对象,收集市管干部个人基本信息、礼品礼金上交、经济责任审计、问题线索核查情况等 20 多个方面的廉政信息;建立镇(街道)科级以下干部和村(社区)主干廉政档案;推行派驻机构廉情信息库建设,收集驻在单位"三公"经费开支、"三重一大"执行、选人用人、责任追究等方面廉清信息,充分发挥派驻纪检组"探头"和"前哨"作用。

晋江同时推动全面从严治党向基层延伸。2017 年年初,晋江出台《关于进一步加强村级纪检组织建设的通知》,从硬件设施、人员选配、制度规范、工作程序、经费保障等方面推进村级纪检组织建设。晋江全市 19 个镇(街道)的 393 个村(社区)建立村级纪检工作室 390 个、村级纪委 3 个,通过创新村级纪检组织设置、管理制度和运行机制,构建立体化、全覆盖、可操作的村级纪检监督体系,将监督延伸至村级"末梢"。

实践证明,越是发展步入关键阶段,党建统揽功能就越发凸显;越是经济发展遇到困难,党建引领作用就越发鲜明。据统计,晋江市已建立非公企业党组织 1306 个、党员 6571 名,恒安、安踏、361°等知名企业,同时也是全国、全省先进基层党组织单位。

晋江,既是蓬勃发展的创业之城,也是非公党建工作创新的热土。全国首创非公企业党务工作者职称评聘办法及非公党建党务人才订单式培养模式即诞生于此。晋江将企业党组织书记按一至五级评聘为市级"非公党务工作者"职称,实行任职准入、分级激励,并开创"区域化党建联盟"模式,以点连片,以片成面,在同频共振中凝聚为党建共同体。同时,晋江强化政治激励引导,将企业党建作为全市非公经济人士评先评优、推选"两代表一委员"的前置条件。

党建工作铸就了广大党员干部"奋发争先、不甘平庸"的精气神。2017 年 3 月,晋江市委正式制定《全市干部一线工作考核制度》,提出"只要干得好,就要使用好",极大地奖励了非公企业的党员干部。

第十二章 开启现代化建设新征程

第一节 聚焦共同富裕

实施村集体经济发展"双百计划"，确保所有村社集体经营性收入超 50 万元，100 个以上村社集体经营性收入超 100 万元。开启全面建设社会主义现代化的新征程。"在改革开放春风鼓舞推动下，晋江党和政府带领全市人民，弘扬'诚信、谦恭、团结、拼搏'的晋江精神，牢牢把握历史机遇，解放思想，勇于探索，艰苦创业，开创了享誉海内外的乡村工业化模式。"

"农业现代化水平显著提高。1991 年全市实现农林牧渔业总产值 7.7 亿元"，2020 年增至 40.2 亿元，农业规模化、品牌化、标准化、产业化建设步伐加快。全市耕地规模化经营面积达 12 万亩，拥有农业产业化重点龙头企业国家级 3 家、省级 14 家、市级 70 家，带动省内外 30 万农户增收 14.9 亿元，耕地机械化农业水平达 53%。

更大力度支持民营经济发展。晋江所取得的发展成就，民营经济功不可没，民营企业家贡献巨大。我们要始终牢记习近平总书记的嘱托，坚持以"晋江经验"为引领，一如既往地坚持"两个毫不动摇"[①]，把民营企业和民营企业家当作我们自己人，大力弘扬企业家精神，依法保护民营企业产权和企业家权益，全力为民营企业解难题、办实事，当好最坚强后盾。落实组合式税费政策，修订新一轮经济鼓励扶持措施，"第一时间＋顶格优惠"直达企业。做好第五次全国经济普查，开展市场主

---

① 王明元.晋江市 2022 年政府工作报告[R].泉州：晋江市第十八届人民代表大会第二次会议,2022-12-28.

体倍增行动,建设工业运行监测系统,全力帮企业稳资金、稳预期、抢订单、拓市场,有效避险纾困,新增培育市场主体 5.5 万户、规上企业 400 家、限上企业 280 家。深化龙头企业培优扶强工程,办好领航混沌创新班,扶持腰部企业成长,新增培育产值超 50 亿元企业 2 家,省级以上"专精特新"企业 15 家、制造业单项冠军 5 家。

国内外贸易迅速发展。1991 年,全市社会商品零售总额 9.23 亿元,2020 年增至 1151 亿元。2020 年自营出口总值增至 616.8 亿元。招商引资实际利用外资 1991 年 0.86 亿美元,2020 年增至 17.40 亿美元,外资企业实现总产值 1991 年 8.68 亿元人民币,2019 年增至 2436.04 亿元人民币。

"从公共财政实力看,晋江财政总收入 1989 年首次突破 1 亿元,1992 年即超 2 亿元,达 2.2 亿元;至 2007 年超 60 亿元,达 60.29 亿元;2010 年超 100 亿元,达 100.23 亿元;2020 年达 227.67 亿元;其中本级财力 139.28 亿元。"[①]2019 年金融机构各项存款余额 1810.34 亿元,各项贷款 1509.49 亿元,为经济发展、社会转型和民生改善提供了有力的资金保证。

晋江市综合经济实力和竞争力持续居全国全省前列。1991 年,晋江首次名列全国百强县市排名,列第 55 位;1994 年位次升至第 15 位,2000 年又升至第 10 位。2020 年,晋江县域经济社会综合实力位居全国百强县市的第 5 位,县域基本竞争力连续在全国百强中保持在第 4 位,入选全国首批创新型县(市)建设名单、国家'双创'示范基地,城市投资潜力、营商环境居全国县域第 2 位。晋江综合经济实力连续 20 多年保持福建省十强首位。"

城乡发展一体化新格局和现代化城乡形态基本形成,生态环境大为改善,现代化城市建设全面推进。晋江市不断完善规划体系,完成新一轮城市总体规划和 14 个城镇总体规划编制。按照"全市一体"理念,实现城市规划、建设、管理领导体制、运作机制、效率制度的统筹统一,特别是 2010 年以来,开展"城市建设年",实施"五大战役",城市建设形成"大干快上"氛围,金井、东石、磁灶 3 个小城镇综合改革建设试点工作全面拉开。近年来,按照"一核两翼"[②]的城市布局,组团式、高强度、快节奏推进"城建提速",策划生成了"九个团组、两个体系"987 个项目建设,总投资 1800 多亿。3 年中累计完成投资 886.4 亿元,全面拉开了现代滨海园林城市的建设架构。现在,市区建成区已拓展到 107 平方公里,城镇化率提高到 61.5%。

紧紧围绕"民生优先、构建和谐幸福家园"工作目标,全面落实安民、富民政策,努力提高城乡居民收入和生活质量。2019 年,全市城镇人均可支配收入达 53185

①　巩盼东.数说晋江 | 九组数据读懂"晋江经验"[N].澎湃新闻,2018-07-13(第二版).

②　李国平,宋昌耀."一核两翼"协同发展与现代化大国首都建设.[EB/OL](2021-02-25)[2022-11-08].http://views.ce.cn/view/ent/202102/25/t20210225_36338959.shtml.

元,农民人均纯收入达 25965 元;全市财政支出用于民生建设的资金就达 86 亿元,占总支出的 70％,投入就业、教育、医疗、公共安全、社会保障等领域,努力让发展成果全民共享。

晋江市大力提倡弘扬"诚信、谦恭、团结、拼搏"的晋江精神,大力开展群众性精神文明创建活动,深入开展文明城市创建,持续深化公民道德建设,市民文明素质和社会文明程度进一步提升,获评"全国文明城市"。

晋江市稳中求进,深入开展"我为企业解难题"再落实活动,解决企业困难 290 项,促成产能协作 30 亿元,新增企业贷款 140 亿元,新增规模以上工业企业 465 家。聚力转型,新增策划和签约项目 375 个,总投资超 2000 亿元,完成重点项目投资超 1000 亿元,城乡建设提质增效,完成河道清淤整治 45 公里,穷村生活污水管网接户率达 82％,植树造林 5200 亩,新增 3A 级旅游景区 2 个,"晋江经验"馆入选全国"建党百年红色旅游精品线路"。民生福祉持续改善,财政民生支出占比 77.6％,城镇登记失业率 1.7％,新增养老床位 509 个,新增名医工作室 10 个,在全省县城,率先推行医疗机构"一码通行"系统。推进集成,改革扩展深化,实施 2 个园林区标准化建设试点,开展"营商环境提升年"活动,130 个事项实现"一件事"集成,企业开办时间压缩至 5 个工作小时,二手房交易立等领证,服务事项网上可办率达 99.2％。深化国有企业改革,完成国有粮企改制重组。获批省级供销社"三位一体"综合合作试点县(市)。深化农村宅基地制度改革,盘活闲置宅基地 477 亩。开展行政复议体制改革,荣获全省首批法治政治建设示范市。[①]

党的二十大报告吹响了新时代新征程接续奋斗的号角。报告提出,坚持把发展经济的着力点放在实体经济上。紧咬实体经济不放松是"晋江经验"最鲜明的特色。立足新起点,晋江将心无旁骛坚守实体经济,推进新型工业化,加速传统产业高新化转型、新兴产业集群化发展、现代服务业专业化升级,全面构建"4341"现代产业体系,力争 2025 年工业总产值突破万亿元。

第二节　加强城市管理

共同富裕要注重"产城人"一体化推进以人为核心的新型城镇化,加强城市管理,加强电网建设、路网建设,建设科技强市、教育强市、文化强市、体育强市、卫生

---

① 王明元.晋江市 2021 年政府工作报告[R].泉州:晋江市第十八届人民大会第二次会议,2021-12-22.

强市、生态强市,加快农业转移人口市民化。以城市群、都市圈为依托构建大中小城市协调发展格局,推进以县城为重要载体的城镇化建设。坚持人民城市人民建、人民城市为人民,提高城市规划、建设、治理水平,加快转变超大特大城市发展方式,实施城市更新行动,加强城市基础设施建设,打造宜居、韧性、智慧城市。

在五里公交枢纽站,外来务工人员小李坐在乘客候车厅等待着25路公交车的到来。"五里公交枢纽站建成后,开通了许多条线路,25路直达动车站,我现在回一趟老家方便了许多。"小李为枢纽站点赞,"以前大夏天等车都要站在公交站台上晒太阳,有了公交枢纽站,候车环境大大改善"。

据介绍,五里公交枢纽站是晋江首个投入使用的枢纽站。该枢纽站占地将近10亩,内有乘客候车厅、便民服务中心、公交卡充值点、调度指挥中心、车辆维修保养与停放空间,以及员工宿舍食堂等。

五里公交枢纽站只是晋江公交水平提升的一个缩影。晋江出台了《关于加快城乡民生基础设施建设的实施意见》表示,要加强城市交通枢纽建设,完善基础设施服务网络,全面提升公交服务水平。具体明确要加快推进金井、磁灶、东石、深沪、安海、英林、池店等枢纽站的规划建设,逐步实现"一镇一枢纽"。

"自2016年以来,晋江启动建设'一镇一枢纽'城乡公交网格,目前已规划建设磁灶、金井、池店、深沪、安海、英林、东石、永和及城北等9个公交枢纽站,总投资约2.51亿元,力争至2020年,实现镇镇通公交、村村通公交的城乡一体化公交服务目标。"[①]

近年来,晋江一直注重内河水体保洁和水质提升,多管齐下,统筹治理内沟河。内沟河的整治,晋江推行市场化运作,全面加强水体保洁,通过取水引水,提升河道水体流动性,加大巡查力度,避免污水流入河道。组织维护队伍保洁人员,对河面各种漂浮物、垃圾进行打捞,清扫河堤两岸垃圾,确保河面无漂浮物;组织维护人员对约3900平方米的生态浮岛进行日常维护,确保生态浮岛整洁、美观。

加大内河的整治力度,采取控源截污、清理垃圾、清淤冲水、提升景观等措施,真正做到生态治水、综合治水,既要恢复河道生态系统,也要加强河道自净能力。

为了稳定水质,晋江加强内河水面保洁及生态浮岛维护,杜绝水面漂浮垃圾及生态浮岛杂乱的现象;对内沟河淤积情况进行摸查,实施清淤工作,避免河道淤泥影响水质,加强对河道两侧排水情况的排查,杜绝工业、餐饮及生活污水偷排、漏排入河道。

为了推动住宅小区智能化管理,提高业主居住品质,晋江充分利用互联网技术

---

① 黄伟强.重磅!磁灶、金井公交枢纽站建设完成,将各开通1～2条镇区公交线路![EB/OL].(2019-03-21)[2022-12-28].晋江新闻网.

提高管理效率。在华菲物业、龙湖物业、世茂物业等企业推行业主网络便捷支付物业费，同时，推广智能快递专柜，2017 年有 60 多个小区安装了专柜。在瑞璟、万达小区安装 A 卡系统，访客利用业主发送的二维码即可通行。为进一步方便安置业主日常出行及使用电动车，晋江市住建局加大小区智能技术的投入使用，试点在梅岭安置小区推广智能充电系统。

为充分把握高铁经济给晋江带来的发展契机，晋江围绕泉州南站规划建设高铁新区，打造泉晋石重要的综合交通枢纽、国际化创新型品质示范区、晋江产业之窗与公共服务高地。晋江高铁新区项目房屋共需拆除 1976 栋房屋，总面积达 157 万平方米。"自 2018 年 5 月 23 日高铁新区项目房屋拆除敲下'第一锤'以来"[①]，共设立 10 个标段开展拆除工作，截至 2017 年 9 月已拆除房屋 1800 多栋，拆除工作进入收尾阶段，土地平整工作也在同步加快进行，确保后期建设有序推进。

在房屋拆除工作全速推进的同时，晋江高铁新区项目的安置房建设、规划设计、手续报批、招商选资等各项工作，正紧盯时间节点，倒排计划，有节奏、快速度地有序攻坚推进当中。

为贯彻落实省、泉州市关于深化"五个一批"推进项目攻坚的决策部署，进一步发挥项目建设的重大支撑作用，晋江在全市持续开展项目攻坚活动，集中全市力量和资源，迅速掀起抓项目、跑项目、促项目热潮，推动质量效益同步提高、产业城市同步转型、经济民生同步跃升。

晋江在国际鞋纺城和第二体育中心附近规划建设兼具防洪排涝功能的生态景观湖，该项目于 2020 年完工。

这个项目是世中运重要的配套景观工程，遵循"运动、休闲、绿化、自然"的设计理念，目前已经完成施工图设计，接下来将开展招投标工作。该项目定位为治涝及生态景观湖，具有游船娱乐功能，湖形就像一个"如意"。为确保水质要求，人工湖将采用"水体流动＋生态修复"，"届时人工湖将布置浅滩湿地 8685 平方米、水下森林 7624 平方米、人工水草 14814 平方米，并投放鱼类 5000 尾、底栖动物 1 万尾"[②]。

为打造坚强的后劲支撑、动力接续，晋江将围绕实施"三大战略"、冲刺"三大任务"等工作部署，以及产业升级、城市提质、民生补短等重点领域进行策划谋划，力争谋划生成项目 200 个以上。

随着人们生活水平的提高，口腔健康日益受到群众关注。为补齐这一短板，晋江市委、市政府高度重视，主动对接省口腔医院，旨在借助这家三级甲等口腔专科

---

① 林书修.晋江高铁新区项目涉及征迁房屋 1976 栋签约率达 100％已完成拆除超九成[EB/OL].(2019-03-11)[2022-12-08].泉州网.

② 黄冬虹.晋江集中全市力量和资源冲刺项目攻坚再掀建设高潮[EB/OL].(2019-03-01)[2022-12-08].泉州网.

医院的优势资源,全力建设晋江口腔医院,满足群众多层次口腔就医服务需求,让群众在家门口就能轻松解决口腔疾病。

晋江统筹全市资源,抽调各职能部门工作人员,组建重大项目前期协调小分队,实行对口跑办、平行作业、交叉推进,确保每个项目前期都有专门团队负责,提供"保姆式"服务。

为全力推动项目开工建设,晋江提前谋划要素保障,全力加快征迁扫尾,做深做细土地报批、方案设计、施工报建等前期工作,倒排节点、倒逼进度,新开工建设项目75个以上。

教育是民生之基。2019年春季新学期,晋江青阳街道"象山小学的师生们"搬家"了,占地面积达34亩的新校区正式投入使用,第一批374名学生将在这个美丽的新校园里学习生活。[①]

人勤春来早,再期大有年。2019年春节过后,晋江市医院迁建项目开足马力,200多名工人正加紧施工。2019年2月,医疗综合楼已完成主体结构验收,进入装饰装修阶段,整个迁建工程进入全面建设的快车道,项目有力提升晋江城市功能品位,健全医疗救治和公共卫生服务体系,有效保障群众身体健康。

在晋江国际会展中心项目建设现场,上百名工人正在各个区域紧张忙碌着,一派热火朝天景象,项目于2019年10月完成主体装修,12月底具备竣工验收条件。据悉,该项目可组合成容纳5000人的时尚展示厅,成为带动博览片区发展的新引擎,有望成为晋江未来的城市名片和标志性项目。

近年来,针对重大项目,晋江从策划生成到开工建设、建成投用过程中的前期工作、征地拆迁、配套建设、资金保障及招商签约等关键阶段、关键工作,逐一梳理制订推进计划,建立精细台账,及时发现解决存在问题,确保项目严格按时序推进。

此外,晋江还根据权责分工,对重点项目实行四级挂钩和三级调度,推行一个项目由一个市领导挂钩、一个项目团队跟进制度,市分管领导、挂钩领导每月安排一周时间集中走访挂钩联系镇街、部门、项目,现场开展调研、调度活动,统筹推进工作,全力解决问题。

第三节　加强电网建设

电网建设是光明的事业,惠及百姓。2018年以来,晋江供电公司贯彻落实国

---

① 蔡红亮,董严军.象山小学新校区今春投用.[EB/OL].(2019-03-01)[2022-12-08].晋江新闻网.

家电网公司新时代战略目标，围绕省电力公司打造"两个典范"的奋斗目标，遵循"党建引领、双轮驱动、高质量发展"实践路径，紧紧抓住中央大力宣传"晋江经验"和晋江市承办国际重要赛事两大契机，提出"打造'一流新型城镇配电网'，争创全国县级供电企业标杆，推动晋江电网高质量发展，努力创造新时代晋江电力新经验"的总体工作思路。2018年累计全社会用电量161.8674亿千瓦时，同比增长9.26%；售电量157.10亿千瓦时，同比增长10.06%。

2018年，晋江供电公司提高政治站位，借助中央大力宣传"晋江经验"和晋江市承办重大国际赛事的历史契机，抢抓机遇，主动作为，制定"一流新型城镇配电网"建设规划，着手启动2019年3个示范区项目建设工作，有序推进一流新型城镇配电网规划落地实施，致力为全国中小城市配电网发展贡献"晋江方案"。

在晋江市委、市政府的大力支持下，晋江市成立了以市长担任组长的电网建设领导小组，下大力气破解输变电工程建设超长工期问题。市委市政府领导及相关部门先后现场办公11次，协调解决具体问题。截至2018年底，晋江区域9个超长工期项目、47基受阻杆塔已全面完成交地；投产蓬山220千伏输变电工程及110千伏蓬山配套2个单体工程；开工建设110千伏智能园变及英厝变电站扩建工程、晋南热电厂线路工程；实现110千伏高铁园区变电站、220千伏晋中变电站站址落地。

2018年，晋江供电公司启动优化电力营商环境专项行动，落地实施优化电力营商环境"三压减三提升"六大方面23条措施。主动靠前服务市委、市政府重大产业项目落地，为企业提供生产用电成本的分析预测和降本策略。提前半年投产110千伏晋华线路，出色保障晋华项目用电需求；全速筹建省内首个20千伏电压等级供电的110千伏变电站，努力保障矽品电子项目用电需求；响应支持中小企业发展政策，试点开展中小企业用电报装工程费用"分期付款"，推广施工基建用电箱变租赁模式，全面提升获得电力指标。

以"电网设备零缺陷、重要负荷零闪动、供电服务零投诉、安保反恐零事件、人员工作零差错"为目标，晋江供电公司形成流程清晰、责任明确的供电保障体系。基于晋江电网现状，按照大型国际综合赛事电力保障要求，该公司对晋江电网现状和赛事场馆供配电设施进行摸排，全力配合赛事场馆供配电设施建设改造，同时成立重大活动供电保障队伍，统筹开展重大活动城市供电保障工作。2018年，晋江供电公司共圆满完成中央领导调研、2018年大体联亚洲杯足球赛、福建向金门供水工程通水现场会等重要活动、重大赛事保电任务109项。

2019年，晋江供电公司继续以"晋江经验"为指引，紧紧围绕省、市公司及地方政府工作大局，加大晋江电网建设投入，进一步提升电力营商环境，打造"一流新型城镇配电网"，争创全国县级供电企业标杆，推动晋江电网高质量发展，为晋江市打造"县域经济发展典范,中小城市建设样板,筹办重大国际赛事和促进经济社会发展提供坚强可靠的电力保障。"

第四节　加强路网建设

道路是致富之路。道路建设是共同致富的体现。经过一段时间的项目收尾工作,全长约 27 公里的泉厦漳城市联盟路泉州段已全线贯通。这意味着,正式通车后,晋江沿海地区往返厦门方向不用再绕路,行车里程能缩短 20 公里以上。

在晋江东石收费站,"晋江东石"四个红色大字格外显眼,4 进 4 出的路口设计赏心悦目。上了高速后,根据路牌指示,驾车往左可以通往石井、翔安、厦门,往右可以通往永和、围头港、泉州、福州等地。车子往泉厦漳城市联盟路泉州段起点处的收费站——永和方向缓缓驶去,约 15 米宽的 I 级高速公路,平坦宽敞整洁,让人倍感舒畅。

车子离开永和收费站后,朝着大桥方向行驶,包括引桥全长约 5 公里的桥面横卧在安海湾上,蓝天白云、阔海长桥,以及与联盟路并行的福厦客专,在这里形成一道壮丽的风景线,仅 3 分钟,便可从东石进入对岸的南安石井镇,继续直行就可通往厦门。

泉厦漳城市联盟路是闽西南协作区基础设施互通互联的重点项目,晋江段途经永和、安海、东石,辐射高铁新区,项目沿线村镇人口多、民营企业多,全面打通后将是沿线群众出行、企业发展的交通大动脉。近年来,晋江稳步推进实施《晋江市城市总体规划》《晋江市综合交通规划》,主动对接泉厦漳区域交通一体化,拉开城市快速路网络骨架,加快慢行系统建设,疏解城市拥堵点,基本形成密度适当、级配合理和配套设施完善的路网系统,有效提升城市出行品质。

交通便捷对经济发展的促进作用是巨大的。以前,从内坑去晋江市区、石狮、南安要兜一个大圈子,现在福厦高铁晋江站就设在内坑,加上疏解公路的开通,从东西向把三市连在一起,这不仅有利于福厦高铁晋江站客货流的快速疏散,也利于动车站与沿海港区的联动建设发展。

如今,晋江不仅有"两横一纵两连"高速网络、"三环七射"快速网络,还有"组团间"市域干道网络。来自晋江市交通运输局的数据显示,当前晋江公路网密度高达 371.6 公里/百平方公里,为全省平均水平 5 倍多,全国平均水平 7 倍多。沿海大通道、世纪大道南拓、机场连接线、迎宾路北延伸等一条条贯穿晋江南北、纵横西东的大动脉从无到有,将"毛细血管"串起来,四通八达。

交通路网的完善也正一步步转化为经济优势、发展优势。截至 2020 年 10 月，晋江现有物流企业 167 家，营运车辆近 7614 部，总吨位近 9.3 万吨；目前，有陆地港、鸿达、英豪等 3 家国家级甩挂运输企业，佳迅通、闽运兴等 5 家网络货运企业，顺丰、圆通、韵达等 10 家全国快递龙头企业的华南中心或福建总部落户晋江。

通过高速公路、城市快速通道、城市主干道、城市次干道和乡村道路的不断完善，晋江构建起"大交通"格局，全力撑大城市骨架，全面拓宽城市发展空间，打造全方位、高效率的现代交通网络体系，最大限度发挥城市融合和集聚作用。"①

第五节　建设科技强市

大力进行科技创新共同创造致富条件。晋江市围绕产业集群的发展，以及产业链的不断延伸，逐步完善科技公共服务平台建设，实现科技资源最大限度共享，科技投入保持刚性增长。多渠道集资，增加科技投入，形成以财政投入为引导、企业投入为主体、金融投入为主渠道的科技投入体系。从 1992 年开始，市财政科技专项投入占财政总支出的 1％ 以上，2010 年达到 2％；2010 年达到 3％；2019 年达 3.72 亿元，占 3.07％。同时建立总金额 1416 万元的科技发展基金。金融部门每年为企业的技术引进改造、设备更新提供超亿元贷款。企业科技开发经费占销售收入比重逐年增加。骨干企业科技创新的经费占 3％ 以上，高新技术企业达 5％ 以上，一些大型企业如安踏、恒安、浔兴、风竹等每年用于科研、技改、产品开发、人才引进的经费均超过 2000 万元。全市每年各项科研和技改投入达 20 亿元以上。

强化企业的技术创新主体地位。如为营造鼓励创新的政策环境，出台《关于扶持企业创新若干优惠政策的通知》等政策措施，着力从物质奖励、土地供给、税费优惠、技改补贴、融资支持等方面强化对企业创新的鼓励扶持。为夯实企业自主创新基础，充分发挥企业自主创新的主体作用，大力支持企业进行技术改造引进专业人才、建立研发中心。投资 1000 多万元，建成福建省鞋服质量检测中心以及国家鞋类检测中心、国家级鞋类检测重点实验室、福建省伞具拉链质量检测中心、福建省玩具文具检测中心，检测依据涵盖全部国内标准及 CNS（中国台湾标准）、ASTM（美国）、BS（英国）等国际标准，检测数据获国际互认资质。企业争取国标、行标制定主动权热情高涨，有 4 家企业参与 ISO 国际标准制定、33 家企业参与国家标准

---

① 阚杨娜.晋江打造全方位高效的现代交通网络体系［EB/OL］.（2020-10-19）［2022-12-12］.晋江新闻网.

制(修)订、13家企业参与行业标准制(修)订、6家企业参与地方标准制(修)订。积极引导企业进行科技创新和产品创新,先后启动化纤企业技术创新及产业化工程、纺织技术创新及产业化工程和装备制造业、节能减排等一批重大科技专项,科技创新成果不断增多。

发展高新技术产业。加快"传统产业高新化、高新技术产业化"步伐,加大高新技术企业培育力度,充分发挥科技工业园区、泉州出口加工区等载体作用,积极引进一批电子信息、新型材料等高新技术项目和原创性项目,努力增强高新技术产业的发展后劲。鞋业最大的龙头企业安踏集团2010年研发投入近4亿元,新增专利超过30项,并在美国成立了设计中心,研发团队超过1000人。柒牌集团原是一家从一把剪刀、一台缝纫机和300元起家的服装厂。随着企业的发展壮大,柒牌投入700多万美元从国外引进先进设备,如今已发展成为服装龙头企业,产品可与当今世界制衣最高水平同步,是"中国体育代表团唯一指定专用出国礼仪西服""人民警察服装定点生产企业及警服软肩唯一指定生产企业"。2020年,全市拥有高新技术企业165家、省级科技型中小企业95家、省级科技小巨人领军企业188家、国家级创新型企业1家、省级创新型企业66家。高新技术工业实现规上产值达1185.09亿元,占全部规上产值的21.6%。

大力打造科技创新条件。晋江市围绕产业集群的发展,以及产业链的不断延伸,逐步完善科技公共服务平台建设,实现科技资源的最大限度共享。全市已培育各类经认定的国家级行业(企业)技术中心5家、省级行业技术中心24家、泉州行业技术开发中心38家和泉州市工程技术研究中心33家。建设晋江市科技信息服务平台,完善成果信息资源库、技术交易数据库及知识产权专利数据库,构建覆盖全市主要行业、企业的科技成果转化信息共享服务网络,为社会各界提供各类科技成果信息服务。

彰显科技项目带动作用。以科技项目的实施为载体,深入企业和基层,把科技服务落到细处,通过组织实施对我市经济社会发展有带动作用的共性技术、关键技术的研发与应用的科技项目,引导企业走科技兴企之路,提升产业科技水平,提高产品科技含量。科技支撑晋江经济社会可持续发展的作用越来越明显。2019年获省科技进步奖一等奖1项、二等奖3项、三等奖6项。

深化产学研合作交流。通过创新体制激活创新要素,优化创新资源配置,促进"产、学、研、用"结合更加有效,技术与经济、技术与市场的结合更加紧密。积极构建产业技术创新联盟。大力组织产学研活动,先后引导本市企业与清华、北大、武汉工大、厦大以及长春应化所等80多家高等院校、科研院所建立合作关系,联合建立技术开发机构,拥有各类产学研融合创新创业平台超过100家,开展技术合作交流和关键技术攻关。与高等院校科研院所开展的产学研合作,双方完成或正在实施的项目达 80 多项,已开发出新产品 100 余项,推广应用科技成果 60 多项,申请专利 110 余件。各类高层次人才 5352 人,人才总量在福建省的县(市)中保持领先。

实施知识产权发展战略。于 2008 年 9 月批准设立知识产权局,不断加大对知识产权的鼓励和扶持力度。大力开展知识产权宣传培训,提高全民知识产权意识;大力实施专利产业化项目,开展专利奖评奖及专利资助工作,专利发展态势良好。2019 年,"全年专利申请量 11233 件,增长 5.5%,其中发明专利 1264 件;专利授权量 6678 件,增长 1.9%,其中发明专利 298 件。全市发明专利拥有量 1921 件,每万人口发明专利拥有量 9.10 件"。

加快培养高素质创新人才。技术创新的关键是要有足够数量的高素质人才。把加速培养富有创新精神和创新能力的人才作为当前和今后一个时期的重点工作。抓好"人才"五个工程(确定一个大人才观念,建立一个科学的人才管理机制,创造一个良好的用人环境,培育一个集人才、劳动力、技术等要素为一体的市场,建立一个人才培训基地)。制定实施了一系列培养人才、吸引人才的优惠政策措施,出台"人才优惠证"制度,为引进人才大开绿灯。扎实推进"人才强市"战略,积极探索人才公共服务体系建设,形成一支以生产、管理、开发、营销为主的人才队伍,为全市经济社会各项事业持续、快速发展提供强有力的人才智力支撑。2019 年,全市就新增各类人才 1928 名,现在全市各类人才共有 25 万多人。晋江企业人才队伍呈现出总量不断增加、素质不断提高、结构日趋合理的局面,基本实现人才开发与经济社会发展的良性互动。为提高企业经营者整体素质,实施"500 名优秀企业家培养工程和 3000 名企业专业人才再学习工程",与北京大学联合举办"中国企业总裁(晋江)高级研修班"。针对企业创新对领军人才的渴望,加大整体性人才开发力度,建立全国首家县级博士后工作站,设立专家活动中心、留学人员创业园,举办"经济发展高层论坛"等引导企业创新的培训交流活动,截至 2022 年 12 月,晋江博士后工作站已累计引进博士后 114 名,涉及经济管理、软件开发。据不完全统计,引进博士后在站期间,先后完成科研项目 136 项,获发明专利 23 项、实用型专利 4 项,为企业创造的经济效益累计近 12 亿元。

在引才的同时更加注重留才用才,让人才在晋江创业,服务晋江经济发展。依托晋江工业园区,建立留学人员创业园,把招商引资和招才引智有机地结合起来,吸引海外留学人员和国内外优秀人才到园区进行科研开发和投资创业,完善人才创业投资体系,形成以人才带项目、以项目聚人才的氛围,提高科技创新能力,推动科研成果和管理能力向现实生产力转化。对入驻园区的优秀人才,政府无偿提供10 万元创业启动基金资助。在抓好人才引进和智力开发的同时,积极发挥"第一资源"服务"第一要务"的作用。大力提高人才资本运营成效,努力实现引进人才与企业发展、经济发展"互利多赢"的局面。

发挥专家智囊作用。市政府专家顾问团共聘请国内外知名专家学者35名。多年来,专家们通过实地考察调研、举办专题讲座、举办技术培训、开展产业发展引导以及推介科研成果等形式,或自带项目落户晋江;同时针对晋江经济社会发展中存在的问题,结合自己的研究领域,提出许多富有建设性的建议意见,较好地发挥了专家们的智囊作用,产生了良好的社会经济效益。

近年来,晋江市结合产业实际,搭建中科院装备所、中国皮革与制鞋研究院、中国纺织科学研究院等9个国字号平台,引进设立中国科学院大学、福州大学、泉州职业技术大学、泉州轻工学院等4所高校,培育福大晋江科教园、集成电路产业园区等6大载体,逐步形成"创新型研究院+产业型高校+创业型载体"模式,构建"四梁八柱"创新矩阵。

通过依托平台效应,引进行业高端人才,各大平台集聚科研人才300多人,其中海归人才、博士等约120人。近三年,晋江拥有省级以上的科技示范企业(创新型企业、高企、小巨人企业等)从2016年年初的100多家增长至现在的400多家,实现三年翻两番。

成果转化历来是科研院所的难题,而晋江企业则是获取创新资源难,同时产业同质化致使相关技术重复攻关。

为推动产业技术交易交流,引导科研平台与企业对接,晋江按照福厦泉国家自主创新示范区部署,建设海峡科技大市场,引进国家电子知识产权中心泉州分中心、中国海峡交易中心618协同创新院微电子分院等4个国家级平台,设立泉州(晋江)专利技术展示交易中心,成立科技部科技成果转化基金,全力推动科技项目产业化。

推动晋江科研平台成果转化消灭"最后一公里",引导企业与科研平台紧密合作,开展联合攻关,使得科研平台有的放矢。如中科院泉州装备研究所与100多家企业开展科研合作,12家企业把研发中心建在科研平台上。

通过开展科技创新产业对接行动,技术成果"周对接、月专场"对接,深入走访企业,精准挖掘企业需求,创新"线上展示+线下撮合"方式,"征集各类项目39187项,服务企业4300余家,完成供需对接2470次"[①]。2016年以来,晋江市组织企业核心人才攻关团队国家创新计划等各级项目190多项,获得国家科技进步奖、专利奖等各级奖项40多项,新认定省级科技类示范企业200多家,培育企业科技攻关型领军人才600人以上。

---

① 彭坚林,黄盈盈.构建科技创新生态圈打造高新技术产业高地.[N].侨乡科技报,2018-10-31(第一版).

实施"海峡计划"，在全省率先创新出台《晋江市人民政府关于加快引进优秀创业团队和项目的若干意见》，吸引国内外一流人才团队，目前评选近 100 个项目，来自 8 个国家和地区的项目与本土企业对接诞生"高新技术＋传统产业"企业联姻组合。

推行"创客天使计划"，扶持"创客＋创投＋众创空间"模式，培育众创空间 10 家，省级众创空间、省级科技企业孵化器 5 家，面积约 10 万平方米，孵化创客 1000 多人，成为大众创业、万众创新的重要阵地。

实施"高新企业倍增计划"，搭建高企云 O2O 服务平台，为科技企业提供一对一免费高企对标体检服务，率先设立高新企业引荐奖、孵化奖等，把创新资源向高新企业倾斜，培育一批有核心竞争力、示范性强的科技型示范企业。

实施"双创扶持计划"，举办三届"海峡杯"福建（晋江）创新创业大赛，承办科技部主办的中国创新创业大赛（福建赛区）暨福建创新创业大赛等双创赛事，累计 3000 个项目参赛，创新采取"大赛奖＋落地奖"方式，吸引一批项目落地生根。

近两年，通过国家高新企业、省高新企业认定数量同比增长均达 180％以上，提前两年实现"十三五"目标任务，实现两年翻一番，再创历史新高。

"2022 年晋江像抓规上企业一样抓科技型企业，探索企业创新积分评价，完善专项扶持政策。深化规上企业'三个覆盖'工程，力争研发投入增长 20％以上，研发活动覆盖率超 30％，企业研发机构增至 160 家以上，万人有效发明专利拥有量达 17 件以上。优化高新企业培育机制，新增科技型中小企业 200 家，高新企业保有量突破 750 家。健全企业研发体系，支持龙头企业建设研发总部，认定国家和省级企业技术中心、新型研发机构 5 家以上，申报各级科技计划项目 40 个。"①

第六节　建设教育强市

优先发展教育是走上共同致富的快捷道。特别是基础教育是共同富裕的公共产品，要放在重要战略位置上。市委、市政府专门作出关于加强教育工作和建设教育强市的决定，不断深化教育体制和学校内部管理体制改革，增加教育投入，加强师资队伍建设，努力提高教育质量，推行素质教育，取得了优异成绩。1993 年获省"实验教学普及市""实验义务教育先进市""多渠道筹措教育经费先进单位"称号，

---

① 王明元.晋江市 2022 年政府工作报告［R］.泉州：晋江市第十八届人民代表大会第二次会议，2022-12-28.

获"全国教育先进市"称号。1996 年通过省政府对晋江教育"两基"验收达标。又连续六年通过"两基"跟踪复查,被评为"省教育两基先进市"。2003 年首批通过福建省"双高普九"验收。2005 年被评为"年度福建省教育工作先进市"。还先后获得"全国幼儿教育先进市""全国艺术教育先进单位""福建省德育先进县(市)""全国农村学校艺术教育实验(县)市"。2012 年,获全国"两基工作先进地区"和"福建省批教育强市"称号。

持续加大教育投入,努力改善办学条件。晋江市突出政府责任,逐年增加财政教育经费,同时多渠道筹措教育经费,投入教育基础设施建设,大大改善了办学条件。

自 2008 年起,每年将 40 所中小学校园改造工程列入市委、市政府为民办实事项目,三年中,共有 120 所小学完成改造,投入资金 5000 多万元;此外,市财政每年安排 1000 万元专项资金用于中小学教育仪器设备配备改善升级。在泉州市率先实现小学"十配套"镇(街道)全覆盖,27 所学校图书馆获评"省级中小学示范图书馆"等。

2011 年晋江市财政教育总投入又增至 15.80 亿元,投入校舍建设 3.13 亿元(其中争取上级补助 9000 万元),实施养正中学、晋江一中、民族中学、龙侨中学、实验小学和特教学校等迁扩建工程。建成启用泉州轻工职业学校一期后续工程和泉州理工职业学院新校区,开工建设晋江一中扩建、龙侨中学改建和西滨小学新校区工程项目,精心组织晋江职校新校区、养正中学迁建、第四实验小学等项目前期工作。

2012 年市财政教育投入 16.084 亿元,中职学校免收学费。受益学生达 3.7 万人。"比福建省计划在 2017 年开始实行普通高中免收学费整整早了 5 年。"[1]市财政每年将支出 400 万元专项经费。

2019 年,全市财政教育总投入又增至 37.63 亿元。教育强市全域突破,支持实施 122 个教育补短板项目,新增优质学位 8040 个;新增创建省级示范园 1 所,新建公办幼儿园 10 所,慈善性幼儿园覆盖率提高到 88.1%,提前实现 2020 年目标。从 2016 年至 2019 年,市财政支持教育支出超过 113 亿元;三年中建成泉州五中桥南校区等 168 个项目,共新增优质学位 60597 个。

"全市现有普通中学 56 所、中职学校 4 所,完全小学 278 所"[2](未包括 6 个分校区、6 所一贯制学校统计在中学中),幼儿园 425 所(未包含 17 个分园区,其中公办 66 所),高职职业学院、大学各 1 所,教师进修学校 1 所,特殊教育学校 1 所,还

① 陈海勇,董严军."十三五"时期组织推进 30 个教育重大项目晋江现代教育品牌将成为突出亮点[EB/OL].(2011-12-14)[2022-12-15].晋江新闻网.

② 晋江市统计局.晋江市 2021 年国民经济和社会发展统计公报[EB/OL].(2015-12-30)[2022-12-15].晋江新闻网.

有福州大学晋江校区等。2019年秋,中小学、幼儿园在校生38.26万人、幼儿园在班幼儿8.69万人,全市学前三年入园率98.87％;学前一年入园率99.27％。全市义务教育阶段学生25.49万人。全市小学适龄儿童入学率100％,初中学龄人口入学率99.3％,应届初中毕业生升入高中阶段教育的升学率98.1％。全市普通高中在校生27572人,中职在校生13308人,市特教学校学生364人,6～14周岁三类残疾儿童入学率为97.78％。小学毕业考试全市统考,中小学生课后延时服务试点改革稳步推进,晋江一中、养正中学获评全省首批示范性普通高中建设学校,高校本科上线率达77.7％,同比提高2.7个百分点。获评"全国中小学责任督学挂牌督导创新市"、省级"教育强市";4所中职学校全部获评"福建省示范性现代职业院校建设工程项目A类建设校";泉州职业技术大学顺利挂牌,成为全国首批、全省唯一本科层次职业教育试点高校。

加强教师队伍建设,教师队伍不断扩大。至2019年,全市中学专任教师5697人,中职教育专任教师620人,小学专任教师6811人,幼儿园专任教师4729人。建立完善激励机制,狠抓师德师风建设,强化教师业务培训,开展"师德建设年""教育质量年"活动,广大教师思想道德素质和业务能力有了很大的提高。

实施"名师名校长"工程,先后委托教育部中学校长培训中心和教育部小学校长培训中心完成对全市中小学主要领导的高端研修培训;选派四批校级干部31人到上海格致中学、北京中关村第四小学等名校进行异地挂职锻炼。开设基层小学校长异地高级研修班和"名师名校长"讲堂,并探索试行"校长引进""市内调剂""向民办学校派驻政府督导专员"等多项机制。2011年,晋江率先开设泉州首家名师工作室,8名教师纳入泉州市名师培养人选;举办9期"名师名校长讲堂",选派10人到上海、北京等名校挂职锻炼。

有着丰厚的历史文化积淀的池店镇,历史上共出过5名状元、2名榜眼、3名宰相、3名尚书。五位状元包括唐代仕村的闽历史上第一位状元徐晦及清代钱头村的闽最后一位科举状元吴鲁,可谓钟灵毓秀、名人辈出。难怪泉州人常言道"泉州府,南门外",历史上"南门外"是教育事业较为发达的地方,而这里所说的南门外就是指池店。

目前,池店辖区内城北、池店南、南迎宾、滨江、梅岭、桥南、紫帽等七大组团建设已成型,在七大组团片区改造的几年间,池店主动融入城市发展大格局中,在逐渐转变城市业态、激发经济活力的同时,更坚持以民为先、以民为重,在改造的有利时机,适时、科学调整全镇的学校建设规划,留足教育用地,启动配套学校建设,既服务城市化进程,又满足就学需求。

"从 2011 年开始,池店更是全面推行教育'4 个全覆盖'计划。"[1]镇财投入近 2000 万元,使得池店所有公办中小学、幼儿园,实现了班班多媒体,操场塑化,新增、更换学生电脑,更新课桌椅。正是由于这番努力,如今池店 16 家公办小学全部通过福建省义务教育标准化验收。而晋江二中已符合福建省一级达标高中标准。

另外,仅 2015 年,池店镇中小学、幼儿园的建设项目达 18 个之多,包括扩建第三实小教学楼、综合楼,新建第三实小海丝分校,新建金针小学、顺英幼儿园、溜溪幼儿园、东山幼儿园、第七实小、晋江二中、滨江小学等学校教学楼及配套设施,迁建鹤浦小学等,预计总投资达 2.74 亿元。

泉州五中落户桥南,定名为泉州五中桥南校区,这不仅填补了池店没有优质品牌中学的空白,更是开创了晋江的教育集团管理新模式。除了泉州五中外,晋江一中池店分校也落户池店南片区,也采用一样的教育新模式。

百捷地产公司发起成立泉州五中桥南校区教育基金会,并捐资 2000 万元助力池店教育资源配套完善。这也是池店启动镇级教育基金会筹备工作以来收到的最大的一笔捐款。

2022 年突出普惠共享,民生质量更高。市财政投入 115.7 亿元,用于民生领域,占本级支出 80.7%。"四帮四扶"166 户困难家庭。新增城镇就业 2.5 万人,开设 5 个零工市场、2 个技能培训输送基地,稳定岗位 25 万个。新增优质学位 1 万个,中国科学院大学智能制造学院、泉州职业技术大学二期开工建设,晋江一中、养正中学获评全省首批示范性高中,学前教育普及普惠通过省级验收,进修学校通过省级示范性评估。

第七节　建设文化强市

文化产生共同富裕的精神力量,也可以丰富百姓的业余生活。晋江是"柯派"丑行表演艺术的发源地,以高甲戏表演艺术家、"闽南第一丑"柯贤溪为代表的高甲戏"柯派"丑行表演艺术是高甲戏主要流派中最具代表性的一支,其中媒婆丑、家丁丑是"柯派"高甲戏中最具典型的丑角。高甲戏剧目《戏棚下》,由柯贤溪的女儿柯绵绵亲自创作编排,参与的演员中还有"柯派"丑行表演艺术的第三代传人洪诗妮、许佳雯,可以说是正宗晋江"柯派"高甲戏艺术的代表。

---

① 朱诗卉.晋江池店正从"教育大镇"迈向"教育强镇"[EB/OL].(2015-12-30)[2022-12-15].晋江新闻网.

　　除正宗的"柯派"高甲戏外，国家级"非遗"项目五祖拳表演、梅岭的"非遗"项目舞龙，以及晋江的文化瑰宝掌中木偶、"本土味"浓厚的情景剧《外婆的五店市》等也轮番登台，闽南传统文化被很好地融入整台演出当中。其中，由老年大学艺术团精心编排的情景剧《外婆的五店市》，讲述几十年前晋江的故事，反映了晋江早年的民俗风情和传统文化，不仅抒发了浓浓的"乡愁"，也勾起现场老一辈观众的儿时记忆。①

　　作为梅岭着力打造的一项品牌文化活动，"网络春晚"近年来早已成为晋江"草根艺人"展示风采的大舞台。

　　由晋江青少年宫艺术团带来的当代舞《键上奏鸣》，是由赵小津创作，并由原北京军区政治部战友文工团袁琳等在第五届CCTV电视舞蹈大赛综合场演出，收录在舞蹈作品库的艺术舞蹈分类中的优质作品。舞蹈作品库编辑将《键上奏鸣》这个作品的颜色属性归类为蓝色、紫色，技巧含量归类为中，难度归类为专业。来自少年宫的小小舞蹈家们的专业演出不仅为现场观众带来了感官享受，更借助"社区网络春晚"的平台，向全国网友展示了晋江民间艺术的蓬勃发展。

　　来自梅岭桂山社区旗袍协会的《旗袍秀》，在一曲《青花瓷》古筝配乐下，12位五旬阿姨身着精美旗袍、手持荷叶伞缓缓走来，不仅展示了晋江中老年人积极向上的生活状态，更分享晋江百姓生活的幸福点滴。此外，来自心养小学的《鼓舞飞扬》、岭山小学的《风云聚武天下》，以及晋江老年大学艺术团的《晋江赶上好时光》《走向复兴》等歌舞表演，向现场观众及全国网友展示晋江多彩民间文化的同时，更凸显了晋江城市的活力。②

　　现如今，梅岭的城市"硬配套"，如现代化商住小区、城市综合体、公园等已日益完善，辖区群众的生活环境越来越宜居便利。如何进一步提升梅岭的文化"软配套"，让百姓生活更美好，不仅是梅岭人心中共同的呼声，也是梅岭党政领导干部共同的愿景。

　　梅岭街道连续获得"全国社区网络春晚"的承办权，活动目的是打造文化惠民的舞台，为梅岭百姓提供广阔的文化舞台，营造欢乐喜庆、祥和文明的节日氛围。同时，也通过举办类似"全国社区网络春晚"这种品牌文化活动，促进梅岭文化"软配套"的提升，丰富梅岭百姓的文化生活。③

---

　　① 赖自煌,秦越.弘扬闽南传统文化展示晋江城市魅力[EB/OL].(2017-01-03)[2022-12-08].http://fjjj.wenming.cn/sytoutiao/201701/t20170103_2665101.html.

　　② 赖自煌,秦越.弘扬闽南传统文化展示晋江城市魅力[EB/OL].(2017-01-03)[2022-12-09].http://fjjj.wenming.cn/sytoutiao/201701/t20170103_2665101.html.

　　③ 赖自煌,秦越.弘扬闽南传统文化展示晋江城市魅力[EB/OL].(2017-01-03)[2022-12-09].http://fjjj.wenming.cn/sytoutiao/201701/t20170103_2665101.html.

梅岭街道借助全国社区网络春晚这一平台,发挥文化引领风尚、教育人民、服务社会、推动发展的作用,利用晚会展现梅岭风土人文和民俗魅力,凸显晋江城市活力和本土传统文化元素,让节目内容从群众中来到群众中去,把晋江梅岭这一城市核心区的风采通过网络展示和推介给全国人民,扩大城市的影响力。

这两年来,梅岭街道相继举办各种群众参与性强的文化娱乐活动,特别是连续多年承办的"全国社区网络春晚",已成为晋江群众展示才艺、风采的舞台,并形成梅岭的品牌文化活动,丰富多彩的文娱生活更让辖区百姓的生活变得更加美好。

"近年来,随着梅岭组团项目的顺利回迁,以及越来越多商住小区建成投用,作为晋江城市核心区的梅岭,'城市氛围'已越来越浓。"①梅岭街道连续获得活动承办权,不仅特意将演出场地选址在五店市传统街区,力求以传统的闽南古建筑街区为背景,凸显晋江的传统文化特色;还首次采用"闽南语+普通话"双语主持,让整场文艺演出更增添"闽南味"。

"'全国社区网络春晚'作为梅岭街道的一项品牌文化活动,旨在打造一个更贴近百姓生活,同时助推社会主义核心价值观落细落小落实的平台,不仅要通过这样一个舞台,向全国网友展示闽南艺术魅力,展示晋江的城市活力,同时也要号召市民群众发扬'诚信、谦恭、团结、拼搏'的晋江精神,共同建设国际化创新型品质城市。"

文化事业更加繁荣,社会文化生活丰富多彩。广泛开展群众性文化活动,精心策划和举办重大文化节庆活动,大力推进社区文化、企业文化、校园文化、广场文化。建立健全公共文化服务网络,公共文化产品和服务的供给能力显著提高,质量明显提升。全市城乡基本形成适应全面建成小康社会的基层文化建设新格局。

大力推进基层文化建设。加快全市镇(街道)综合文化站建设工作,建立完善长效工作机制,在构建完备的公共文化四级服务体系上实现新突破,抓好文化服务建设项目。

大力培育市场主体,推进文化创新。鼓励和引导社会资本进入文化领域,鼓励发展动漫、创意、中介服务机构等新兴文化业态。积极参与文化旅游项目建设,推动晋江文化与旅游的结合与互动。加强对文化娱乐业发展的引导,实施歌舞娱乐场所阳光工程,积极推动文化行业协会与外地文化协会开展多种形式的文艺交流活动。

切实加强市场管理。积极创建平安文化市场,制定完善奖励机制,对创作上有重大成果,表演上有突出成绩,经营管理上实现较高经济效益、社会效益的人才给

---

① 赖自煌,董严军.晋江开展"安居梅岭,共享幸福"文明新风进社区活动[EB/OL].(2016-10-30)[2022-12-09]. http://news.ijjnews.com/system/2016/10/30/010971874.shtml.

予奖励。培养一支既懂文化又懂市场、具有较高管理水平的文化经营管理人才队伍。[①]

晋江文化工作重点将从树立文化自信、做好文化发展规划、实施文化精品工程、推动文化产业升级、加快文化产业体制改革、强化文化人才支撑、加大对外文化交流等方面着手，突出以"文"惠民，繁荣发展文化事业；以"文"兴业，发展壮大文化产业；以"文"聚力，推进文化创新发展；以"文"为媒，增强晋江文化影响力，提升城市文化软实力。

"晋江市博物馆建筑面积 1.7 万平方米，馆藏文物量居全省县级馆前列，是福建省一级达标博物馆、国家二级博物馆。辖有施琅纪念馆、李五纪念馆等一批分馆，其中泉州古代外销陶瓷馆为'海上丝绸之路：泉州史迹'申报世界文化遗产考察点——金交椅山窑址的展示馆。"[②]

晋江市坚持以政府为主导，动员社会参与、群众共建共享，不断加大市、镇、村三级文体设施建设力度，为市民的精神文明活动提供载体。文体事业投入经费的增长，连续大于当年财政收入的增长率，人均文体事业费高于全省平均水平。[③]

设施建设与人才培养并举。晋江市坚持以政府为主导，动员社会参与群众共建共享，不断加大基层文化设施建设力度，市、镇、村（社区）三级文化设施拔地而起。晋江市博物馆建筑面积 1.7 万平方米，馆藏文物量居全省县级馆前列。晋江市图书馆是福建省目前规模最大、最现代化的县级公共图书馆，"晋江全市已建有 35 座 24 小时自助图书馆、16 个分馆、11 家 24 小时城市书房，实现全市 19 个乡镇（街道）全覆盖，将'家门口的阅读'从中心城区向全市各镇（街道）延伸。"[④]

晋江市持之以恒实施"人才兴文"战略。制订专业人才培训计划，有步骤、多层次、多渠道地对基层文化人才进行培训，参培人员千余人次。通过与艺术院校合作，举办美术骨干培训班，委托培养艺术表演专业人才。同时 19 个镇（街道）综合文化站共有 60 名工作人员，且每个行政村和社区均有至少 1 名的公共财政补贴工作人员。此外，还邀请海内外的晋江籍文化名人回乡参观、采风、讲学，促进人才回归，为家乡建设出谋献策。

---

① 刘志敏.市文化广电新闻出版局积极筹划"十二五"文化事业发展规划[EB/OL].(2010-04-20)[2022-12-09]. https://www.qzshangwu.com/article/read/14046.html.

② 王伟.晋江：崛起于海峡两岸的文化强市[EB/OL].(2012-04-16)[2022-12-09]. http://culture.ifeng.com/gundong/detail_2012_04/16/13903138_0.shtml.

③ 王伟.晋江：崛起于海峡西岸的文化强市[EB/OL].(2012-04-16)[2022-12-13]. http://culture.ifeng.com/gundong/detail_2012_04/16/13903138_0.shtml.

④ 林锦旺，康伟强，林钦等.福建晋江：打通公共文化服务"最后一公里"推进图书馆总分馆制建设[EB/OL].(2020-05-11)[2022-12-13]. http://bgimg.ce.cn/xwzx/gnsz/gdxw/202005/11/t20200511_34881220.shtml.

群众性文体活动形式丰富,活动社团众多,群众参与面广,积极、健康、和谐的文化氛围浓厚。全市现有 103 个民间文化社团,每年都举办戏剧展演节、南音会唱、灯谜会猜、广场艺术表演等群众喜闻乐见的活动。

创新升级品质晋江。作为一座以工业制造为主导产业的城市,在新常态下,晋江传统制造产业的发展面临转型难、升级难的瓶颈。而文化产业是朝阳产业,且与制造业等其他产业密切相关、融合发展。发展文化产业,对推动产业转型升级、提升城市文化品位,能起到"花小钱办大事"的功效。

为进一步优化文化产业发展环境,促进文化产业跨越发展,近年来,晋江市财政每年安排 2000 万元设立文化产业发展专项资金,对符合产业导向的重点文化企业和项目给予政策和资金扶持。2017 年,晋江又根据文化产业发展现状和趋势,修订出台《关于促进文化产业加快发展的若干意见》,其中新增 6 项条款填补政策空白,包括:扶持引进大型实体书店,扶持包装印刷企业转型升级,鼓励利用本土文化资源进行衍生品开发,扶持动漫电影,鼓励进行产学研对接,以及扶持举办大型文化展会和组团外出参展等,用"真金白银"激励引导广大文化企业积极创新,扶持文化企业做大做强,推动晋江文化产业的繁荣发展。2022 年主题电视剧《爱拼会赢》在央视黄金时段热播,获国家"五个一工程"优秀作品奖,非遗展示馆正式开馆,金交椅山窑入列省级考古遗址公园,南天寺保护修缮荣膺亚太地区文化遗产保护优秀奖,梧林入选中国华侨国际文化交流基地。

深耕世界遗产内涵,启动安平桥修缮,深化龙山寺周边环境整治,系统保护安海湾及大盈溪西岸生态,串联打造安平桥世遗公园;启动草庵文旅街区建设,丰富龙泉书院内涵,串联打造草庵世遗公园;提升泉州古代外销陶瓷博物考古遗址公园,开展梅溪综合治理,串联打造金交椅山古窑址世遗公园。搭建文物保护智慧化平台,推进国保、省保"三防"建设,修缮 10 处文保单位、5 处历史建筑。深化社会主义核心价值观教育,设立中国作协新时代文学实践点,开设 5 个新型公共文化空间,打响七大文化品牌,打造主客共享的美好文化生活。

第八节　建设体育强市

只有强壮的身体才有富裕之本。向体育产业城迈进,晋江有重视体育健身运动的良好传统。新中国成立以后,在党和政府"发展体育运动,增强人民体质"的号召下,晋江群众体育事业迅速兴起,遍及城乡,特别是改革开放以来,市委、市政府和各有关部门高度重视,造成齐抓共管的氛围,市、镇(街)、村(社区)、机关企事业单位、中小学体育设施完备,群众性体育健身活动频繁,成效显著。由财政部、农业农村部、体委三部委组织的全国体育先进市检查组对晋江市争创体育先进市进行全面检查验收后,给了充分的肯定。国家体育总局授予晋江市"体育先进县(市)"荣誉称号,晋江还被命名为"全国武术之乡"、"全国游泳之乡"、"全国围棋之乡"、"篮球之乡"(英林镇东埔村)、"排球之乡"(英林镇嘉排村)、"全民健身活动先进单位"等,成为新崛起的闻名全国的体育城市。

体育设施逐渐完备。体育设施是体育健身运动的基础,晋江市政府十分重视体育健身设施建设,不断加大投入,同时得到华侨和社会的捐资赞助。据2019年度晋江市体育场馆调查数据,晋江市共有体育场地3751个,总面积382.74万平方米,人均体育场地面积1.81平方米。其中室外3360个、室内391个,篮球场达到1313个,体育健身路径867条。各类体育设施基本齐全,有市体育中心2个、足球公园1个、健身活动中心1个、高尔夫球场1个等。2017年7月启动第十八届世界中学生运动会30个赛事场馆项目,总投资约16亿元。其中作为主要场馆的晋江市第二体育中心体育馆、游泳馆、训练馆三大场馆建成并交付使用。作为迄今福建省最大室内体育馆,"最多可容纳15000名观众,总建筑面积67200平方米,可承办NBA标准篮球赛事"[①],满足排球、羽毛球、乒乓球国际单项职业赛事需要,还能举办大型文艺演出并兼顾商业部分的功能等。晋江的公共体育场和基础体育设施遍布各区域,不同地方的居民可以就地参加运动,幸福指数暴增。

晋江是一个天然的体育城市,有山有湖有沙滩,是开展多种体育健身活动最理想的城市,其中紫帽山、八仙山、崎山、灵源山等山区资源,不仅有历史人文,而且是登山、休闲、健身的天然去处;龙湖、虺湖、紫湖等花园式湖水景观,则是水上运动的去处;121公里蜿蜒曲折的海岸线,保留了10个或大或小的沙滩,加之晋江中部灵源山足球生态体育公园和经济开发区公共体育场以及世纪大道"10分钟体育生活环",八仙山全民健身中心、"一山一水"慢行系统以及全市各类体育场地3300多个,使晋江成为全国少有的拥有自然资源和体育设施的县级市。

晋江现在还拥有6个国家级训练基地。2003年国家羽毛球队训练基地落户晋江,已连续九年接待国家羽毛球队备战训练,并获评中国羽毛球协会成立50周年最佳基地。2009年获国家体育总局批准设立了沙滩排球中心、帆船帆板、极限运动三个国家级基地。

校园体育更是晋江的一大特色,现有市级以上体育传统项目学校52所、市级

---

① 王诗伟.董严军.全省最大!刚刚,晋江二体场馆正式交付!(附大量美图)[EB/OL].(2020-03-31)[2022-12-12]. https://baijiahao.baidu.com/s? id=16626752616538463168.wfr=spider&.for=pc.

以上训练基地 9 个,先后有 3 所学校荣获全国中小学阳光体育运动优秀案例奖;1 所学校获评"全国学校体育工作示范校",33 所学校成为"全国青少年校园足球特色学校",有 19 所成为"全国青少年排球特色学校",有 11 所幼儿园成为"全国足球特色幼儿园"。晋江每年举行的学校体育赛事 1000 多场,各种出彩赛事丰富了校园体育文化。

晋江从 1952 年 11 月开始至今已举行 14 届市(县)运动会,特别是改革开放以来,市运会规模越来越大,比赛项目全,参赛运动员多,成绩显著,各项体育运动纪录不断被打破。晋江从 1951 年开始组队参加晋江地区及泉州市运动会 11 届,多次取得总成绩和金牌总数第一的成绩及体育道德风尚奖。晋江男子篮球队多次代表福建省参加全国农民运动会男子篮球赛并夺得冠军,晋江基层及学校的篮排球、乒乓球、游泳跳水、举重、击剑、射箭、田径等参加全省、全国的许多比赛都取得优异成绩,晋江武术队参加全国、港澳以及国际武术比赛也取得优异成绩,充分体现出晋江的体育竞技水平。

改革开放以来,晋江承办、协办及赞助的全国、亚洲乃至国际重要体育赛事越来越多,在国际和亚洲方面有超级工商"福建杯"国际篮球邀请赛、"安踏杯"晋江国际男子篮球邀请赛、中国—澳大利亚男篮对抗赛、"双沟大曲杯"中—哈男篮对抗赛、"余亚周纪念杯"中—日女排对抗赛(晋江站)、"露友杯"国际亚太男篮冠军挑战赛、"361°杯"中日羽毛球对抗赛、中国—古巴女排对抗赛、中美男篮名人对抗赛、香港明星足球友谊赛、亚洲沙滩排球锦标赛、中国·晋江(国际)自行车公开赛、全球华人跆拳道赛、"特步杯"晋江国际半程马拉松赛、特步晋江国际马拉松赛、世界沙滩排球巡回赛(晋江站)、晋江文旅国际马拉松赛、卡尔美亚洲大体联足球亚洲杯赛、卡尔美 2019 年国际大体联足球世界杯赛等。在国内方面更多,主要有全国女篮邀请赛、全国女排女篮对抗赛、中国乒乓球俱乐部超级联赛、全国男篮四强赛、中国男子篮球甲级联赛、中国羽毛球世界冠军对抗赛、中国足球杯赛、全国沙滩排球赛(晋江站)、第二届中国·晋江自行车公开赛、全国健美健身总决赛等等。

2009 年,晋江市老年人体育协会被评为"全国全民健身活动先进单位"。

体育人才辈出。为了抓好体育人才的培养,晋江在建立少体校的同时,部署了 18 所体育传统项目学校,其中省级 6 所、市级 12 所。少体校等历年来就为省和全国输送运动员 50 多人。其中,近 10 年就向国家队输送 16 名运动员。"林超攀、施嘉洛、陈情缘、李冬英、陈芳佳、郑培锋等,越来越多带有晋江烙印的优秀运动员,登上中国乃至世界的大舞台,为家乡为祖国争得荣誉。"[1]2016 年,林超攀、施嘉洛、陈

---

[1]　李诗怡.晋江 10 年来向国家队输送 16 名运动员[EB/OL].(2019-08-12)[2022-12-12]. http://news.ijjnews.com/system/2019/08/12/011057963.shtml.

海威、王哲林四人同时参加里约奥运会,创下晋江历史之最。值得一提的是,"体操王子"林超攀勇夺男子团体铜牌,打破泉州奥运无牌史,是福建体操界59年来首次获得奥运奖牌。2020年4月,中国体操协会发布了中国体操奥运会冠军、世界冠军名单,奥运冠军25人、世界冠军71人,其中林超攀榜上有名。2013年比利时世锦赛,林超攀以15.666分和日本名将内村航平并列男子双杠冠军。2014年广西南宁世锦赛,林超攀与队友并肩作战逆转日本夺得男子团体冠军,2018年卡塔尔多哈世锦赛林超攀与队友协作,以0.049分的史上最小分差险胜俄罗斯队斩获男团冠军。

向体育产业城迈进。从做旅游鞋起步的晋江体育用品业,着力于让晋江成为中国体育产业之城。"2007年,晋江成为继深圳、成都之后的第三个国家体育产业基地。"①晋江把发展体育产业列入"十三五"规划,作为大力发展的三大产业之一。为统筹全市体育产业发展工作,晋江市成立体育产业发展工作领导,组织制定体育产业发展规划和扶持政策,成立晋江国家体育产业基地管理处,负责体育产业基地相关工作,组建晋江国家体育城股份有限公司。作为体育产业基地建设市场化运作的一级开发主体和投融资平台,落实项目管理运营。晋江市是"中国鞋都",从1999年开始,每年举行一次鞋博会,连续举办十七届后,2016年升级为"第十八届中国(晋江)国际鞋业(体育产业)"博览会,展会通过全力打造汇集体育用品、体育营销资源、体育文化与科技综合性体育产业盛会,构筑体育产业发展的高端平台,至2019年已举办四届,累计共吸引外会客商达60.4万人次,达成意向成交额791.36亿元。2020年因受新冠疫情影响,改为晋江鞋(体)博览会线上展会,从4月19日持续至4月22日,以阿里巴巴国际站和全球速卖平台为分会场,设置鞋类成品、体育用品、鞋材鞋机、晋江直播、外资企业等五个展区,有来自全球和地区超2000家企业入驻参展。半个月中,线上平台访问量有20多万人次。"参展企业达到213家,覆盖10多个省份,采购商达2247家,成功对接96家参展企业。"②

目前晋江体育产业法人单位超万家,体育产业人员达30.5万人。"2019年,晋江市体育产业制造业规上产值首次突破2000亿元,达2152.75亿元,占全市规上工业总产值的39.2%,贡献率38%"③,其中制鞋板块1207.76亿元,服装板块

① 黄祖祥.晋江:打造体育之城"加速度"[EB/OL].(2021-08-20)[2022-12-12].https://www.qzwb.com/gb/content/2021/08/20/content_7102418.htm.

② 杨刚,宋蔚然.3D云展集中亮相陕西各展会[EB/OL].(2022-09-16)[2022-12-13].https://www.163.com/dy/article/HHBRHFQ80534A4SB.html.

③ 泉州市晋江市人民政府.2019年我市体育制造业规上产值突破2千亿元[EB/OL].(2020-03-19)[2022-12-13].http://www.jinjiang.gov.cn/xxgk/tjxx/sjjd/202003/t20200319_2165870.htm.

927.13 亿元。2017 年,晋江被授予"中国泳装名城"称号,是全国首个泳装产业"国字号"荣誉。晋江拥有泳装企业 300 多家,年产值 273 亿元,占全国泳装产值的三分之一。从全国县域来看,晋江体育产业实现了"九个第一":第一个成功申办世界综合性运动会(2017 年)、第一个设立 CBA 俱乐部(2002 年)、第一个体育产业规模突破千亿(2013 年)、赞助体育赛事金额居全国第一(2008 年以来超百亿元)、赞助国家运动数量位居全国第一(超过 42 支)、体育产业上市公司企业数量位居全国第一(21 家)、国家体育用品品牌总数位居全国第一(42 家)、体育企业总数位居全国第一(10078 家)。2018 年,晋江被命名为"全国运动鞋产业知名品牌创建示范区",安踏、特步、361°、贵人鸟、乔丹、浩沙、峰安、兴业皮革被列为示范区内创建名牌骨干企业。2018 年,安踏蝉联"中国最佳体育用品品牌"奖。

2019 年国际大体联足球世界杯的比赛场馆——晋江足球公园正式启用,并迎来首场专业赛事,这也是我省首座专业足球公园。

"晋江足球公园位于晋江灵源街道曾林社区,总用地面积约 8.7 万平方米,包括 11 人制足球比赛场、11 人制和 7 人制足球训练场,配套 8000 个观众席位、500个停车位。

晋江足球公园于 2018 年 7 月动工,2019 年 9 月竣工,建设历时 14 个月,总投资 2.6 亿元,比赛场达到国际专业足球赛事要求。为了满足民众日常健身的需求,足球公园周围还建有 1.2 公里的健身步道。

当天,2019 年中国足球协会乙级联赛第二轮排位赛在此举行,这也是我省唯一一支职业足球队福建天信队在本赛季的主场收官之战。在现场近 800 名观众的呐喊助威下,福建天信最终点球大战以 5∶3 取胜青岛中能队,两回合总比分 6∶4获得了本赛季中乙联赛第 13 名。"①

晋江足球公园的专业足球场得到现场球迷们的点赞。在足球场上拼搏的球员们,赛后也对晋江足球公园竖起了大拇指。"这里天然苗种得很好,踩上去很舒适,感觉快飞起来了!"为福建天信队率先取得进球的球员王华强说。在赛后新闻发布会上,青岛中能队主教练说:"这是一个很专业的足球场,相信所有过来踢球和看球的都能感受到它的魅力。"

---

① 王敏霞.晋江足球公园启用为福建省首座专业足球公园[EB/OL].(2019-10-14)[2022-12-13]. https://baijiahao.baidu.com/s? id=1647338223057160089&wfr=spider&for=pc.

第九节 建设卫生强市

医疗卫生是共同富裕的基本保障。1978 年,晋江只有医疗机构约 40 家,病床 1300 余张,从业人员 1300 多人。

改革开放以来,晋江认真贯彻新时期卫生工作方针,开展创建全国卫生城市活动,增加卫生投入,加强医疗卫生单位及医疗卫生队伍建设与管理。卫生事业取得长足发展,居民健康水平不断提高,先后荣获"全国卫生先进城市""全国公民无偿献血先进城市""省级卫生城市",连续 3 次荣获"省农村卫生三项建设先进市"等称号,并成为省初级卫生保健合格市。晋江卫生工作者深入学习实践科学发展观,以医药卫生体制改革五项重点工作为核心,强化责任,加大力度,体制改革总体进展顺利,各项卫生工作任务有序推进。

"到 2019 年末,全市共有医疗卫生机构 1058 家。三级公立医疗机构 2 家(市医院为三级综合医院、中医院为三级甲等中医院),二级公立医疗机构 7 家(其中妇幼保健院为二级甲等妇幼保健院,安海医院、市医院晋南分院为二级甲等综合医院,陈埭中心卫生院、磁灶中心卫生院、东石中心卫生院、英墩华侨医院为二级乙等综合医院),其他镇卫生院 9 家,街道社区卫生服务中心 6 家,经济开发区卫生服务中心 1 家,第三医院(精神卫生中心)1 家,市疾控中心 1 家,卫生执法大队 1 家,卫生进修学校 1 家,急救中心 1 家,各镇街道计生服务中心 19 家。民营医疗机构 311 家、社区卫生服务站 114 家,村卫生所 584 家。编制床位 4175 张,实有床位 5235 张。各类卫技人员 7553 人(不含乡村医生 487 人),其中,执业(助理)医师 3129 人,注册护士 2829 人,药剂师 432 人,技师(含检验人员)456 人,其他卫生技术人员 707 人。基本构建起较为完善的市—镇(街道)—村(社区)三级医疗服务网络,满足了群众的基本医疗需求。"[①]

2016 年 7 月 16 日,随着树兰医疗集团的正式进驻,晋江率先走出了公立医院与民营医疗机构合作的新路子。三年来,晋江医疗卫生事业取得重大突破——建起了区域医学检验中心,检测水平达到国际水准;开设了国际门诊部,国外名医定期来晋坐诊;晋南分院通过 JCI 国际认证,成为全省首家通过认证的公立二级医院;建起了国际疑难病多学科远程会诊平台,全球 1000 多名专家名医可为晋江百

[①] 晋江市统计局.晋江市 2019 年国民经济和社会发展统计公报[R].晋江:晋江统计局, 2020.

姓远程服务。

随着国际化创新型品质城市的加快建设,晋江正着力实施医疗资源整合优化、短板学科补齐提升、服务与管理双提升等"八大行动",全力朝着定下的目标迈进:到2020年,建立覆盖城乡的基本医疗卫生制度,居民主要健康指标保持在全省前列,人均预期寿命达到78.29岁,每千常住人口医疗机构床位达到3.85张,群众看病就医更加便捷,健康晋江建设迈上更高层次。

"2018年4月,晋江市中医院紫帽院区揭牌成立,这是晋江首家紧密型医共体。同年10月,泉州首家市镇村一体化卫生所——紫帽镇园坂村卫生所投用,填补了紫帽镇园坂村没有卫生所的空白,基本实现园坂村村民一般疾病不出村,常见病、多发病不出镇,家门口实现村级诊疗、取药、新农合报销等一系列就诊体验。"①"为了更好地服务园坂村及敬老院的重点人群和老年人,紫帽院区按照园坂村的卫星地图,把全村467名重点人群和老年人所在房屋标识在管理地图上,极大方便驻点医生对重点人群、老年人的日常管理。"②"截至目前,到敬老院活动的老年人体检率达到100%,园坂村重点人群和老年人家庭医生签约率达到100%,高血压、糖尿病患者的血压和血糖控制率达到91%,老年人健康教育普及率达到95%,当地和敬老院患者满意率均达到100%。"③

从乡村群众患病找"赤脚医生",到现在签约家庭医生上门服务;从缺医少药看病难,到覆盖城乡的慢性病防控管理体系建立……晋江市树立大健康思维,推动"以治病为中心"向"以健康为中心"转变,加快构建现代医疗健康服务体系。

目前,"晋江已建成青华、晋阳等健康社区166个,健康家庭335户,健康单位、健康学校各10家,健康食堂6家,健康餐厅(酒店)5家,世纪公园、敏月公园、绿洲公园建成健康主题公园和步道,在安海三里街等3条步行街建设健康知识一条街,并常态化开展'三减三健'专项行动、群众性体育活动,推广工间健身活动,强化控烟禁烟,全民健康行动得到全面落实。同时,借力赛事筹办举办,晋江不断改善健身基础设施,已构建起市、镇、村三级全民健身设施网络体系,建成社区'15分钟体育健身圈'。此外,通过规范健康体检、做准社会调查、实施科学监测、强化筛查干

①　林琳.医养结合关爱老年人晋江市中医院开展老年人失能(失智)预防和干预活动[EB/OL].(2022-08-05)[2022-12-14].http://www.jinjiang.gov.cn/ztzl/jjwshjhsyj/mymk/202208/t20220818_2763974.htm.

②　罗丽萍.麻雀虽小,五脏俱全!晋江市打造医养结合"园坂样本"[EB/OL].(2019-07-23)[2022-12-13].https://www.sohu.com/a/328817024_760616.

③　林琳.医养结合关爱老年人晋江市中医院开展老年人失能(失智)预防和干预活动[EB/OL].(2022-08-05)[2022-12-13].http://www.jinjiang.gov.cn/ztzl/jjwshjhsyj/mymk/202208/t20220818_2763974.htm.

预、推进分级诊疗、搭建信息平台、深化医养结合、推广中医服务、引入社会资本等系列举措,晋江已逐步构建慢性病全程服务管理网络体系,逐步形成'小病在基层、大病进医院,治疗在医院、康复在基层'的就医模式。晋江还积极推行'互联网＋医疗',先后建设智慧卫生信息平台、疑难病多学科远程会诊平台等,着手建设电子健康卡,促进医疗协同服务和医卫资源共享利用。同时,深化医养结合,探索医疗与养老结对共建,实现'老有所医',被国家卫健委确定为全省唯一'医养结合'课题调研县级跟踪调研点"①。

2019年以来,晋江市贯彻落实中共中央、国务院关于深化医药卫生体制改革重大决策部署,稳步推进紧密型医共体建设,组建了以晋江市医院、中医院、第二医院3家市直医疗机构为核心的三大医疗卫生服务共同体,通过医院之间牵手协作、以强带弱,实现优质资源下沉基层,让群众在家门口少花钱、治好病。目前,晋江市紧密型医共体已完成21个基层院区资源整合建设,实现医疗卫生资源的合理配置,基本形成"3＋4＋5＋X"医疗布局,构建了"15分钟医疗卫生服务圈"。

2020年年初,面对新冠肺炎疫情大考,晋江市在第一时间成立疫情防控指挥部,由市委、市政府主要领导任总指挥,按照"大数据＋网格化＋铁脚板",率先设立市镇村企四级健康管理中心,全链条全闭环守牢境内境外防线;晋江广大医务工作者白衣擐甲、逆行出征,义无反顾地投入疫情防控第一线,最终实现"医患零感染、患者完全治愈"的目标。值得一提的是,晋江市中医院护士张丽碟和郭龙燕主动请缨驰援武汉,出色完成救治任务。

"在'战'疫中,晋江发挥制造业基础优势,从无到有迅速构建防疫物资生产体系,超130万件防护服、6亿片口罩驰援抗疫一线"②,为全省全国抗疫大局作出"晋江贡献"。截至2020年年底,全市发出医疗器械产品注册证25张,15家企业获得医疗器械生产许可。

与此同时,海内外全体晋江人守望相助、同舟共济,踊跃捐款捐物,抗击疫情。截至2020年8月31日,晋江市红十字会接受新冠肺炎疫情防控捐赠款物总价值1700多万元,其中捐赠资金630万元,捐赠物资1168万元。

疫情进入常态化,晋江市疫情防控指挥部照样扛起"硬责任",严格落实"外防输入,内防反弹"的各项举措,不断筑牢疫情防控人和物各道防线。全市共设置发热门诊8家,定点救治医院2个,设置单间隔离病床215张。医疗卫生单位按规定已储备了不少于2个月使用量的防疫物资。

---

① 齐玉波.晋江市慢病综合防控示范区建设成效显著[EB/OL].(2019-05-27)[2022-12-13].https://www.sohu.com/a/321265811_781226.

② 黄茹静,李宇凌.犇犇犇! 晋江![EB/OL].(2021-01-05)[2022-12-15].https://new.qq.com/rain/a/20210105A046DJ00.

晋江市人民政府与复旦大学上海医学院合作签约仪式于 2021 年 4 月 20 日在上海举行。此次双方合作,是泉州、晋江深入贯彻落实中央重要指示精神的有力举措,旨在推动上海优质医疗资源下沉到泉州晋江,双方将共同致力于建设标准化、人性化、智能化、可持续良性发展的现代化医院。2022 年实施 55 个公卫补短板项目,建成公共卫生应急指挥平台,改造提升 120 急救中心,新增托育位 2229 个,上海六院晋东院区开工建设。新增养老床位 470 个,建成 3 个区域性养老服务中心、11 个长者食堂。2022 年实施 23 个医疗卫生项目,提速紧密型医共体建设,优化调整学科、专科布局,提高县域就诊率、住院量,争创全国基层中医药工作示范市。支持市医院创建三甲医院,高标准建设国家区域医疗中心。实施中医院扩容工程,提升三甲中医院建设水准。启动第二医院改扩建,深化与复旦大学上海医学院合作内涵。加快镇村一体化卫生所建设,建强"村医、校医、厂医"三支队伍,健全家庭医生签约制度,夯实医疗网底。设立医卫学科建设与人才发展基金,出台医卫人才专项政策,引进医疗人才 250 名以上。创新医防协同、医防融合机制,建设公共卫生应急指挥中心,完善基层公共卫生治理体系。落实新阶段疫情防控优化措施,保障群众就医用药,强化老年人、基础性疾病人员等重点群体保护,着力保健康、防重症。

第十节　建设生态强市

良好的生态环境是最普惠的民生福祉。2021 年 4 月 28 日,泉州市晋江生态环境局抽调执法骨干成立 5 个监管服务组,集中时间、力量对安东园区皮革、印染、电泳、危废处置、污水处理厂等行业企业的有机废气、恶臭气体的收集处置情况展开拉网式、地毯式排查帮扶及现场执法检查。这也拉开了安东园涉气企业监管服务专项行动的序幕。

大气环境治理是提升生态环境质量的重要环节。"泉州市晋江生态环境局在去年启动重点行业生态环境监管服务行动的基础上,今年着力打造监管服务的'升级版',并于近日会同晋江经济开发区召开安东园区制革、印染行业环境整治提升专题会,会上和企业签订生态环境监管服务承诺书;成立了安东园区企业环境监管服务工作组,下设三个工作小组,重点对安东园区制革、印染、电泳、危废处置单位等企业废气污染防治工作入园靠前监督帮扶,指导解决企业在环境整治提升过程中存在的问题,助推区域环境质量改善。"①

"2015 年 6 月 5 日是世界环境日,为庆祝这一节日,晋江市龙湖镇政府举行了'与低碳同行,共享绿色龙湖'环保骑行活动,吸引了 160 多名骑行爱好者参加,骑行路程约 20 公里。此次活动由晋江龙湖镇团委、文体服务中心联合龙湖镇环保中队、派出所、计生协会、晋南医院等部门联合举办,以宣传'六五'世界环境日为契机,结合晋江市全民健身的宗旨,倡导低碳环保生活,传播绿色出行理念。同时,还结合龙湖镇近期的中心工作,做好计生、综治、土地、矿山等政策的宣传。"

晋江市加大环境保护工作力度。组织环境规划的编制和实施,先后完成《晋江市区环境规划研究》《晋江市域环境规划》《晋江市近海岸海域环境功能区划》《晋江市水环境综合规划》等。成立以市长为主任的环境保护工作委员会,对全市环保工作实施统一领导。形成政府统一领导,环保局牵头主抓,监察局、经发局、市政园林局、水利局、农业农村局、国土局、规划局、法院、电力、镇(街道)等部门齐抓共管的良好工作机制。

强化宣传力度,提高环保意识。在中小学校开展环境教育课程,深入开展创建"绿色学校"活动,共创建省级绿色学校 3 所、泉州市市级 35 所、晋江市级 51 所。面向企业,建立清洁生产激励机制,鼓励企业申请 ISO14000 环境管理体系认证和绿色产品称号。以创建"绿色社区、绿色家庭"等绿色创建活动为载体,通过市有线电视台、环保三下乡、举办环保咨询活动、环保知识有奖竞答、知识讲座等形式,营造全民参与环保的浓厚氛围。

强化规划管理。明确饮用水源的保护范围、工业污水的排放范围以及市区域各主要河流、河段的水质要求。严格控制引进用水量大、污染严重的工业项目。制定优惠政策和奖励办法,引导和鼓励企业开展清洁生产,促进企业节能、减污、增效,对重污染企业和有不法排污记录的企业实行重点管理。

坚持疏堵结合,强化污染控制,稳定排污达标率,组织监察、环保等多部门深入开展清理整顿不法排污企业专项行动。以电镀行业整治为重点,对全市范围内的"十五小"企业进行全面清理、全面过渡,共取缔关停"十五小"企业 365 家(次)。实施污染集中控制制度。先后设立东海垵漂染、可慕制革和东石华懋电镀三个污染集控区。对市区实施"退二进三"搬迁关闭计划,引导市区范围内工业企业向工业园区转移,污染企业向污染集控区集中。开展建陶业专项整治。投入 6 亿元用于技改整治,淘汰倒焰窑 866 座,新建一批辊道窑,全面安装排污染治理设备,空气污

① 叶兴灿,苏珊珊.服务不遗余力监管不留死角泉州市晋江生态环境局:着力提升安东园区域环境质量[EB/OL].(2021-04-09)[2022-12-20]. http://news.ijjnews.com/system/2021/04/29/030059413.shtml.

染得到有效遏制。开展制鞋业专项整治,全面推广使用无苯胶,共 572 家企业使用无苯胶。实施"一控双达标"工作,对不符合产业政策,不能达标排放的企业进行取缔关闭,对不能达标排放的企业进行限期治理达标排放。组织对全市 300 多家漂染、制革、电镀、再生纸等重污染企业进行全面调查,取缔、关闭和停产限期治理101 家污染企业。开展近海水域污染整治。在全省率先建成垃圾焚烧综合发电厂,日均处理垃圾 860 吨,生活垃圾无害处理率达 100%。对老城区管网进行改造和新城区污水管网建设,对市区生活污水进行有效收集,保障生活污水的处理。

市委、市政府始终支持环境保护和生态建设的基本国策,高度重视造林绿化工作,把建设生态晋江放在重要位置,开展声势浩大的"全市大造林运动"及"全民动员、绿化晋江"活动。开展"寻找绿色园丁"、市花市树评选和树木认建认养活动,社会各界认捐近 1000 万元,海外侨胞捐赠 2000 多万元,实施部门与镇(街)联动,共建一系列"齐民林""宣传林""巾帼林""海峡姐妹林""团结园"等纪念林;实施市区重点区域高强度绿化及环境景观提升工程,加快推进城乡绿化一体化"四绿"工程建设。重点实施市域高强度绿化和水系整治,全面推进城乡绿化一体化建设,打造园林城市 6 年来全市共新增绿化造林面积 5.3 万亩,基本完成市区重点山体抚育绿化、沿海大通道(龙湖—深沪)基干林带修复、湿地造林、纵深防护林建设等工程项目,顺利通过省级森林城市考评验收。晋江绿洲公园,"占地约 450 亩的公园,位于泉州市区与晋江之间,距离泉州市中心 7 公里,距离晋江市中心 3 公里。寸土寸金的地段本可以大肆开发房地产,但是晋江却执意让这片黄金地成为绿地。离绿洲公园不远处,1200 亩的人工湖已经形成部分景观,令从泉州市区进入晋江的人,一入晋江,便能看到绿洲公园以及与八仙山相互的辉映晋阳湖美景,为晋江这座青山绿水城惊叹。经过系统的规划,如今梅岭组的晋阳湖、绿洲公园、八仙山公园、竹树下公园正在有机串成晋江最靓丽的景观带,晋江荣获'国家园林城市'称号"。

近海水域综合治理力度加大,25 个治理项目累计完成投资 5.30 亿元,其中沼气池工程、滨阳路污水管道等 16 个项目已竣工投用。晋南、泉荣远东二期污水处理厂动工建设,新增埋设污水配套管网 125.3 公里。全面推动城镇垃圾收运系统建设,投入 13595 万元建成日处理能力 1050 吨的垃圾焚烧综合发电厂及 36 座垃圾中转站,全市日垃圾处理能力达 8000 吨,生活垃圾实现日产日清,无害化处理。城市垃圾处理率提高到 100%。八大污染行业整治工作继续深化,6 家涉铅企业全部关闭停产,15 家陶瓷企业完成天然气清洁能源替代改造,130 家陶瓷企业安装在线视频监控设施,23 家重点整治食品企业完成污水处理设施建设,可慕制革集控区内外 66 家企业基本完成整合重组,建筑饰面石材行业退出工程全面启动,全市二氧化硫、化学需氧量、氮氧化物和氨氮排放量削减率基本达到泉州市下达目标,城市环境质量定量考核连续位列全省县级市第一。2020 年,晋江市区环境空气质量率首次达100％，获"国家生态城市"称号。2022年晋江实施30个大气减排治理项目，推进制鞋行业有机废气治理，完成10蒸吨及以下燃煤锅炉提升整治。实施78个河长制项目，建成西南片区尾水排海工程，开工10个环保基础设施项目，铺设污水管网20公里，农村生活污水处理工程初验率提高到80％。完成西畲铸造行业整合搬迁，推进小微企业危废收集试点，整治废弃石窟5个。落实林长制责任，深化"绿满晋江"三年行动，新增造林3000亩，复绿裸露山体300亩。实施一批"百姓园林、山水园林、文化园林＋门户廊道"项目，建设10个社区公园、口袋公园，加快推进九十九溪田园风光项目，建成紫湖郊野公园，提升罗裳山—华表山—灵源山慢行福道，打造更多生态自然的绿色休憩空间。

后　记

　　本书的编写体现了贯彻落实习近平总书记"'大思政课'我们要善用之"的精神。从立德树人,培养德智体美劳全面发展的社会主义建设者和接班人的思想出发,结合当地的社会主义现代化建设实践和地方党的历史及红色文化,努力办好思想政治理论课,使学生感受到身边的真善美。

　　本书由来永宝同志提出编写提纲,参加本书编写的马克思主义学院教师有来永宝、王付富、陈静、林礼义、陈荣惠、郑维林、潘超儒、江琳琳、胡名志和黄镇红、汪淑芳、王秋玲等同志,全书由来永宝同志统稿。

　　先后参加校对的同学有吴智彬、林舒婷、林思雅、李名阳。因水平有限、资料有限、时间有限,编写难免有疏漏与偏失,敬请指正。

编者

2023 年 4 月